近代日本の思想をさぐる

研究のための15の視角

中野目 徹［編］

吉川弘文館

目次

開講の辞——本書のねらい—— 中野目 徹…1

I 〈空間〉——思想を生みだす場——

第1講 結社 益進会と大正地方青年 水谷 悟…18
第2講 家族 長善館と鈴木家 田中友香理…45
第3講 地域 思想史の場としての佐渡 大庭大輝…65
第4講 学校 東京専門学校と「早稲田精神」 真辺将之…81

第5講　留学　漱石門下安倍能成の洋行　青木一平…108

Ⅱ　〈媒体〉——思想を伝える素材——

第6講　新聞　『大阪朝日新聞』と高橋健三　中川未来…114
第7講　公文書　外務省記録からみる「協調主義」のゆくえ　熊本史雄…143
第8講　教科書　歴史教科書の思想史　竹田進吾…165
第9講　書物　明治国学者の蔵書形成　大沼宜規…182
第10講　雑誌　大正期の『日本及日本人』と三宅雪嶺　中野目徹…208

Ⅲ　〈手法〉——思想を分析する枠組み——

第11講　文献学　村岡典嗣と日本思想史学　高橋禎雄…214
第12講　概念　明治期における「社会」概念　木村直恵…240
第13講　アジア　アジアの中の人文学　笹沼俊暁…267
第14講　読者　「誌友交際」の思想世界　長尾宗典…290
第15講　翻訳　Nationalityをめぐって　中野目徹…310
あとがき
索　引
執筆者紹介

開講の辞

――本書のねらい――

中野目　徹

「明治一五〇年」

今年、二〇一八年は明治改元からちょうど一五〇年ということで、政府主導による記念行事が各地で開催された。政府の作成した文書によると、「明治の精神に学び、日本の強みを再認識する」施策の実施が求められ、ここでいう「明治の精神」の一つとして「立憲政治の導入・確立」が挙げられていた。しかしながら、めざすべき国家の将来像は必ずしも明快に提示されていなかったようにみえる。したがって、各地の記念行事のテーマはともかく内容は、政府の意図と合致しないものもあったようだ。一方、「明治一五〇年」をよそに、富山をはじめ全国各地で「米騒動一〇〇年」記念行事が開催されたことは、この社会の〝健全さ〟を示す表れであるように思われた。

筆者の郷里福島では、とくに会津地方における明治維新に対する拒否反応はまだまだ根強く、「賊軍」とされた苦い経験はいまだに生きており、あえて「戊辰一五〇年」を唱えて「官軍」に服《まつ》ろわない意気込みを示そうとしていた。原発事故の直接・間接の被害が収まらないなか、背景にはなにが「明治一五〇年」か、という怒りの感情すらあったようだ。人々の心性を癒すのに一五〇年という時間はなお短いのであろう。いわんや大震災の記憶なお覚めやらぬにおいておや、である。

「明治一五〇年」の今年は近代・現代史を見直すのにふさわしい年であった。記念行事に触発されて顕在化した精神、国家像、意図、拒否反応、経験、意気込み、感情、心性、記憶のような、時の経過とともにある人々の意識や心理のあり方は何によってさぐることができるのであろうか。思想史はそのための有力な枠組みの一つにちがいない。では、徳川幕府による大政奉還と新政府による王政復古を画期とする一五〇年の思想の歴史を研究していくには、いかなる方法が有効なのだろうか。本書ではそれを三部に構成された一五の視角から解明しようというのである。それゆえ本書を題して『近代日本の思想をさぐる――研究のための15の視角――』とした。開講にあたって、そのような本書のねらいを明らかにしておきたい。

思想史へのアプローチ

ところで、今から五〇年前の昭和四十三年（一九六八）にも、「明治一〇〇年」を奉祝する記念事業が、やはり政府主導で盛大に挙行された。一連の行事の政府の公式記録である『明治百年記念行事等記録』（内閣総理大臣官房、一九六九年）によれば、このときのプランナー（広報部会主査）は明治文化研究会の有力メンバーであった木村毅《きむらき》であり、彼を中心にまとめられた「明治百年を祝う」にはつぎのように書かれていた。

1　明治は、世界史にも類例をみぬ飛躍と高揚の時代である。日本はこのあいだに封建制度から脱却し、全国民は驚くべき勇気と精力をかたむけ、近代国家建設という目標に向かってまい進したのだ。

（中略）

3　これまでわが国民を鼓舞してきた「欧米に追いつき、追い抜く」という目標も、ある程度までは達成された。したがって、先進諸国の文明を吸収しこれらの諸国を追うことで足りたわが国は、いまや、発展途上にある隣邦友邦諸国から指導と援助を求められる立場にもなっている。

高度経済成長が持続中であった「飛躍」の時代の「高揚」感みなぎる文章であるが、日本の近代・現代を封建制度の脱却から近代国家の建設へ、欧米文明の追随から自立へ、不幸な「大戦禍」をはさんで、発展途上国の指導と援助へという流れで描く物語は、およそ今日、多くの国民が漠然と抱いている近現代史像と大きく齟齬《そご》するものではないともいえよう。

思想の歴史をたどる場合も、古代、中世、近世と時代順に思想家や思想の潮流を概説して明治維新に及び、近代国家の形成を欧米思想の摂取と東アジアとの関係のなかで描いていくという方法は、いわば思想史研究の常道として最近の思想史講座（苅部直ほか編『日本思想史講座』全五巻）でも採用されている。一方、思想の歴史を時代を超えた思考や観念の問題史として、たとえば自然、秩序、身体、美、信仰などをめぐる思索の歴史として捉え、そのなかで近代の人間観や国家観を論じるという方法も、やはり最近の思想史講座（苅部直ほか編『岩波講座　日本の思想』全八巻）で選択されている。かつて刊行された思想史の講座や概説書、事典、ハンドブックなどをみると、いずれも右のどちらかのアプローチ（思想家論を含めたその組合せ）から日本の思想を解明しようとしている。

本書はそれらとは問題関心を異にし、時代的には江戸後期から昭和期に限定されるが、思想の歴史を解明するための方法——従来のクロノロジカルな、あるいは問題史的なアプローチではなく、後述するような独自の全体構成《マトリクス》と視角《アングル》から当該期の思想をさぐるための方法を、協同して模索する論集として準備されたものである。

ただし、ここで方法というのは誤解を生むおそれもあるので少し補足しておくと、かつて筆者が大学院入試の準備のために読んだ『新編日本史研究入門』のなかで、田原嗣郎が「歴史は理論学ではないから固有の方法がある筈もなく」（「思想史というもの」）と書いているのをみて、なるほどと思った記憶がある。これは丸山眞男が、「実際に思想史のうっそうとした森の中にわけ入り、対象と取り組んでいく過程のなかでいろいろな問題に当面していって、そのなかから思想史の方法というものが考えられていく」（「思想史の考え方について」）と語っていたこととも通じるが、一方で丸山はK・マンハイム、H・ラスウェルをはじめ欧米の学者の方法論から多くを学んでいたことも確かなのである（「思想史の方法を模索して」）。田原は前文に続けて、「とくに材料を確かなものとするために史料批判が重要視されるのである。材料つまり史料が昔のものであれば、それを扱う方法もそれに応じさせなければならないのだが、ついうっかりするのか、古代史を現代人の常識でやっている人をしばしばみかける。思想史でも事情はおなじである」（同右）と述べていた。本書でいう方法は、田原が後段のなかでいう「方法」に相当するものである。

村岡典嗣の方法

大正十三年（一九二四）東北帝国大学法文学部で我が国最初の「日本思想史」の講義を行ったとされる村岡典嗣《むらおかつねつぐ》は、この方法という点に関して明解な答えを示している。本書第11講でも取り上げられるが、昭和九年（一九三四）に発表された「日本思想史の研究法について」という論文のなかで、思想史を国史のなかでも文化史に属するものとし、「文化の展開を、主として意識の方面について観る時、こゝに思想史が成立つ」と述べる。ついで日本思想史の意義について語られるが、いまここでは省略するとして、続いて既往のいかなる学問に近いかと問うて、それは「フィロロギイ」（Philologie）すなわち文献学であるとし、日本では本居宣長《もとおりのりなが》の国学を挙げる。

こうしておいて村岡は、つぎに研究方法について論じていく。それによれば、前提として研究資料の収集と整理があり、第一に文献学的階段、第二に史学的階段がある。文献学的階段は、資料の批判考証と釈義および了解からなる。このうち批判考証はいうまでもないとして、釈義とは「資料を個々に又連結して、その意義を正解することで、所謂《いわゆる》訓古註釈の任とするところである」とされ、了解とは「資料たる文献を全体的又部分的に、一つの思想的単位と見て、一層綜合的見地から、その意味を理解する」ことだとされる。資料の批判考証と釈義および了解を別言すると、「与へられた資料なる文献を、正しい姿に於いて、また正しい系列に於いて、而して正しく解釈して、その文献の思想を再認識すること、これが文献学的階段として、研究法の第一段である」となる。

第二の史学的（歴史的）段階とは、「史家の価値的見地から、一つの本質的のものを中心として、資料を取捨する」いわゆる「選択」を経て準備された資料から、「発展の観念」によって「史的構成を、完成させる」ことである。この「発展」とは、「内的には、思想そのものの論理的もしくは心理的理由に基づくものであり、外的には、他の思想や環境の影響によるもの」とされる。ここで、「歴史は決して、例へば鉱脈が地中に伏在して、発掘を俟《ま》つてゐる如きものでない」と喩《たと》えられているのは、けだし至言というべきであろう。こうして得られた「史的構成」を文字にする「史的叙述」によって最終的に「日本思想史が成立する」という。

以上のような村岡の方法は、十九世紀ドイツでL・ランケによって確立したとされる実証主義史学の方法論の大成者E・ベルンハイムの『歴史とは何ぞや』が教えるところと同一である。村岡がドイツ留学前に学んだA・ベークの文献学は、十九世紀にドイツで成立したランケ派の近代歴史学の方法と発生学的には同根であったといえよう。そのことは、村岡と同じ時期に広島高等師範学校、ついで広島文理科大学で思想史を講じていた清原貞雄《きよはらさだお》が、「日本思想史の資料」について論じる際に、「先哲の言論」と「国民の生活のあらゆる部分」から思想史は研究されると述べているものの、「資料」を分析する方法として文献学を基礎においていないことと明確な対照をなし、この点における村岡の卓越性を示すものである。

歴史学としての思想史研究

そもそも価値科学の一つに数えられる歴史学に、A溶液何ｸﾞﾗﾑとB溶液何ｸﾞﾗﾑをカップリングすれば化合物Cが生成されるというような意味での固有の方法があるわけでないことは、多くの論者によってくり返し説かれ歴史研究者の間では広く合意されているところである。しかし、近代日本の思想を把握し叙述するための材料である史料を批判し解読するための固有の研究方法は存在するものと、私たちは考えている。それは、ランケの後継者の一人であるE・マイヤーのいうように「方法」ではなく「規則《レーゲル》や技巧《ハンドグリッフ》」（Regel und Handgriff）というものであろう（『歴史の理論及方法』）。従来の思想史学は具体的な研究方法である「規則や技巧」にあまりにも目を向けてこなかったのではないだろうか。本書がめざすところは、必要に応じて村岡典嗣の提示した文献学という方法にまで立ち戻って、近代日本の思想を捉えるための方法を現在の歴史学の水準から原理的に問い直すことである。

その際、昭和十年（一九三五）に始まる国体明徴《こくたいめいちょう》運動の一つの帰結として、全国の主要な帝国大学・官立大学に国体論講座が設けられることになったとき、同十二年に村岡は東京文理科大学併任教授として国史学第二講座を主宰し日本思想史を講じたことは注目されてよいように思われる。これまでは通例、日本思想史学は村岡の東北帝国大学着任によって制度的に成立し、その後この昭和十年前後にいたって東西の帝国大学の法学部の政治思想史と文学部の倫理思想史の講座として定着していったとされてきた。しかし、村岡は東京文理科大学国史学講座併任を喜んでいたと伝わるし、同大学の国史学第一講座が松本彦次郎・肥後和男の文化史講座として存続していたことと、村岡の思想史の相性はよかったと思われるのである。

こうした国史学としての日本思想史という文脈において、戦後間もなく家永三郎が「日本思想史学の過去と将来」と題する文章のなかで、つぎのように論じていたことにも着目すべきであろう。すなわち「日本思想史の如き独立した学問としての歴史の浅いものに於いて、方法論の確立は最も緊要とせねばならないであろう。しかし、方法論は、若《も》しそれが実際の研究から遊離して単に思弁の上で進められるならば、往々にして畳の上の水練に終ってしまふ」と述べて、江戸時代以来の思想史的研究の延長線上に村岡を位置づけ、「日本思想史学の学問的確立に尽した」ことを評価すると同時に、研究の対象が学問史に偏していたことをもって「限界」と指摘し、むしろ津田左右吉《つだそうきち》の業績（とくに『文学に現はれたる我が国民思想の研究』）を称揚して、その批判的継承をめざす立場を示したのである。家永はまた、「思想史学は思想の発展を歴史的環境との聯関の下に理解することに於てのみ思想の十全なる理解を完成し得る」（『思想史学の方法』）と説いていた。

これに対して尾藤正英は、『日本封建思想史研究』の補論において、津田・家永の方法と成果を「自我中心的な歴史意識」や「強烈な主観性」という側面から批判し、一方で村岡の文献学的方法をも「主観性の制約」という「方法上の不完全さ」から「限界」があると指摘して、「思想をその背景をなした歴史的社会的条件と関連させて捉え」るために、K・マルクスとM・ヴェーバーの方法を参照したうえで、「思想を歴史的個人の主体性に則して把握しよう」という自身の立場を導いた。

以上のような国史学（日本史学）としての思想史研究の系譜は、周知のように一九六〇年頃から民衆思想史の登場をみて、豊饒な成果を産み出しながら今日に及んでいる。方法に関しても、色川大吉が『歴史の方法』で挙げる「根拠地」や「底辺」「未発の可能性」「原風景」などは、感覚的だという批判も首肯できるがきわめて魅力的だし、安丸良夫が一九九九年度日本思想史学会大会シンポジウム「丸山思想史学の地平」（東京女子大学）で、並み居る丸山門下生たちを前に丸山思想史の方法論＝「思惟様式」論について議論がないことを舌鋒《ぜっぽう》鋭く難じたことは、いまなお筆者の耳朶に残っている。しかし、民衆思想史独自の方法論が構築されているかと問われれば、それはいまだ成し遂げられていないと答えざるをえないのではないだろうか。そのことは鹿野政直がいうような「民衆思想史家と言われることの居心地の悪さ」とも関わり、研究対象との距離の取り方の難しさに本源するように、筆者には思われる（逆にいえば研究主体の対象に対するこのようなナイーブな姿勢こそ民衆思想史の本領であり、それは牧原憲夫をはじめとする人々に引き継がれている)。

他方、京都で研究を続けた岩井忠熊、本山幸彦、飛鳥井雅道らの文化史との接点でなされた近代日本思想史の業績も無視しえない重みをもっているが、その後の桂島宣弘らの一連の仕事をみても、自前の方法論構築への志向はあまり強くないようにみえる。社会史やカルチュラル・スタディーズの理論が紹介されても、日本史学における思想史の方法をめぐる議論は、活性化されることはなかったといえよう。

最近でも、たとえば河野有理が『偽史の政治学』の序章で「(日本)政治思想史に「方法」はあるのか」(河野は同書で政治学と政治思想史に限定しようと努めている)と発問し考察を加えているが、これは当然のことであって、筆者は思想史研究においては、つねに方法を問い続けることがとりわけ重要だろうと考えている。渡辺京二や松浦玲らの仕事にも当然ふれるべきだろうが、研究史の整理にこれ以上ページを割いている余裕がない。

全体構成と視角

本書はおよそ右のような学問史的系譜と方法論の模索を意識して計画された。執筆者は、大学または大学院のいずれかで日本史学を学び、各項目に関する専著もしくは専論を有する方々に依頼した。日本史学は一九七〇年代後半まで、長くマルクス主義的な歴史観が残存した分野だが、筆者も含めた執筆者の世代は、その後の「大きな物語」を失った時代に、史料に基づく実証的な手法で政治思想や倫理思想に限定されない思想的な出来事を、文学や歴史社会学などの成果からも学びつつ、ひとつひとつ解明してきた者たちである。

本書の全体構成《マトリクス》は、Ⅰ思想を生みだす場(環境)としての空間、Ⅱ思想を伝える素材としての媒体(メディア)、Ⅲ思想を捉える手法の三つに分かち、それぞれに五つずつの思想を読み解くための視角《アングル》を配した(次頁参照)。

本書の全体構成

開講の辞（中野目）	15の視角				
Ⅰ　空間（思想を生み出す場）	第1講 結　社（水谷）	第2講 家　族（田中）	第3講 地　域（大庭）	第4講 学　校（真辺）	第5講 留　学（青木）
Ⅱ　媒体（思想を伝える素材）	第6講 新　聞（中川）	第7講 公文書（熊本）	第8講 教科書（竹田）	第9講 書　物（大沼）	第10講 雑　誌（中野目）
Ⅲ　手法（思想を分析する枠組み）	第11講 文献学（高橋）	第12講 概　念（木村）	第13講 アジア（笹沼）	第14講 読　者（長尾）	第15講 翻　訳（中野目）

もちろんこれで近代日本の思想をさぐるための論点が網羅されているとは思っていない。宗教やジェンダーをはじめ多くの視角が脱漏していることは明白である。計画の段階では具体的な執筆者も含めていくつもの候補を挙げてみたが、なにぶん紙幅の関係で果たせなかったものも一つや二つではない。しかし、それぞれの視角には付帯する課題への論及もお願いすることで（たとえば第2講で書簡や日記などの私文書、第5講で世代、第13講で文学など）、構成上できるだけ遺漏なきよう努めたつもりである。

各講の概略

つぎに各講の内容をごく簡単に紹介しておきたい。

Ⅰは思想が誕生する、あるいは鍛錬される、思想そのものにとっては外的要因である〈空間〉＝場（環境）としての結社、家族、地域、学校、留学について考察を加える。

第1講水谷悟「益進会と大正地方青年」は、茅原華山《かやはらかざん》を中心に結成され、雑誌『第三帝国』を発行した益進会《えきしんかい》に集った地方青年たちの思想と行動を分裂後まで視野に入れて動態的に把握し、「集団の思想史」という視点からいわゆる大正デモクラシー期の社会的動向のなかに位置づけようとしている。**第2講**田中友香理「長善館と鈴木家」は、新潟県（越後国）西蒲原郡で幕末～明治にかけて存続した漢学塾（英語や数学も教授）の館主であった鈴木家の息子たちの上京・遊学の実相を捉え、当時の養子制度をキーワードにして鈴木《すずき》虎雄《とらお》という思想主体誕生の契機をさぐろうとしている。**第3講**大庭大輝「思想史の場としての佐渡」は、北一輝《きたいっき》・昤吉《れいきち》兄弟をはじめ多くの人材を生んだ佐渡島の思想文化状況に注目し、北兄弟を中心に上京後も含めて佐渡との関係から国家をみる視点がいかに養われたのかを明らかにしている。**第4講**真辺将之「東京専門学校と「早稲田精神」」では、「政治の季節」に誕生した同校が、やがて私学の雄・早稲田大学となる過程で、政治家だけでなく多くの文学者や思想家を輩出したその「淵源」としての役割を、建学の精神や学風、授業内容や就職といった諸側面から、批判点も含めて論じている。**第5講**青木一平「漱石門下安倍能成の洋行」は、日露戦後世代の安倍のヨーロッパ留学が彼の思想形成に果たした意味を、同じ漱石門下の和辻哲郎《わつじてつろう》らとの比較も意識して捉えようとしている。

Ⅱでは、思想が発表され、伝達される媒体（メディア）である新聞、雑誌、書物（蔵書）、教科書、公文書を取り上げて、思想の生産と流通の問題を考察する。

第6講中川未来「『大阪朝日新聞』と高橋健三」では、日清戦争前後の高橋が主筆を務めていた時期の同紙上で展開した議論を、とくにアジア認識に注目して明らかにして、それを支えた「国粋《こくすい》主義」や「東亜同盟」構想などの思想的背景にまで掘り下げて解明している。ここでは大阪という地域性に立脚しているという指摘も重要であろう。**第7講**熊本史雄「外務省記録からみる「協調主義」のゆくえ」は、両大戦間期における外交思想の変容を、主として公文書である外務省記録を三人の外交官に焦点を合わせて読み解くことで、従来とは異なる視点から理解すべきであると主張する。**第8講**竹田進吾「歴史教科書の思想史」では、明治二十年代の国定教科書以前の時期における歴史教科書の記述の背後にある思想を、歴史観と教育社会の変遷をふまえて三宅米吉（教科書執筆者、高等師範学校教授）を中心に論じている。**第9講**大沼宜規「明治国学者の蔵書形成」は、司法省や帝国大学で考証の実務や教育に従事した国学者・木村正辞《きむらまさこと》の思想をその蔵書目録や現存する蔵書からさぐる手立てとして、情報収集・整理・考証、テキストの「復旧」を挙げ、さらに考証家間のネットワークやテクストの構築にまで論及している。**第10講**中野目徹「大正期の『日本及日本人』と三宅雪嶺」では、当該期の同誌の誌面が必ずしも主筆であった三宅の主張や思想と一致していたわけではないことを指摘する。

Ⅲは、従来から思想史の方法といわれてきた領域に近いものの、研究主体と研究対象の間に横たわる分析の枠組みである文献学、概念、アジア、読者、翻訳という問題について考察する。

第11講高橋禎雄「村岡典嗣と日本思想史学」は、この「開講の辞」とも一部重なって、日本思想史学の方法としての文献学について、村岡の講義ノートを丹念に読み直し、「ベェク」の「Erkennen des Erkannten 知られたることを知ること」に注目しつつ、歴史や文化をめぐるドイツ諸思潮の受容を含めて検討することで、村岡において文献学がいかに日本思想史学を成立させたのかを本源的に問い質す。**第12講**木村直恵「明治期における「社会」概念」では、「言葉」や「概念」がいかに思想史の方法となりうるかという問題を、明治期の翻訳語であった「社会」を具体例に検討する。当時の新聞記事や建白書、意見書、日記など多様な媒体に現れた用例について、社会学の手法を参照しつつ分析し知的刺激に富む論考になっている。**第13講**笹沼俊暁「アジアの中の人文学」は、近代日本の「国文学」の誕生から終焉《しゅうえん》までを視野に入れつつ、とくに植民地であったアジアへの視線との関係で「支那文学」や「台湾文学」から捉えなおし、広く現代における文化交流や学問の国際的連携（アジアの中の日本学構築）にまで言及している。**第14講**長尾宗典「「誌友交際」の思想世界」は、思想史における思想主体と受容者の関係を雑誌の読者研究として、メディア史や書物研究の成果を吸収しながら、明治後期に存在した「誌友交際」という新しい歴史概念を抽出することで解明しようとしている。それは本書のⅠ〈空間〉、Ⅱ〈媒体〉とも連動する新しい思想空間の提示でもある。**第15講**

中野目徹「Nationalityをめぐって」は、ウェブスターの大辞書をはじめ、英語辞書や英和辞書を分析することで、「明治の青年」たちによってナショナリズムがいかに翻訳されたのかを紹介する。

各執筆者には、それぞれの視角が思想史研究上にもつ意義について述べたあと従来の研究史にふれ、本論に続けて今後の課題についても付言してもらった。全体の構成におけるそれぞれの役割の自覚を強く要請したため、実際の執筆にあたっては窮屈な思いをさせてしまったかもしれない。

本書のねらい

本書は思想史研究の方法に関して日本史学の立場から斯界に一石を投じることができればと念じて刊行されるものである。八〇年以上前に村岡が喝破したように思想史は認識されたものを認識するという、ある意味では歴史学のなかでも特殊な研究領域であり、そもそも政治史や経済史とは史的認識を汲みとる材料である史料への向き合い方に自ずからちがいがあることは改めていうまでもない。思想史研究においては最終的にはテクストの読みが問われるのであり、その際に求められるのは背景となっている知識をいかなる文脈のなかで、比較や交流の視点も含めた広い視野から解釈できるかというセンス（感受性）であろうと思われる。しかし、それに天才は要らないのであって、本書で各執筆者が示してくれたような地道な基礎作業からしだいに培われていくものである。これこそが、いかなる流行の枠組みが導入されようと少しも揺るがない思想史の方法といえるのではないだろうか。

同時に本書は、近代日本の思想の歴史に関心を有する若い世代の方々にできるだけ多く読者になっていただきたいと考えて編集した。読みやすさのための工夫もこらしている。筆者を含めて各執筆者が本書で論じたことは、日ごろから各自の研究対象に取り組むなかで実戦的に編みだしてきた、それぞれにとっての方法なのであり、それを応用可能なかたちで提示しようと努めたつもりである。肩の力を抜いて書いてくれるように依頼したのだったが、質量ともにむしろ肩に力の入った力作が集まってしまった。これは編者として喜ぶべきことではあるが、若い読者にはやや難解に感じられるかもしれないことをおそれている。そもそも本書は思想史の概説書でも、単なる入門書（ハウ・ツゥ物）でもないのであって、本書を通読したからといって、あるひとつの思想史像を獲得できるわけではない。そうではなく、方法という一点に特化することで、全体をもって思想史研究の新たな展開に寄与していこうとするものである。各講をひとつひとつ根気をもって読破してくださることを切にお願いしたい。

本書はいわば「明治一五〇年」に対する私たちなりの応答である。このようなかたちで近代日本の思想をさぐる試みはおそらく初めてのことなので、読者諸賢からご意見をお寄せいただければ幸いである。

参考文献

赤澤史朗ほか編『触発する歴史学』（日本経済評論社、二〇一七年）
家永三郎「日本思想史学の過去と将来」（『日本思想史の諸問題』斎藤書店、一九四八年）、後に『家永三郎集』第一巻（岩波書店、一九九七年）に収録
同「新しい思想史の構想」（『国民の歴史』第二巻第九号、一九四八年）、後に「思想史学の方法」と改題されて『日本思想史学の方法』（名著刊行会、一九九三年）に収録
石田一良・石毛忠編『日本思想史事典』（東京堂出版、二〇一三年）
伊東多三郎・石田一良・尾藤正英責任編集『季刊日本思想史』第四号「日本思想史の課題と方法」（ぺりかん社、一九七七年）
色川大吉『歴史の方法』（大和書房、一九七七年）
同・鹿野政直・安丸良夫「〈座談会〉私たちの半世紀」（『図書』第七二二号、二〇〇九年）
桂島宣弘『幕末民衆思想の研究』（文理閣、一九九二年）、二〇〇五年に増補改訂版
鹿野政直『「鳥島」は入っているか』（岩波書店、一九八八年）

同『化生する歴史学』（校倉書房、一九九八年）
同ほか『思想』第一〇四八号「戦後日本の歴史学の流れ」（岩波書店、二〇一一年）
苅部直・片岡龍編『日本思想史ハンドブック』（新書館、二〇〇八年）
苅部直ほか編『日本思想史講座』全五巻（ぺりかん社、二〇一二〜一五年）、とくに第五巻が「方法」をテーマとする巻となっている
同ほか編『岩波講座　日本の思想』全八巻（岩波書店、二〇一三〜一四年）
清原貞雄「日本思想史概説（一）」（『新講大日本史』第一三巻、雄山閣、一九三九年）
河野有理編『近代日本政治思想史』（ナカニシヤ出版、二〇一四年）、巻末に座談会「新しい思想史のあり方をめぐって」が付されている
同『偽史の政治学』（白水社、二〇一七年）
田尻祐一郎・高橋章則責任編集『季刊日本思想史』第六三号「日本思想史学の誕生」（ぺりかん社、二〇〇三年）
田原嗣郎「思想史というもの」（佐々木潤之介・石井進編『新編日本史研究入門』東京大学出版会、一九八二年）
日本思想史学会編・刊『日本思想史学』第四八号「思想史学の問い方」（二〇一六年）
日本倫理学会編『思想史の意義と方法』（以文社、一九八二年）
芳賀　登『幕末国学の展開』（塙書房、一九六三年）のとくに付章
尾藤正英『日本封建思想史研究』（青木書店、一九六一年）
平石直昭司会「日本における日本政治思想研究の現状と課題」（『政治思想研究』第二号、二〇〇二年）
古川哲史・石田一良編『日本思想史講座』別巻二「研究方法論」（雄山閣出版、一九七八年）
E・ベルンハイム著／坂口昂・小野鐵二訳『歴史とは何ぞや』（岩波書店、一九二二年）、一九三五年に岩波文庫版
E・マイヤー著／植村清之助・安藤俊雄訳『歴史の理論及方法』（岩波書店、一九二四年）
前田勉・本村昌文責任編集『季刊日本思想史』第七四号「村岡典嗣：新資料の紹介と展望」（ぺりかん社、二〇〇九年）
牧原憲夫『客分と国民のあいだ』（吉川弘文館、一九九八年）
同『文明国をめざして』（小学館、二〇〇八年）

松浦　玲『明治維新私論』（現代評論社、一九七九年）
丸山眞男「思想史の考え方について」（武田清子編『思想史の方法と対象』創文社、一九六一年）、後に『丸山眞男集』第九巻（岩波書店、一九九六年）に収録
同「近代日本における思想史的方法の形成」（福田歓一編『政治思想における西欧と日本』下、東京大学出版会、一九六一年）、後に同右収録
同「思想史の方法を模索して」（『名古屋大学法政論集』第七七号、一九七八年）、後に同右第一〇巻（同右）に収録
村岡典嗣「日本思想史の研究法について」（『日本精神文化』第一巻第五号、一九三四年）、後に『続日本思想史研究』（岩波書店、一九三九年）に収録後、前田勉編『新編日本思想史研究』（平凡社、二〇〇四年）に再録
守本順一郎『日本思想史の課題と方法』（新日本出版社、一九七四年）
安丸良夫『〈方法〉としての思想史』（校倉書房、一九九六年）
同「丸山思想史と思惟様式論」（『日本思想史学』第三二号、二〇〇〇年）、後に大幅に増補して『現代日本思想論』（岩波書店、二〇〇四年）に収録
歴史科学協議会（江村栄一）編『歴史科学大系二〇　思想史〈近現代〉』（校倉書房、一九八三年）
渡辺京二『近代の呪い』（平凡社、二〇一三年）
渡辺　浩『日本政治思想史』（東京大学出版会、二〇一〇年）
中野目徹『書生と官員』（汲古書院、二〇〇二年）
同責任編集『季刊日本思想史』第六七号「近代の歴史思想」（ぺりかん社、二〇〇六年）
同「近代思想史研究における雑誌メディア」（『日本思想史学』第四九号、二〇一七年）

I

〈空間〉

——思想を生みだす場——

第1講 結社

益進会と大正地方青年

水谷 悟

一 思想集団の形成

結社をめぐる先行研究

近代日本における思想集団に関する研究は、大久保利謙『明六社考』、ヘンリ・ディウィット・スミス『新人会の研究』をはじめ、政治史・思想史・文学史などの分野で積み重ねられてきている。しかし、その研究状況を改めてみてみると、思想家個人に着目する研究や特定のテーマで時代思潮を捉える研究動向に比べ、決して進んでいるとはいえない。また、ある集団の思想および活動を評価する際には、中心的な役割を担ったとされる一部の人物の言動をもって代表させるような方法が採られてきた。

中野目徹『政教社の研究』は、三宅雪嶺《みやけせつれい》・志賀《しが》重昂《しげたか》を中心に据えつつ、他の社員らの活動にも目を配り、徹底した周辺史料の発掘と誌面分析に基づき政教社という思想集団の実態を明らかにしている。とくに彼らの結集を促した人脈形成と思想形成の過程を「明治十五年の書生社会」という視角から把握し、「国粋《こくすい》主義」の思想構造を時代思潮および政治状況との関わりにおいて位置づけ、「集団の思想史」の導入を提起している。

一方、河野有理『明六雑誌の政治思想』は、明六社の活動の多様性や時間的・空間的な広がりに留意し、思想集団と雑誌メディアが完全に一致する存在ではないと指摘している。その上で、「洋学者集団」「官僚思想家」という従来の明六社像と福沢諭吉を中心とした評価のあり方を批判し、「儒学者」阪谷素《さかたにしろし》に焦点を当て、誌上で展開された「会話のありよう」を社員の一体性よりも寄稿者たちの多様性に注目する形で捉え直した。

両者の違いに示されているのは、考察の対象となる集団の特質と関連史料の残存状況が方法を規定していることである。明六社や政教社に限らず、構成員たちの活動に目配りし全体像を捉える作業は容易ではなく、思想家個人に比べて関係者が幅広く存在する集団の全集・著作集は多くない。西田毅・和田守・山田博光・北野昭彦編『民友社とその時代』や中村勝範編『帝大新人会研究』は共同研究により思想集団を多面的に把捉している一方、研究者ごとの視角や評価の力点は必ずしも一致せず、統一した集団像が立てがたい面も指摘できる。

そこで本講では大正初期に結成された益進会《えきしんかい》を事例に、集団の形成・発展・解散の過程を追いかけ、彼らが展開した思想運動の特質を、読者の結集と政治的実践に注目しながら解明し、「結社」から日本近代思想史を研究することの有効性をさぐっていきたい。

益進会の結成

思想史研究で集団を取り上げる場合、第一に結成にいたる経緯を、時代状況・構成員の特質・結集原理に注目しながら明らかにする必要がある。益進会に即していえば、『万朝報《よろずちょうほう》』の論説記者として活躍していた茅原華山《かやはらかざん》（一八七〇～一九五二）を中心とする三つの人間関係が、明治末・大正初期の時代状況と重なり合う形で結成されていく。

一つ目は、明治四十五年（一九一二）五月の第一一回総選挙に際し、茅原が「理想選挙運動」の一環として『秋《あき》田魁新報《たさきがけしんぽう》』社主の井上広居《いのうえひろやす》の応援演説で秋田を訪れ、同紙記者であった石田友治《いしだともじ》と出会い、各地で競演したことを契機としている。半年後に石田は『秋田魁』を辞して上京し、茅原の自宅を訪れ、四谷見附の三河屋で牛鍋をつつきながら胸襟を開いて語り合っている。二人が「科学を万能とするの愚を罵《ののし》り」「青年の危機にあるを語り」「直覚主観の尊さを高調し、新文明の建設如何を共に思ひめぐらし」たことが益進会の母体となった（石田生「東京より秋田へ」『秋田魁新報』一九一二年十二月九日）。

二つ目は、大正元年（一九一二）十一月に東洋大学で行われた茅原の講演「新唯心論」を聴いた福島県伊達郡出身の野村隈畔《のむらわいはん》・松本悟朗《まつもとごろう》という二人の哲学青年が新時代の青年層に向けた雑誌の創刊を相談したことに始まる。翌年四月三十日付の松本宛野村書簡には、隈畔の「人生問題」「生活問題」への苦悩が赤裸々に告白されるなかで、「華山の帰るまで一縷《いちる》の望みをかけて居る」と、大正政変後に中国・朝鮮半島へと視察旅行に出かけた茅原の帰国を待ち焦がれ、益進会の結成および雑誌『第三帝国』の創刊に希望の光を見出そうとする想いが綴《つづ》られている（野村隈畔遺稿集『孤独の行者』京文社、一九二二年）。

三つ目は、茅原が各大学弁論部による演説会や擬国会《ぎこっかい》に招かれるなかで明治大学の学生だった鈴木正吾《すずきしょうご》に接し、会の創立に加えたことによる。とくに両者の関係は大正元年暮れに起こった第一次護憲運動によって深まった。「憲政《けんせい》擁護《ようご》」「閥族打破《ばつぞくだは》」をスローガンに第三次桂太郎内閣打倒運動が拡大するなか、桂は官僚や衆・貴両院議員らによる横断的な政治集団をめざし新党結成に動くが、政友会代議士らによる議場突進と議会を取り囲む数万民衆の示威《じい》運動の前に総辞職に追い込まれた。同運動を牽引《けんいん》した新聞記者の一人として茅原は「逾《いよい》よ日本国民が綜合的に政治上の大運動を為すべき絶好機会が到来した」（華山「綜合的運動」『万朝報』一九一三年一月十五日）と把捉し、各地の演説会に登壇した。一方、鈴木は大学弁論部連合団体の丁未倶楽部《ていびクラブ》の一員として参加し、「初陣」を飾ったことにより学生・

表1　益進会同人一覧（第一期『第三帝国』1～57号）

氏名(号)	生没年	出身地	出身校	経歴	期間	担当
茅原廉太郎(華山)	1870～1952	東京府東京市牛込区田町	愛口小学校 国民英学会(英語)	『万朝報』	1～57	主盟
石田友治(望天)	1881～1942	秋田県秋田市土崎本山町	秋田中学中退 滝野川神学院(神学)	横手教会牧師 『秋田魁新報』 『新公論』	1～99	編集主任→主事
野村善兵衛(隈畔)	1884～1921	福島県伊達郡半田村	桑折町高等小学校 早稲田・東洋大学聴講	『六合雑誌』寄稿 氷屋経営	1～15	思潮評論
松本悟朗	1886～1946	福島県伊達郡桑折町	福島中学 東洋大学(哲学)	曹洞宗・慈雲寺	1～57	社会評論
鈴木正吾	1890～1977	愛知県宝飯郡御津町	豊橋中学 明治大学(政治学)	学生 丁未倶楽部	1～57	政治評論→編集主任
小林亮平	不明	不明	不明		2～7	経営
中川竹堂	不明	茨城県水戸市	不明		10～15	政治・教育
新谷義雄	1890～?	茨城県古河	不明	浅草郵便局 電信事務員	14～57	経営→事務
小田政賀	1890～?	山口県	早稲田大学(英文)	学生	15～57	編集
前田福市	1894～?	三重県南牟婁郡御舟村	不明		15～24	訪問記事
赤塚忠一	1887～?	東京府東京市神田区	白馬会研究所	中澤弘光に師事	17～23	漫画
土田恭治	1892～?	秋田県平鹿郡舘合村	横手中学	『秋田毎日新聞』編集	17～24	訪問記事
雑賀博愛(鹿野)	1890～1946	福岡県御井郡小郡村	福岡高等小学校	『九州日報』 『青年日本』 『外交時報』	21～30	編集事務
中村長次郎	不明	不明	不明		28～57	広告担当
岡見護郎(有森素堂)	1894～1945	秋田県	早稲田大学中退	四谷医院の薬局生	30～57	事務補助
中村八郎(孤月)	1881～?	東京府東京市浅草	早稲田大学(英文)	『早稲田文学』発表 『文章世界』発表	37～56	文芸評論
永川俊美(大観)	1892～?	福岡県筑紫	福岡県立中学修猷館 早稲田大学(政治経済学)	学生 大隈伯後援会	4～57	生活評論
勢多左武郎	1888～1981	福島県福島市	立教学院、東北学院中退 正則英語学校	『河北新報』 『やまと新聞』	50～57	海外思潮
米津栄次郎(探元)	1873～?	不明	不明	教師・校長 師範学校	51～57	青年後援部
鈴木悦(夕村)	1886～1933	愛知県老津村	成城中学 早稲田大学(英文)	『万朝報』 『早稲田文学』発表	57	文芸欄
広津和郎	1891～1968	東京府東京市牛込区矢来町	麻布中学 早稲田大学(文学)	雑誌『奇蹟』を創刊	57	文芸欄

青年層の政治的価値に自信を抱き、さらなる運動の展開をめざした。

こうした時代状況のもとで誕生した益進会には、明六社や新人会などが創立時に掲げたような社則・会則の存在は確認できない。だが大正二年十月十日に雑誌『第三帝国』を創刊するに際し、茅原が石田と交わした約束「経費を誌上で公開すること」「縁故者の救貧機関にしないこと」「無名新人を紹介する機関とすること」「志を持った人材を広く受け入れること」が公表され、号数を重ねるにつれて会の規模を拡大していった。創立時の五名に加え、『第三帝国』「第一期（第一〜五七号）」に携わった同人は合計二一名にのぼる（表1）。

茅原と米津栄次郎《よねづえいじろう》を除けば、おもに明治十年代後半〜二十年代前半に生まれ、日露戦争を前後して青年期を迎えた世代で構成されていた。彼らは地元の中学校・高等小学校を卒業後、地方新聞の記者として経験を積み、あるいは上京して私立大学に進んで哲学・政治学・英文学などを修め、活躍の場を東京の言論界に求めた者たちであった。とくに早稲田出身者が多いのは後述する通り当時の政治状況と同会の特質によるものであった。

その背景には、日清戦後より推進されてきた中等学校以上の教育の拡充が挙げられる。とりわけ、明治三十二年（一八九九）二月の中学校令改正により中学校が全国的に増設されると、高等学校・帝国大学へ進学する一握りの学歴エリートが生み出される一方、中等教育を受けた知識階層として地元に残る者、私立大学や専門学校に学び「立身出世」とは一筋違う通りを歩む者が少なからず現れた。ゆえに、益進会のような集団の実態および特質を明らかにするための基礎史料としては、彼らが刊行した雑誌をはじめ、会員個々の著作、中央紙・地方紙・他誌に掲載された記事に加え、中学校や大学の校友会誌の存在が挙げられる。

「益進主義」の思想

では、益進会に集った青年たちを結びつけていた思想的支柱とは何だったのか。茅原が「益進主義」を提唱した時点に戻り、会の名称に用いられた「益進」という言葉に込められた意味をひも解いていこう。

明治四十四年八月十二日、茅原は『万朝報』に論説「東北人士《じんし》に与ふ」を掲げた。東北人士とは、先の山形県会議員選挙にて立憲政友会の利益誘導戦略に対し、熱心な政治運動で立憲国民党を勝利に導いた青年層を指していた。同年五月の山形大火から復興の途上にあった彼らが現状批判に努めながら生活改善を進めていく姿を「ウィリアム・ゼームスの益進主義は即《すなわ》ち是《これ》なり」と賞賛し、「一糸《いっし》の希望を我山形県の青年、東北の青年、日本の青年に維《つな》ぎ、此益進主義を以て吾人のビーコン・ライトと為さん」と訴えたのである。

日露終戦直後から五年に及ぶ外遊を経験した茅原は、欧米社会に蔓延する「生活問題」に遭遇するなかで西洋文明を相対化し、生活の次元から文明を捉え直す視座を獲得した（華山「東西文明の性質を論ず（下）」『万朝報』一九〇七年八月二十八日）。帰国後に彼が目にしたのは日本にも生活難が及び、青年層の「非国家的思潮」が顕著となる姿であった。教育の浸透やメディアの発達のもとで成長した彼らは、中央進出や成功の希望を厳しい現実に挫かれ、鬱勃《うつぼつ》とした心情を抱えたまま煩悶《はんもん》・懊悩《おうのう》する日々を過ごしていた。

そうした青年層に向けて鼓吹された「益進主義」とは、プラグマティズムの提唱者として知られるW・ジェイムズ（米）の「Meliorism」の訳語である。『哲学大辞書』（同文館、一九一二年）には「メリオリズム（改善説）」として採録され、「進化の法則」を前提とし「人力に由りて世界の改良を企図し得べきを信ずる説」と記され、「厭世《えんせい》」と「楽天」の中道を進むことで世界は「より善く」なると主張する点を特色とした。

これを茅原は日本の実情に即して捉え、社会と没交渉な悲観と現状容認に陥る楽観とを同時に排し、現実批判の先に理想を建設していく必要性を説いた。さらにR・C・オイケン（独）やA・ベルグソン（仏）らによる「生の哲学」を援用し、人間の存在と個人の経験・努力による創造の意義を見出し、個々人の欲望を利導する方向性を読み込み、

「益進主義」を提唱した（茅原華山「思想界の中心問題」『新動中静観』東亜堂書房、一九一三年）。

ここで第一義的な課題とされたのは、知性偏重の「唯心論」と物質至上の「唯物論」から脱却し人間存在を回復することであった。自我とそれを形作る個性に依拠し、人間存在の喪失を招く「唯物的人生観」を批判の対象に据え、実生活における社会との不断の対話を通して自我を獲得することが求められた。そして、社会進化のもとで東西文明を相互補完的に捉え、国民の自立化と国家の生活化に基づく新文明の創出をめざし、権利・自由なき国家および社会制度に筆鋒《ひっぽう》を向けるなかで、「科学を基礎としたる唯心論、実験に根ざした理想主義」の地点に到達した。この「新唯心論」こそ、秋田から上京する汽車のなかで石田友治が懐に抱いていた茅原の論説記事の題名であり、野村と松本が雑誌創刊を相談する契機となった茅原の講演の演題にほかならなかった。

二　思想集団の発展

雑誌『第三帝国』の創刊

益進会同人が自らの主張を発信する場として創刊したのが雑誌『第三帝国』であった。誌名はノルウェーの作家H・イプセンがヘブライズムとヘレニズムに続く「霊肉一致《れいにくいっち》」の理想文明を示すのに用いた言葉に由来する。当時の青年たちになじみのあった言葉を日本の歴史になぞらえ、封建制の「第一帝国」から明治官僚制の「第二帝国」を経て、「君民同治の新帝国」の創設＝「第三帝国」の理想像を示したのである。

同誌は「主盟」茅原華山・「編輯主任」石田友治・「印刷人」野村隈畔の名前で定価一〇銭・全二四頁の月刊誌として始まった。「国民の公機関」を自称し「公約」通りに月ごとの収支報告を掲載しており、その売上額から発行部数を計算すると初期三〇〇〇部、中期以降六〇〇〇部前後であったと推測される。投書欄を設けて読者に誌面を提供し、投稿者の出身地と氏名を明記することで、青年読者から熱烈な支持を集め、第八号（一九一四年四月一日）より半月刊となり、第二〇号（同年十月五日）からは旬刊となった。タブロイドB判（縦三八二ミリ×横二七二ミリ）で創刊され、新聞の折り込み広告に近い大きさで、携帯可能な冊子として読者が仲間内で回し読み、議論の素材として用いるような雑誌であったと考えられる。

誌面は巻頭論説を茅原が担当し、前半に政治家・学者・評論家らの寄稿が掲載され、中盤に同人による「十日評論」を配置し、政治・世界・経済・思想・教育・社会・文芸・生活の話題を論評し、後半に読者の声が届けられる三部構成となっていた。寄稿者として安部《あべ》磯雄《いそお》・伊藤《いとう》銀月《ぎんげつ》・伊藤《いとう》野枝《のえ》・稲毛《いなげ》詛風《そふう》・犬養《いぬかい》毅《つよし》・岩野《いわの》泡鳴《ほうめい》・植原《うえはら》悦二郎《えつじろう》・浮《うき》田《た》和民《かずたみ》・江《え》木衷《ぎまこと》・小《お》川《がわ》未明《みめい》・尾崎《おざき》行雄《ゆきお》・堺《さかい》利彦《としひこ》・島村《しまむら》抱月《ほうげつ》・鈴木《すずき》文治《ぶんじ》・相馬《そうま》御風《ぎょふう》・高畠《たかばたけ》素之《もとゆき》・永井《ながい》柳太郎《りゅうたろう》・長島《ながしま》隆二《りゅうじ》・西川《にしかわ》光二郎《こうじろう》・馬場《ばば》孤蝶《こちょう》・福来《ふくらい》友吉《ともきち》・富士《ふじ》川游《かわゆう》・三浦《みうら》銕太郎《てつたろう》・向《むこう》軍治《ぐんじ》・与謝野《よさの》晶子《あきこ》らが登場した。

自然主義・社会主義との論争

では、益進会はどのような時代思潮と向き合い、その立場を表明したのか。同人が誌上で展開した自然主義および社会主義との論争を見ていこう。

大正三年（一九一四）四月に始まった岩野泡鳴（一八七三〜一九二〇）との「二重生活」否定論争は双方三度ずつの応酬《おうしゅう》で二ヵ月半に及んだ。自然主義を本能的人間の肯定にまで徹底し「半獣《はんじゅう》主義」を唱える泡鳴は第八号に「事実と批評（二重生活の否定）」を寄せ、本領を発揮する場と生活のための手段を用いる場を使い分ける生活を「二重生活」と呼び、「その人の主義は乃《すなわ》ち実行、その人の実生活は乃ちその人」でなければならないと主張した。対して茅原と松本悟朗は、泡鳴の「人生乃ち実生活は無目的の盲動だ」という一節に反論した。茅原は「何故に彼等が二重生活を為すべく余儀なくせられたのか、国民生活の根柢に到り得て見なければならない」と説いた（華山「一剣一筆子に答へ併せて岩野泡鳴に質《ただ》す」第九号、一九一四年四月十六日）。「社会評論」を担当する松本は「到底免れない矛盾や事実を、一個の動機とか一個の主義とかいふものを標準にして、強いて圧迫し或は否認する」のは「偽った態度」であると厳しく批判した（松本悟朗「岩野泡鳴氏に与ふ」第一〇号、一九一四年五月一日）。

両者は自我を人間の中心的要求と捉える点で共通していた。だが、自我の解放を全肯定し自らを体現者と言いきる泡鳴に対し、益進会同人が考える自我とは「絶対の真」でありながら他者や社会との関係で常に内省される対象であった。人生や生活に苦闘する青年層への共感を前提とするため、自己の内にある矛盾や弱さを認めることから立論されていた。この論争を通じて益進会は自らの旗幟《きし》を鮮明にし、同時代の「自我論」が内面性にのみ目を向け、政治や社会の変革に無関心であったことに異議を唱えた。

益進会は『第三帝国』創刊より「冬の時代」を過ごす社会主義者たちにも誌面を提供したが、なかでも議論を戦わせたのが「大正アナーキズム」を担う大杉栄（一八八五〜一九二三）であった。きっかけは同人の中村孤月《なかむらこげつ》が第四八号（一九一五年八月五日）に「人間生活の要求について―大杉栄氏に寄す―」を掲げ、「国民の利害を深く考へない」政治が共産主義の傾向を生むのは首肯できるが、たとえ運動が成功しても「優劣の逆転現象」を生むだけで人類の争闘は続くのではないかと疑問を呈したことであった。

これに応じて大杉は、次号（同十五日）に「僕の社会観―中村弧月君に答へ―」を寄せ、茅原の論説への批判も加えて回答し、資本家と労働者の関係を階級問題として認識していない点を指摘した。社会の両極化で相互扶助の法則は崩れ、社会制度は「征服の事実」を維持するために置かれている。よって、「完全な相互扶助」を可能とするには「人類の此の階級的区別を根本から絶滅しなければならぬ」と主張した。

一方、批判の対象とされた第四八号の「相霑《うる》ほす心（新労働問題）」で、茅原は欧州「産業文明」の恩恵には授かっても「争闘的精神」を採用してはならないと説き、「新しい日本の労働問題」はサンジカリズムなどの欧米の理論によるのではなく、「日本国民独特の自他両存（Co-Operation）の心」に解決の方途を見出すべきとの考えを示していた。両者は「物質的争闘」を失くし自我を政治や社会との関係で把握する点で同様の地点にあった。大杉は個人に依拠しながら「物質的史観説」に基づいて「征服の事実」を捉え、「直接の威力」による階級制度の根絶をめざした。そのため、資本家と労働者の融和は想定されず、無政府主義により歴史を革命的に読み替え、知識層と労働者の結集を呼びかけた。対して益進会同人は人間性の尊重を基礎とし、「自他両存の生活主義」に資本家と労働者の理解を求め、あくまで国家を生活の場から把捉し、国民が「立憲的手段」により内側から国家を再創造する道を堅持し、欧米の理論をそのまま日本に適用することを忌避していた。

以上のように益進会は自然主義と社会主義を両極に置き、前者には自我の捉え方で、後者には改革する対象の認識と方法で一定の距離を保ちつつ、ほかにも野村が稲毛詛風と自我をめぐり（第一三号、一九一四年六月十六日）、松本が青鞜社同人に婦人運動の客観性を問う（第二二号、一九一四年十月二十五日）などさまざまな論争を積み重ねるなかで、大正期の時代思潮に独自の位置を占めていった。

益進会の活動

歴史学の立場から思想集団を考察する場合、構成員による著作や記事の内容を分析し、同時代における他の言説と比較して評価する作業が基礎となるが、その思想世界を支えていた具体的な活動をできる限り詳細におさえることも同等に重要となる。益進会の活動を考えるうえでは『第三帝国』巻末に付されていた彙報《いほう》欄が大切な役割を担っている。茅原が市ヶ谷の自宅で開いていた私塾「思園」の様子を紹介する「思園消息」、石田の「益進会から」、鈴木の

表2 『第三帝国』編集作業日程

号	発　行　日	締切	校了	出来
23	1914年11月5日	日	3日	5日
24	1914年11月15日	10日	14日	17日
25	1914年11月25日	21日	25日	26日
26	1914年12月5日	28日	3日	5日
27	1914年12月15日	9日	13日	15日
28	1915年1月5日	19日	22日	27日
29	1915年1月15日	10日	12日	15日
30	1915年1月25日	19日	23日	26日
31	1915年2月5日	日	日	6日
32	1915年2月15日	10日	13日	16日

「編輯を終へて」、事務室による「益進会十日日誌」などがそれぞれの視点で活動を伝えている。

表2は「益進会十日日誌」より第二三〜三二号の編集作業日程を復元したものである。通常号は発行日の五〜七日前に編集の締切が設定され、二〜四日をかけて同人総出で校正作業を行い、印刷所の秀英舎に赴き校了となる。そこから早い場合は翌日、遅くとも五日後に雑誌ができあがり、完成の二日後には次号の編集会議が開かれていた。旬刊となった同誌の刊行は締切との競争であり、「原稿は大概集ったと編輯子喜ぶ」「広告の原稿が集らないで大騒ぎ」「発送済の事務室は大風の後のやう」等の表記から同人の切迫感や解放感を読み取ることができる。「日誌」を読む限り、同会は『第三帝国』を概ね発行日通り、遅くとも二日以内に刊行していたこととなる。

ほかにも茅原が三ヵ月間に群馬・横浜・伊豆・名古屋・京都・大阪など各地で遊説していたことをはじめ、「石田氏及番人集金に廻る（第二九号）」、「鈴木氏政党政治期成会主催の大演説会に弁士として神田青年会館へ（第三三号）」など同人らの動静が伝えられている。また「千葉県の読者田尻由次郎氏来訪（第二四号）」「大分県の読者北上氏来訪、発送を手伝はる（第二八号）」など各地から読者が頻繁に益進会を訪ねていた様子も記されており、会を支えた同心円状の人脈が垣間見える。さらに「第二回国民党政見発表演説会本郷にあり同人皆行く（第三二号）」などの政治的動向を把握できる情報も見出せる。

これら彙報欄と記事の内容を組み合わせると、益進会の思想運動が『第三帝国』の刊行を中心としながらも、演説会・読者大会の開催、講演旅行の実施、減税運動や普選運動などの展開、さらには地方支部や青年後援部の設置など多岐にわたっていたことがわかる。

「雄弁青年」と益進会

それらの運動を展開していくなかで、茅原や石田と同等かそれ以上に重要な役割を担ったのが「編輯主任」の鈴木正吾であった。鈴木は明治二十三年（一八九〇）六月三十日に愛知県宝飯《ほい》郡御津町《みとちょう》で仏壇屋を営む渥美《あつみ》半五郎《はんごろう》の三男として生まれた。養子に入った鈴木家は裕福ではなかったが、本人の強い希望により愛知県立第四中学校（旧制豊橋中学）に進んだ。第四中学校の『校友会誌』を確認する限り、中学時代の彼はボート部の活動に励む健康優良児であったこと以外はいたって「無口」な存在である。

だが、中学を卒業し地元の小学校で代用教員として勤めた後、同四十二年四月に上京して明治大学に進学すると「雄弁」な青年に変貌《へんぼう》していく。予科に入った彼は本科の学生と対等に渡り合うため弁論部に入り、翌年九月に本科（政治学科）に進むも教室で講義を受けることは少なく、情熱をもっぱら弁論に傾け、丁未倶楽部に加わり大学生が主催する政談演説会や擬国会などで活躍し、「駿台《すんだい》の論壇を飾るに無くてはならぬ花」と評されるほどの成長を遂《と》げた（鐵鞭子「明治大学弁論部員月旦」『雄弁』第四巻八号、一九一三年八月一日）。

大正二年（一九一三）五月某日、卒業を間近に控えた鈴木は「余が卒業論文」と称し演説会を大学の講堂で催し、二百余人の聴衆を集め雄弁を揮《ふる》った。注目すべきは「現代の世界思潮と日本の位置」と題して演説するなかで、彼が「デモクラシーの謳歌《おうか》」を掲げ、ベルグソンの創造的進化を引用し、「奮闘努力の華山主義」を唱えていた点である（いか生「明治大学雄弁会例会」『雄弁』第四巻九号、一九一三年九月一日）。この段階で、鈴木が茅原の「益進主義」に強い影響を受けていたことは疑いない。茅原の側からいえば、演説に秀でた「雄弁青年」の才能を見込み、益進会の立ち上げに勧誘し、『第三帝国』が文字通り「無名新人の伎倆《ぎりょう》手腕を紹介する機関」となるために「学生界の名物男」を迎えたのであった。

「卒論」演説から五ヵ月後、鈴木は益進会同人として『第三帝国』の創刊に携わり、「政治評論」を担当し、尾崎行雄らの訪問記事を書くとともに、選挙制度や税制などに鋭く切り込み、読者に覚醒を促した。「先帝崩御《ほうぎょ》の事あって以来、五千万民は心の底に意識的或は無意識的に、民の力を以て固定権力に反抗するの快感を覚え始めた。所謂《いわゆる》大正維新の政変で国民は一種の味を占めたのだ」。創刊号の論説「民の力！」は、自ら参加した護憲運動で得た確信を「現状打破の最良武器は、実に「民の力」である」と表現したものであった。

続けて第二号（一九一三年十一月十日）に論説「胃の空虚を奈何《いかん》せん」を発表し、明治二十六年度と同四十四年度の国税総額に占める直接税（六〇％→三三％）と間接税（四〇％→六七％）の割合が逆転している事実を指摘し、「人気取専門の政治屋」が地主層から支持を得るため地租増徴を見送る一方、「増税に抵抗力のない政治的無能力者―選挙権なき者―中流以下の者―を圧迫し間接税を誅求《ちゅうきゅう》し来た」ことを厳しく批判した。「全国民の十五分の一に過ぎざる三百万の地主の鼻息のみ窺ふ代議士よ、少しく国を憂へよ」との叫びは、制限選挙を続ける日本の議会政治の構造的欠陥を抉《えぐ》り出していた。

大正地方青年の結集

益進会が『第三帝国』の経営を内外出版協会から引き取った第八号より鈴木は「編輯主任」に就任するが、その初仕事は「新人の戦の唯一機関」と銘打つ同誌の投書欄を「戦闘曲」と命名し、青年読者の声を世に届けることであった。有我生（三河）「私達は行詰《いきづま》りました、否総《いやすべ》ての覚めたる田舎の青年は行詰らざるを得ないのです」（「華山先生へ」第一三号、一九一四年六月十六日）との訴えに代表されるように、全国各地から教育制度への批判、選挙権拡張の要求、性や結婚をめぐる議論、地域社会の旧弊を嘆く声が次々と届いた。なかには第一七号（一九一四年八月十六日）掲載の花城生「家族制度を屠《ほふ》れ」のように内容の過激さゆえに発禁処分の一因とされる投書まで現れた。だが、ここで重要なのは青年たちが家庭・学校・軍隊・青年団・在郷軍人会・工場など外から与えられた既成の集団に身を置きながら実感している不満や苦痛を、自らの意志で選択した集団＝益進会の運動に参加するなかで表明し、それぞれに生活環境の改善を強く主張していたことである。

これに対し鈴木は「君の言頗《すこぶ》る我が意を得たり」などとコメントを加えて「連帯感」を演出し、議論の喚起に努めた。「戦闘曲」は同誌の呼び物となり、同人と読者の「対話」に加え、読者同士が投書を通じて議論する現象を生み出した。さらに第一二号より「同人より読者へ」「読者より同人へ」を並べた「交歓」欄を設け、意見交換の場とした。

大正三年（一九一四）六月一日、益進会は「熱烈な新思想を有する五名の読者が集まれば、其地方に於ける一勢力と為れる、此一勢力が例えば自治体革新といふような確実な目的に向って活動せられたならば第三帝国の創造も決して艱難《かんなん》ではない」と支部の結成を呼びかけた。「支部員は一同協議の上、其支部の規約を作り、幹事一名を互選す」などの准則に応じ、結成希望の声が相次いで届き、静岡県藤枝《ふじえだ》町＝第一支部を筆頭に、北は北海道から南は鹿児島まで全国三三ヵ所に支部が結成された。報告に名を列ねた読者は総勢二三五名に上り、「支部だより」欄に近況を寄せるなど、雑誌読者の実態が把握できる貴重な事例である。

> 大正三年七月七日よ！今宵《こよい》私共五名の同志は此処《ここ》に会合して今日より新に『第三帝国』の愛読者となり『第三帝国』の主義主張に依り我等の生活を革命し併せて今後我等の最も近き周囲より第三帝国化する事に全生命を傾注して努力せんことを誓ひました。

第一六号（一九一四年八月一日）の「支部たより」に右の報告を届けた愛知県海老町＝第四支部幹事の加藤文一は、県立第四中学校の出身で鈴木の五期後輩にあたり、駒場の帝大農学部に通う学生であった。夏期休暇中に帰省し故郷の友人・知人に声をかけ、中学の後輩である加藤興一、海老町青年会の遠藤弘・山本栄男・山田久六治を集めて支部を結成した。「二十歳前後」の彼らは「我が地方の為《た》めに憂《うれ》ふるの精神」をもって奮闘し、「更に大に我等と志を同ふするものを集め」ると語り、『第三帝国』の愛読者を以て青年会の中堅を形成」するとの目標を掲げ、その後も京都府峰山町《みねやまちょう》＝第五支部と機関紙を交換したなどの報告を届けている。

注目されるのは、益進会支部が同人たちの出身地・出身校を支持基盤としながら、さまざまな実践を試みるなかで裾野を拡げていったことである。その際、上京して益進会の活動に触れた青年読者が媒介者となり、中等教育を受けた後に地元に残り、地域社会の改善を求めていた地方青年たちを運動の輪に組み込んでいった様子が見て取れる。

三　思想集団の実践運動

益進会と山本内閣打倒運動

益進会が誌上の言論にとどまらず減税運動や普選運動などを試みたことを考えれば、当時の政治状況を把握しながら実践の意味を解き明かす必要がある。

まず益進会同人が第一次護憲運動から大正政変という画期を経験するなかで結集し、『第三帝国』を創刊して山本権兵衛内閣打倒キャンペーンを展開したことである。政友会を与党とする同内閣は民衆の動向に留意しつつ軍部大臣現役武官制の緩和、文官任用令の改正、行財政整理に着手した。だが、大正二年（一九一三）暮れの第三一回通常議会で海軍拡張案を提出すると、翌年一月五日に憲政擁護大会が開かれ、営業税・織物消費税・通行税の廃止を求める運動が広まった。益進会も「大減税号」を臨時増刊し営業税全廃を訴え、おもに地方商工層の参加を呼び込んだ。

さらにジーメンス事件が報じられると内閣打倒の声が強まり、茅原華山も海軍大将として組閣した山本の責任を追及し早期辞職を勧めた。二月十日、国民党・同志会・中正会《ちゅうせいかい》が海軍汚職に関する内閣弾劾《だんがい》決議案を提出し、日比谷公園では一年前の光景を再現するように内閣弾劾国民大会が開かれ、議会を包囲した数万の民衆は暴徒化した。貴族院の海軍費削減で予算が成立せず山本内閣が総辞職したため、運動は勝利を収める形となった。

坂野潤治『明治国家の終焉』は、第三次桂太郎内閣と第一次山本内閣が二年続けて民衆に退陣を迫られた事実から、二つの運動が軍部・官僚・両院議員から成る「桂園体制」を無意識のうちに突き崩した一種の「二段革命」であったと位置づけている。だが、薩長両派の首相と「二大政党」による内閣を続けて退陣に追い込んだ経験は、鈴木正吾をして「政治に現れたる近代思潮の顕著なる表現は、苟《いやし》くも民意に反する政府の存在を許さないことである」との確信を示させていた（「二月大勢評論」第七号、一九一四年三月十日）。民衆を指導する新聞・雑誌メディアは世論による「桂園体制」の打破を明確な目標に定めていた。

第二次大隈内閣と普選請願署名運動

次に第二次大隈重信内閣の成立で「反藩閥・反政友会＝反政府」という図式が崩れ、大隈擁立工作に尽した『万朝報』の黒岩涙香ら新聞経営者・幹部記者が同内閣への介入を試み、政友会打倒に力を注ぐなかで「変化」が生じたことである。

そもそも益進会が『第三帝国』を創刊した理由の一つは『万朝報』の「別働隊」を設置し、青年読者の期待と不満を吸収し、同人との共鳴盤とするためであった。ゆえに茅原は『万朝報』に在籍したまま『第三帝国』で筆を執った。

大正三年六月の東京市会議員選挙に際し、中央各紙が政友会関東派の森久保作蔵《もりくぼさくぞう》を標的に常盤会《ときわかい》打倒キャンペーンを張るなかで、『万朝報』に「深川と多摩尼《たまに》」「市閥打破の第一日」の論説を連日にわたり執筆したのは茅原であった。六月二日に益進会も「臨時牛込区号《うしごめく》」を発行し、茅原は「万朝報記者」の肩書きで「牛込区民と自治実現」を掲げ、「這回《このたび》の市会議員の総選挙は自治を東京市に実現し、過去十有八年東京市を食物にした多摩尼主義を一掃し、又牛込区の面目を一新する好機会」と主張した。結果、森久保の落選をはじめ常盤会は大敗を喫した。

だが、大隈内閣は選挙権拡張はおろか、同年七月の新聞紙法改正をめぐり言論の自由よりも発禁回避の自主規制を促す政府案を提出するなど、当初の「期待」には遠かった。にもかかわらず黒岩は支持を強め、国際情勢の緊張化を理由に従来の主張を取り下げ、大陸進出政策論にまで与《くみ》していった。こうした動向に違和感を覚えた茅原は、大陸出兵論に反対し内治優先を説き、意見の衝突を機に執筆依頼を断り講演旅行に出かけた。その結果、同年十一月に「ハガキ辞令」を受け、黒岩からの独立を宣言し『第三帝国』に専念することとなった。時を同じくして展開される普選運動もこの「変化」と表裏の関係にあった。

普選運動は日露戦後の昂揚《こうよう》期から沈静化していたが護憲運動を機に復活し、さまざまな普選論が唱えられ、大正三年(一九一四)初頭には普選同盟会が再興された。吉野作造は普通選挙制が国民の利益を保護し政治教育の機会を与え、「手腕あり見識ある人物」を選出し「政界廓清《かくせい》」の端緒になると説いた(「山本内閣の倒閣と大隈内閣の成立」『太陽』一九一四年五月一日)。

大正三年十月五日、益進会は「一周年紀念徹底号」=第二〇号を刊行し「普《あまね》く天下の同志に檄す」を掲げ、「一切の問題は普通選挙制度実施の後でなければ、国民が自主的に解決することは可能ない」と説き、「日本の男子にして満二十歳に達する者は尽《ことごと》く選挙権を有する」との要求を示した。そして「選挙権獲得の実際運動」を行う「立憲的手段」として、大日本帝国憲法第三〇条の「請願権」を用い、全国読者から普通選挙の実施を請願する署名を集め、議会に提出することを発議した。茅原が黒岩からの独立を宣言した益進会にとって、青年読者からの声たる「署名」こそ自分たちの運動の正当性を保証する唯一にして最大の武器であった。それゆえ五名連記の「普通選挙請願用紙」を第二四号の附録とし、呼応・共鳴する読者たちの声を「人間マーチ～選挙権拡張の叫び」として掲載し、加えて衆議院議長奥繁三郎《むくしげさぶろう》宛の「普通選挙制実施請願書」を作成し大正四年一月末日に締切りを設けることで、来たる帝国議会の開会を普選運動の「Xデー」としたのである。

運動を支えた論理は鈴木正吾の「新愛国論」(第二三・二四号、一九一四年十一月五日・十五日)であった。鈴木は日露戦後社会で拡がりゆく国家と国民の隔絶をふまえ、「新愛国主義」の中心に「真の個人主義」を据え、自我を実現するための「愛国」を説いて、「国民各自に『自分の国』といふ観念を植へ付ける愛国的施設」として普通選挙の実施を唱えた。果たして同年十二月五日に第三五回通常議会は開かれたが、陸軍二個師団増設案を否決された大隈内閣が衆議院を解散したため、署名の提出は延期を余儀なくされた。

第一二回総選挙と「模範選挙」

最後に、大隈派と原敬・政友会の対決が争点となる第一二回総選挙で茅原が「模範選挙」を試みたことである。政界再編を図る大隈は大浦兼武《おおうらかねたけ》を内相に据え選挙干渉を行うと同時に、首相自ら閣僚を率いて全国講演に奔走《ほんそう》し車窓演説や蓄音器による録音講演などの新戦術を繰り出した。さらに政争圏外で築いた人脈を活用し、中央・地方各紙で情報戦略を駆使し、早稲田を中心に学生・青年層を「大隈伯後援会」として組織した。とくに丁未倶楽部は遊説部実行部隊の先鋒として選挙に影響を与えたが、同人の鈴木正吾や永川俊美《ながかわとしみ》も名を列ねていた。対して結成以来初めて野党として総選挙を迎える原・政友会は、貴族院議員や有力政治家を激戦区に送り込んで巻き返しを図った。

大正四年二月十五円、茅原は石田や読者からの要請をうけ、第三二号に「東京市民に向って模範選挙を求む」を発表し、東京市からの立候補を宣言した。彼は市民に「外部の圧迫又は誘惑で選挙させられないで、自己の判断で選挙」することを求め、戸別訪問や遊説などを行わず、選挙事務所も置かず、選挙費用を『第三帝国』で公表することを約束した。

「模範選挙」の真意は、過剰な選挙活動や露骨な選挙干渉が横行していることへの時事批判であった。一切の選挙活動を行わない「模範選挙」を標榜したのは、大隈に肩入れする黒岩への批判を含みつつ、同人や読者からの期待に応え、あえて政治の局面に立つことで選挙の「模範」を示し、選挙民の見識を問いながら青年たちを啓発するためであった。

季武嘉也『大正期の政治構造』は、山県系・薩派・政友会・同志会という四つの政治集団がいずれも一枚岩ではなく他の集団との提携が必要であったため、「常に政界に再編成気運をもたらして」いたと分析している。この気運こそ益進会の運動に改革の必要性や現実味を抱かせる効果を生んでいた。たとえば、普選請願署名運動は前年三月の第三一回帝国議会で国民党が提出した選挙法改正案と軌を一にしつつ、年齢制限を二五歳から二〇歳に下げるのみならず、納税資格の廃止を求め、青年読者の要望を積極的に先取りしていた。

また「模範選挙」宣言に見られる「第三党」構想も政界再編の気運と無関係ではなかった。茅原は立候補の真意を「日本の政治の実際を公平に無遠慮に国民の前に暴露」し、「国民的基礎に立ち国民の資金を以て活動する真の政党即ち第三政党を組織する」ことと語った。これは制限選挙下で進む「二大政党」状態へのアンチテーゼであり、選挙権拡張に伴う新しい選挙民の誕生を前提とし、大隈—黒岩路線とは異なる政界再編の可能性を示す意味が込められていた。茅原が後藤新平《ごとうしんぺい》や長島隆二ら山県系の官僚政治家と接近するのも、彼らが中正会・国民党と非政友会系連合を模索していたことをふまえての行動であった。

各方面から賛否両論が届くなか、茅原は誌上で「模範選挙」の理念を謳《うた》い続けた。石田は国民にとって「最上の実物教育」と評しつつ、江木衷を団長に西本国之《にしもとくにの》輔《すけ》・佐治《さじ》実然《じつねん》・安部磯雄らの賛助を得て「模範選挙期成団」を結成し後援活動を行った。結果は得票数一二九票、立候補者二八名中二四位の落選であった。同運動が選挙の「模範」をどこまで映し出せたかは不明だが、この道程で茅原と石田の運動をめぐる認識にズレが生じ、茅原が逆説的に「代議政治無用」「新貴族主義」を唱えたことが同会解散の遠因となっていく。

四　思想集団の解散――大正地方青年の行方――

益進会の分裂

「模範落選」後も茅原華山が健筆を揮《ふる》い、同人による「十日評論」を掲げ、「戦闘曲」に青年読者の声が届くなか、益進会は神田表神保町《かんだおもてじんぼうちょう》に新社屋を構え、「読者大会」や「東北講演旅行」を実施し、発行部数も好調を維持していた。だが、大正四年（一九一五）十一月二十九日、石田友治が「茅原華山絶縁顛末」と題する「号外」を発行し、突然の分裂劇となった。

双方の主張によれば、内紛の原因は第一次世界大戦と「模範落選」を契機とする茅原の「変節改論」と石田の公費私用に見出され、一時は互いに告訴する構えを見せていたが、大場《おおば》茂馬《しげま》・西本国之輔・野依《のより》秀市《ひでいち》の調停により和解が成立した。益進会は解散、『第三帝国』も廃刊するが、六ヵ月後に石田側が復刊することで決着した。

当事者同士は痛み分けであったが、騒動が『時事新報』や『読売新聞』で報じられたこともあり、益進会が発禁処分などの逆境を乗り越えながら読者と築いてきた関係は損なわれてしまった。茅原は鈴木正吾・松本悟朗らと雑誌『洪水以後《こうずいいご》』を創刊し、石田は『新理想主義』と改題し、言論活動を続けたが、ともに「第一期」ほどの勢いを取り戻すことはなかった。

では、益進会が時代社会のなかで担っていた役割は完全に消失したのかといえばそうではなかった。茅原の「益進主義」を継承し、同人の鈴木正吾は普通選挙の実施に際し政界に打って出、支部結成に奔走した愛読者の金子《かねこ》洋文《ようぶん》は自らの文学世界を開拓していった。最後に益進会に列なった二人の青年の歩みを検討していこう。

鈴木正吾と普通選挙

益進会同人において縦横に政治を論評し雄弁を揮って運動を展開する姿勢は茅原から鈴木へ継承された。鈴木は内紛の際も「思想の父親」と呼ぶ茅原に付いて一元社《いちげんしゃ》を結成し、大正五年（一九一六）一月の『洪水以後』創刊より「編輯長」を務め、「十日評論」で政治を担当した。「私は予算の問題に関して貴族院が政府を倒すのは決して憲政の本則ではないと信ずる」と議会政治の正常化を訴えつつ、「日本の政変には必ず裏面に軍閥の横着がある」との指摘も忘れなかった（「政治評論」『洪水以後』第四号、一九一六年二月一日）。

だが、大正五年四月上旬より台湾南洋方面へ視察旅行に赴く間に事情が変わった。同年六月、益進会時代から行動を共にしてきた松本悟朗・勢多左武郎《せたさぶろう》・小田《おだ》政賀《まさよし》ら七名が賃上げ要求を決行して一元社が分裂、『洪水以後』は『日本評論』と改題した。加えて同年八月、鈴木の帰国直前に茅原が再び欧米外遊に出かけたこともあり、同年十月一日の『日本評論』第一八号に「南洋より帰りて日本民族の使命を思ふ」を載せたのを最後に鈴木の名前は姿を消した。

大正八年に五来欣造《いつききんぞう》に誘われ大隈重信の経営する雑誌『大観《たいかん》』の編集に入り、普選同盟会の実行委員を務めるも、同年三月から尾崎行雄に随行し九ヵ月にわたり大戦後の欧米社会を視察した。そこで実感したのは「マルクス流」社会主義の隆盛であった。帰国後、鈴木は日本の政治にも影響が及んでいくことを認めつつも、「唯物的社会主義」と「人道的社会主義」を明確に区別し、「日本の改造の基調となるべき精神は必ず後者によらなければならぬ」と述べた(「改造の基調精神」『労働世界』第五巻一号、一九二〇年一月)。ロシア革命に接しながら「我等の改造運動の基調は飽迄《あくま》で、調和義務協力の精神でなければならぬ」という彼の発言には、「唯物的人生観」を批判し、社会との不断の対話から自我の実現をめざした「益進主義」、「日本の労働問題」の解決を「日本国民独特の自他両存(Co-Operation)の心」に見出した茅原の思想的影響がなお息づいていたことを指摘できる。

大正十四年五月五日に普通選挙法が公布され、選挙の実施が迫るなかで鈴木は茅原のもとを訪ねた。直接購読の個人雑誌『内観』に拠っていた茅原は「政友会でもよし憲政会でもよし、一つ思ひ切って身を政党に投じ、中から政党を改造しては何うだ」と勧め、「君の雄弁と君の文章とそして君の人格とを以ってすれば、一度衆議院に入れば、久しからずして嶄然《ざんぜん》頭角を現すに相異ない」と言葉をかけた(華山生「鈴木正吾君に語る」『内観』第八〇号、一九一六年十一月一日)。これに対し鈴木は、手段を選ばずに代議士となるのは「私の柄《がら》でない」と断り、「新党樹立の気持で、中立を標榜して孤立無援の戦ひを戦ふつもりです」との決意を示し、「個人主義と社会主義との混血政策をもった新政党」の誕生をめざすと語った(鈴木正吾「自己に語る」『内観』第八一号、一九一六年十二月一日)。

そして、昭和三年(一九二八)二月の第一六回総選挙(第一回普通選挙)、同五年二月の第一七回総選挙に地元の愛知県第五区から無所属で立候補し二度とも次点で落選し、三度目の正直と臨んだ第一八回総選挙でついに初当選を果たした。選挙手法は「得意の雄弁」であったが、政友会が全国的に圧勝するなかで、母校四中の卒業生や地元青年会による支援を背景とし、豊橋市部で善戦しつつ宝飯郡での得票を伸ばして中立の立場ながら当選を勝ち取ったことを見過ごしてはいけない(『参陽新報』一九三二年二月二十二・二十三日)。普通選挙制の導入は、従来の名望家《めいぼうか》層に代わり中等教育・専門教育を受けた知識階層が地域自治の担い手となることを推し進める契機となっていた。

金子洋文とプロレタリア文学

大正四年（一九一五）七月十九日、益進会東北講演旅行の一環として秋田県土崎《つちざきみなと》港町での講演会が土崎小学校で開かれた。同地区幹事の金子洋文（一八九四〜一九八五）は「戦闘曲」に投稿を重ねる愛読者で、「郷土出の石田先生に花をもたしたい（第四七号）」と意気込みを語っていた。会後の宴席で彼は茅原の指名で上座に招かれ、知遇を得た。

洋文金子吉太郎は、明治二十七年（一八九四）四月八日、秋田県南秋田郡土崎港町の附船問屋の四男に生まれた。鉄道敷設に伴い港町が寂《さび》れて家業が傾き新聞配達をしながら小学校を卒業した。中学進学は叶わなかったが、同四十二年より県立秋田工業学校機械科に学び、同校助手を経て、母校の土崎小学校で代用教員をしていた。従来、金子は北条常久『『種蒔く人』研究』をはじめプロレタリア文学の先駆として評価されてきた。だが、支部結成に奔走し地区幹事を務めた彼の姿には、益進会に列なる地方青年の思想形成を見出すことができる。

「日本の政治は、立憲政治といふ専制政治なのだ。おれが国民の代表だなんて聞いてあきれる、金で出来上った傀《かい》儡《らい》ではないか、私はお前を代表者として選挙した覚がない」。第三三号（一九一五年二月二十五日）掲載の投書「此《この》醜体《しゅうたい》を見よ」において洋文は、第一二回総選挙で大隈派と政友会が激しい選挙戦を繰り広げるなか、「低級な月給取」ゆえに「一個の国民と認められてゐない」屈辱を体験し、「あゝ我に一票を与へよ」と叫ぶほかなかった。

東北講演から帰京した茅原は洋文に葉書を送り「準備が出来たならば何時《いつ》でも上京し玉へ、上野まで迎へに行きます」と促した（大正四年八月二十三日付金子洋文宛茅原華山書簡、秋田市立土崎図書館所蔵「金子洋文資料」二〇五）。だが、まもなく益進会が分裂したため、茅原派の『洪水以後』へ投稿するも上京は見送った。このとき彼は茅原に傾倒する政治青年であると同時に、白樺派の武者小路実篤を崇敬する文学青年でもあった。

大正五年十月、洋文は『日本評論』記者として上京するが、いまだ茅原と武者小路の相剋を解決できぬまま、己の道を模索していた。彼は「教育評論」を担当する一方、翌年一月より我孫子《あびこ》手賀《てが》沼畔《ぬまはん》の武者小路宅に寄寓した。ここで「文学」を真摯《しんし》に生きる人間の「いのちの懊悩」を表現する手段と認識していくも、武者小路らとの生活に違和感を抱いて半年で我孫子を去った。親友の今野《いまの》賢三《けんぞう》と下宿生活を始め、正岡《まさおか》芸陽《げいよう》主宰の『労働新聞』や『毎夕《まいゆう》新聞』の記者となり、チェーホフやドストエフスキーの文学、カーペンターの思想に触れ、政治と文学への関心を複合する形で「社会主義」を受容していった。

大正九年秋、洋文は前年暮れにフランスから帰国した小学校時代の同級生・小牧《こまき》近江《おうみ》と一〇年ぶりに再会した。彼が第一次大戦下のパリ大学に学びながらアンリ・バルビュウスの「クラルテ」運動に接し持ち帰った反戦・平和思想に共鳴し、今野・近江谷《おうみや》友治《ともじ》・畠山《はたけやま》松治郎《まつじろう》らを加えて「種蒔き社」を結成し、翌年二月二十五日に雑誌『種蒔く人』を創刊した。「土崎版二号」に洋文は「若き農夫よ」と題する詩を発表し、「深々しい眼」で「真理」を見据え、自然と格闘しながら力強く畑を耕し「新らしき世界」を生産する農夫の逞《たくま》しい姿を描き、茅原と武者小路の相剋を乗り越え、自らが進む道を明示した。

同誌は発行保証金が払えず第三号で休刊するも、志は同年十月再刊の「東京版」へ継承され、理論的指導を担う「東京組」と小作争議や労働争議を先導する「秋田組」に分かれ、プロレタリア文学運動の先鞭《せんべん》をつけていく。ここで重要なのは、洋文らが東京と秋田の相互補完的な関係を築きながら「政治」と対峙し「社会」を改革する「文学」にふさわしい集団を形成し、独自の運動を展開していったことである。彼らの文学運動に地方青年の結集を促した益進会の思想運動が少なからず影響を及ぼしていたことは想像にかたくない。

「集団の思想史」の成果と課題

以上の考察をふまえ、「結社」から近代日本の思想をさぐる有効性を総括すると、次の三点が挙げられる。第一に集団の存在形態、構成員の社会的特質、時代思潮および政治状況との関わりを考察することで、彼らの築いた思想世界を重層的に解明できる点である。第二にその集団が自らの主張を発信していた雑誌メディアを分析し、彼らがいかなる言論空間を創出し、どのような支持を得ていたかを明らかにすれば、集団そのものの個性に加え、時代社会の特質を把握できる点である。第三に集団の存在と活動から多角的に思想（運動）を検討することで、一部の頂点思想家を対象とする手法とも、名望家層を民衆の「典型」とする手法とも異なる、従来の枠組みではすくいきれなかった存在を幅広く捉え、新たな位相を切り拓くことが可能となる点である。

益進会に即していえば、彼らの思想運動は、「桂園体制」の崩壊と第一次世界大戦の勃発という国内外の転換点に身を置きながら、茅原の「益進主義」を結集原理とし、鈴木正吾をはじめ地元の中学校を卒業し上京して私立大学や専門学校で「宗教」「哲学」「政治」「文学」を修めた青年記者らが誌面を通じて自己の主張を唱え、自然主義および社会主義との論争を通じて、あるいは演説会で各界の名士らと対等に議論するなかで練り上げられていった。その姿に青年読者たちは自己を投影し、それぞれが対峙していた「人生問題」「社会問題」を投書欄「戦闘曲」で表現し、生活の改善・社会の改革を求めたのであった。

社会進化のもとで矛盾・対立する二項を相互補完的に調和し、社会を「一個の完体」と把捉しようとする「益進主義」の思考様式は、自我と社会の「両方に生きたい」と切望する青年たちの心情をすくいあげ、彼らを政治・社会の担い手として養成していく機能を果たした。益進会は、日露戦後の地方改良運動などにより編成されようとしていた外からの秩序に対峙するため、内なる秩序の形成という精神的抵抗を示し、言論とともに実践運動を展開した。山本内閣打倒キャンペーン、普選請願署名運動、「模範選挙」は、形式的な「二大政党」を拒み、国民の「胃の腑の問題」が国政に反映される道を模索しつつ、何よりも大正地方青年が生活の場から政治・社会的覚醒を遂げることをめざす試みであった。

だが一方、「模範選挙」に見られるように益進会が読者からの支持を優先するなかで政治状況や時代思潮との緊張関係を維持することができず、それが解散の遠因となったことも指摘しておかなければならない。雑誌刊行を前提とする思想集団は、主義の一貫性と支持の継続性の両立を保ち続けることが難しいという構造的な弱さを内包していた。

益進会出身の鈴木と金子の足跡を追いかけると、前者はマルクス流社会主義に距離を置きつつ普通選挙の実施に際し地域自治の新たな担い手らに支持されて政治の舞台に立った。後者は同級生たちと「種蒔き社」を結成し、東京組と秋田組の連携により政治と対峙し社会の改革をめざす文学運動を展開していった。対照的とも言える両者のその後の歩みを含め、大正地方青年の行方を辿り、その真価を解明していくことを今後の課題としたい。

参考文献
有馬　学『日本の近代4　「国際化」の中の帝国日本』（中央公論新社、一九九九年）
有山輝雄『近代日本ジャーナリズムの構造』（東京出版、一九九五年）
飯田泰三『大正知識人の思想風景』（法政大学出版局、二〇一七年）
伊東久智「「院外青年」運動及び同運動出身代議士と選挙」（『選挙研究』第三二巻第一号、二〇一六年）
大久保利謙『明六社考』（立体社、一九七六年）
鹿野政直『大正デモクラシーの底流』（日本放送出版協会、一九七三年）
茅原　健『民本主義の論客　茅原華山伝』（不二出版、二〇〇二年）

河野有理『明六雑誌の政治思想』（東京大学出版会、二〇一一年）
季武嘉也『大正期の政治構造』（吉川弘文館、一九九八年）
須田久美『金子洋文と『種蒔く人』』（冬至書房、二〇〇九年）
ヘンリ・ディウィット・スミス著／松尾尊兊・森史子訳『新人会の研究』（東京大学出版会、一九七八年）
中野目徹『政教社の研究』（思文閣出版、一九九三年）
同『明治の青年とナショナリズム』（吉川弘文館、二〇一四年）
中村勝範編『帝大新人会研究』（慶應義塾大学法学研究会、一九九七年）
西田毅・和田守・山田博光・北野昭彦編『民友社とその時代』（ミネルヴァ書房、二〇〇三年）
坂野潤治『明治国家の終焉』（筑摩書房、二〇一〇年）
平石典子『煩悶青年と女学生の文学誌』（新曜社、二〇一二年）
福家崇洋『戦間期日本の社会思想』（人文書院、二〇一〇年）
北条常久『『種蒔く人』研究』（桜楓社、一九九二年）
松尾尊兊『大正デモクラシー』（岩波書店、一九七四年）
同『普通選挙制度成立史の研究』（岩波書店、一九八九年）
真辺将之『大隈重信』（中央公論新社、二〇一七年）
三谷太一郎『新版大正デモクラシー論』（東京大学出版会、一九九五年）
三橋　浩『ジェイムズ経験論の諸問題』（法律文化社、一九七三年）
源川真希『近現代日本の地域政治構造』（日本経済評論社、二〇〇一年）
宮地正人『日露戦後政治史の研究』（東京大学出版会、一九七三年）
水谷　悟『雑誌『第三帝国』の思想運動』（ぺりかん社、二〇一五年）

第2講　家族

長善館と鈴木家

田中友香理

一　「家」と「家族」から見える世界

近代日本の「家」と「家族」

本講では、「家」と「家族」を思想史の対象とする際の方法について、漢学塾・長善館《ちょうぜんかん》を主宰した鈴木家の養子問題を具体例にしながら論じたい。

まずは、先行研究における「家」と「家族」について整理する。わが国の「家」研究はとくに法社会学の分野で進められてきたが、「家族」は西洋における family に対応する「通文化的」なもの（有賀喜左衛門「家族と家」）として肯定的に語られた一方で、「家」は「一般的な家族の日本における歴史的形態」、「家父長制伝統の家族」（喜多野清一「日本の家と家族」）として批判的な分析が加えられた。とくに明治民法下の「家」制度は、「天皇制家族国家理念の私法における凝結の結実」であり、そのもとで「近代的な家族意識の発達」は乏しかったとされる傾向が強かった（青山道夫「日本の「家」の本質について」）。そこにおいて、「家」はイデオロギーとして上から強制された制度であった

（有地亨『近代日本の家族観　明治篇』）。

明治民法下の「家」のイデオロギー性に着目した研究では、「天皇制国家という支配体制のイデオロギー」として「家族国家」観が機能したことで「家」が国家に取り込まれたとされた（石田雄『明治政治思想史研究』、「「家」および家庭の政治的機能」）。同じく神島二郎は、幕末維新の変革が二男三男の「家」創設の運動として展開したことで、〈末広型家族〉が形成され、明治の新社会形成の動力になったと指摘した（神島二郎『近代日本の精神構造』）。つまり、「家」は日本に特殊な「家族」のあり方、あるいは「天皇制家族国家」を構成した制度として捉えられてきたわけであるが、一九九〇年代に入ると、「家」の前近代を批判し「私的領域」として「家族」が確立する過程を家族の「近代化」とする研究も登場した（小山静子「家族の近代」）。

以上のような見方に立つことで、近代日本の「家」と思想史の関係を論じたのは鹿野政直である。鹿野は近代において国体の特殊性と結びついた「家」制度が確立すると、強大な家父長権が「個人の意思を抑圧」し、そこから「家」に向き合い「自由」を求める思想が展開されたとした（鹿野政直『戦前・「家」の思想』）。具体的には「親」に対する「子」、「男」に対する「女」、「都会」に対しての「農村」という対立項によって、「共同体」からの「個」の独立、新しい「共同体」創造、伝統的な「共同体」再建といった思想が形成されたという。

本講では、右のような先行研究の成果をふまえて、明治期の「家」制度確立過程において「家族」というものが個人の思想形成にいかなる役割を果たしたのかを論じる。とくに明治民法制定前後において、擬制的な親子関係である養子縁組とその離縁が個人の思想形成にいかなる影響を及ぼしたのかに着目したい。

長善館主・鈴木家

長善館は、天保四年（一八三三）に漢学者の鈴木陳蔵（文台《ぶんたい》、一七九六〜一八七〇）が現在の新潟県燕市粟生津《あおうづ》（越後国西蒲原郡粟生津村《にしかんばら》）に開設し、明治四十五年（一九一二）に三代目館主鈴木時之介（彦嶽《げんがく》、一八六八～一九一九）が閉鎖した漢学塾である。館主は漢学の教授と塾の管理運営を行い、陳蔵以降鈴木家の歴代当主が三代にわたってこれを務めた。鈴木家は武家ではなかったが陳蔵の代に長岡藩から士分の扱いを受けた。二代目館主の健蔵（惕軒《てきけん》、一八三六～九六）は第一回衆議院議員選挙の参政権を有していたことから、ある程度の土地を有する地主であったと考えられる（後述）。塾生は西蒲原郡、南蒲原郡《みなみかんばら》、三島郡《さんとう》、古志郡《こし》といった周辺地域の地主層の子弟を中心としており、明治二十年代の入門者は五〇人近くであったという（池田雅則『私塾の近代』）。

その学問的特質は清朝考証学をふまえ「訓詁《くんこ》」「考証」を重視する実証主義にあり、朱子学や心学の「唯心性」を批判するものであったという。とくに健蔵は、「漢学ニシテ古学派ナリ、文詩ヲ兼教フ」（長善館史蹟保存会『長善館余話』）ものとされ、経学だけではなく「文詩」を重んじるものであったといわれている。このように、館が江戸幕府の正統的な学問である朱子学ではなく「文詩」を重んじたのは、塾生が武士層ではなく地主層であったことと関係するだろう。これと関連して先行研究では、当時の西蒲原郡の「地域指導者層」が「漢学」を共通の「教養」として重んじていたことが指摘されている（池田前掲書）。

確かに長善館は「地域指導者層」の濃密な人間関係のなかで運営され、多くの塾生はそのような階層の出身であった。では、館は地域史の範疇《はんちゅう》で語られるだけの一私塾にすぎなかったのだろうか。実は館の卒業生のなかには、大竹貫一をはじめとする多くの政治家や、桂湖村《かつらこそん》、小柳司気太《おやなぎしげた》、鈴木虎雄《すずきとらお》といった東京帝国大学や東京専門学校において漢学を考究し、のちに漢学者として大成した人物がいる。長善館は「地域指導者層」の交流の要になっていただけでなく、上京し「立身出世」を志す青年を輩出する役割も担っていたのである。

このこと自体はすでに先行研究において指摘されているが（中野目徹『明治の青年とナショナリズム』）、本講では、鈴木家に生まれ長善館に学び養子縁組とその離縁を経験した鈴木虎雄に着目することで、「家」制度確立期において「家族」が青年の「立身出世」にいかに関わっていたのか、それによって「漢文学」を選択した彼の思想がいかに形成されたのかを考察したい。

史料群の構造

長善館と鈴木家に関する史料の伝来とその全体像については、拙稿（「鈴木虎雄発信書簡の整理とその概要」、「長善館史料館所蔵資料の伝来とその全体像」）を参照いただきたいが、端的にいうと、同史料群は複線的な伝来を有し、複数の機関に分割されて所蔵されている。伝来に関していえば、大きく分けて三代目館主時之介の家、その弟高橋懿介《たかはしいすけ》の家、末弟虎雄の家があり、とくに時之介の家に伝来した史料は、塾生名簿や歴代館主の日記を主な内容としており、長善館伝来の史料とほぼ一体であるといえる。同史料は鈴木家が長善館という「家塾」の運営にいかに関わったのかをうかがわせるものであるが、金銭の出納や土地所有に関する史料はほぼ見られないため、長善館の経営実態を明らかにすることには限界がある。時之介の二人の弟の家に伝わる史料は、主に兄弟や親子間で交わされた書簡や写真等を中心とするものであり、鈴木家の「家族」の関係性をうかがわせる史料である。つまり、長善館と鈴木家に関する史料群は一部廃棄の可能性があるも、「家」と「家族」そして「家塾」のあり方を浮かび上がらせることのできる史料群であるといえよう。

それらの史料のうち、本講で論じる鈴木家養子縁組に関する史料は、主に以下の四つである。まずは長善館・鈴木時之介家伝来の歴代館主の日記である（新潟県立文書館所蔵「長善館学塾資料」）。同日記は塾の運営、講義内容、塾生の出入り等だけでなく、親族関係や地域交流、自身の学習の記録も兼ねており、とくに健蔵は本家や分家とのやりとりを綿密に記録していたこと、時之介や虎雄の場合は養父に提出していたこと（明治二十四年十二月二十八日付健蔵宛虎雄

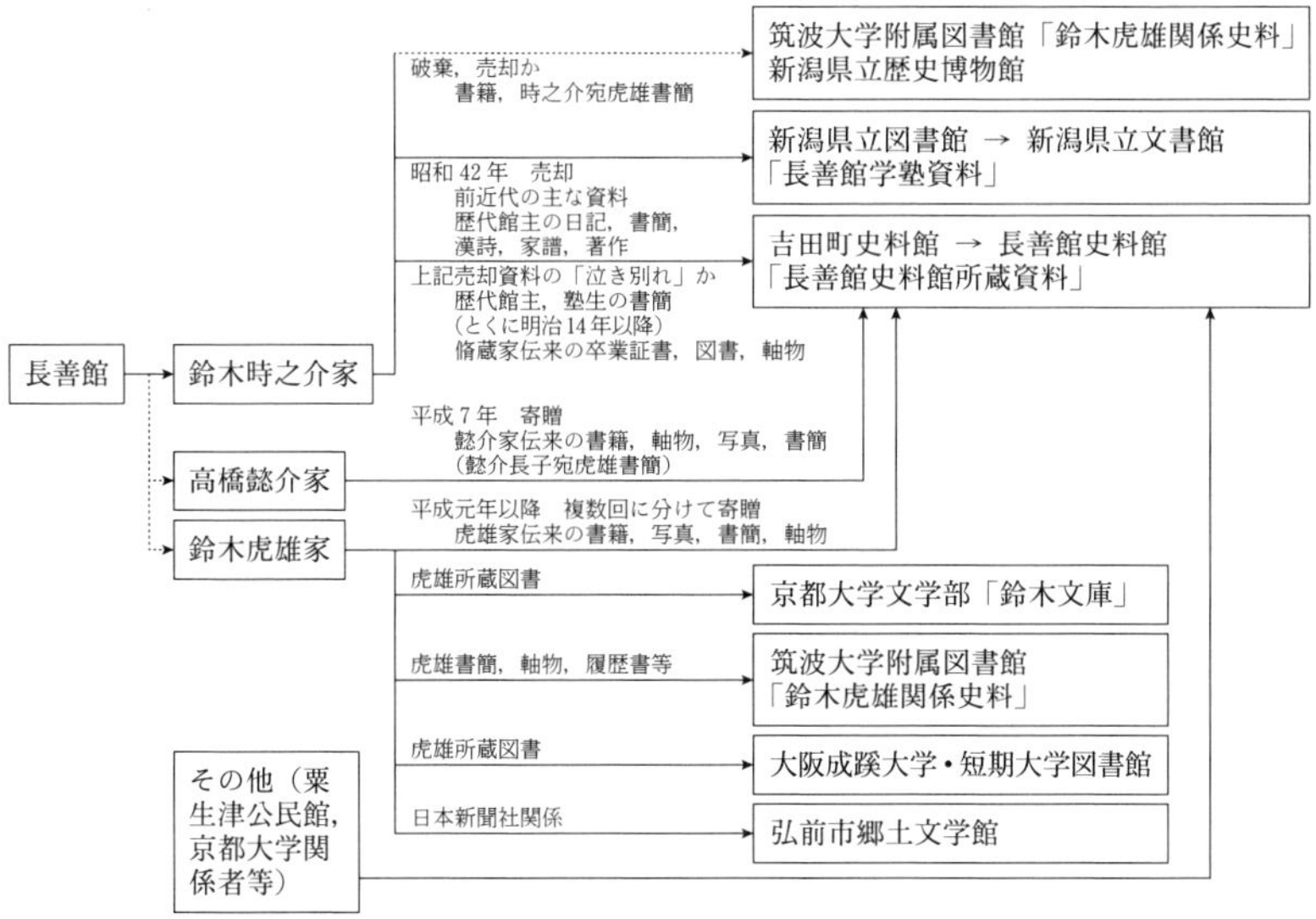

図 史料伝来の系統図

書簡、筑波大学附属図書館所蔵「鈴木虎雄関係史料」から、同日記は歴代館主の個人的な備忘録というよりも、館主が「家塾」もしくは「家族」（実家と養家）のために記したものとしての性格を強くもつものであったと考えられる。同史料からは、鈴木家が養子縁組の成立にいかに向き合ったのかを明らかにすることができるだろう。

二つ目の史料は、時之介・虎雄・懿介の家に伝来した書簡である（「鈴木虎雄関係史料」、「長善館史料館所蔵資料」ほか）。歴代館主と親兄弟の間で交わされた書簡からは、養子縁組当事者や親兄弟の意見や態度を拾いあげることができるだけでなく、「家族」間で意思決定が図られる過程が明らかになるであろう。

三つ目の史料は、虎雄家伝来の養子縁組離縁関係史料（「鈴木虎雄関係史料」）である。その内容は、養父大橋小一郎に対する虎雄の「念証」（控）、長岡戸籍吏宛の「養子離縁届」・「廃家届」・「入籍届（写）」、「借用金額覚」、「負債利子宛返金簿」などであり、同史料からは養子離縁の実態に迫ることが可能であろう。

四つ目に、『大審院判決録』と「民事判決原本」（国立公文書館所蔵）であり、これによって離縁にまつわる裁判の過程と、同時代の法制度のなかで虎雄の離縁がいかに処理されたのかを考察することができる。ちなみに、裁判の顧問弁護士であった花井卓蔵の関係文書についても中央大学広報室大学史資料課に調査を依頼したが、当該期の日記や裁判関係の書簡、手控え等は残されていないとのことであった。本講では、これらの史料を組み合わせることで、鈴木家における養子縁組の成立と離縁の過程および、それが虎雄の思想形成に与えた影響について論じたい。

二　三児の養子縁組と遊学

「上京熱」の時代

明治二十二年（一八八九）、鈴木健蔵は虎雄を含む三児すべてを養子に出した。彼の手許に残ったのは当時一七歳の実（翌年死亡）のみであった。健蔵が長善館の次期館主の候補者のほぼ全員を養子に出したのは理解に苦しむが、その目的として考えられるのが三児の「上京」と遊学である。この年、虎雄は鈴木家本家の宗久（三歳差の従兄）が遊学すると聞き、「何日排白雲至帝京。何時与足下争鹿於中原矣。日夜悶不為一事」（「与鈴木宗久君書」、「鈴木虎雄関係史料」）と詠み、宗久を強く羨むとともに、自身も「誓テ衣錦帰郷ノ美ヲ呈シ父兄ノ志ヲ達セント期ス」（「貧賤玉汝説」、同右）と強く念じた（中野目前掲書）。高山樗牛《たかやまちょぎゅう》の弟・斎藤野《さいとうの》の人《ひと》らと同年齢の彼は、やはり「上京熱」に浮かされる「明治の青年」の一人であった。本節では、とくに虎雄の養子縁組成立の過程に焦点を絞り、「上京」と遊学という観点から鈴木家の養子縁組戦略を明らかにしたい。

さかのぼること二年前、明治二十年十月二日、健蔵の長子で、虎雄の一七歳上の兄・鹿之介が病死した。同人社卒業後、長善館で教鞭をとってわずか二年、あまりにも早すぎる死であった。実は鹿之介自身は同人社卒業後も東京で勉学を継続することを希望していたが、健蔵が「二百金の負債」を負う可能性を指摘し、帰郷を促したようである（池田前掲書）。経済的な理由で息子の夢を断念させた挙句、失意のまま病死させてしまった健蔵の後悔はいかばかりか。それから二年、鹿之介と同じく「上京熱」に浮かされる虎雄らを目前に、健蔵はその夢を無碍にすることはできなかったのであろう。

しかし明治二十年代前半の「上京」と遊学には莫大な費用が必要であった。当時、地方の青年が東京で下宿して学ぶには月七、八円を要したという（中野目前掲書）。鈴木家は四町六反歩の田畑を所有し（長善館史蹟保存会前掲書）、直接国税一五円以上を納付していた地主であったとはいえ、三児の遊学費を捻出するのは容易なことではなかったであろう。長善館の収入も決して安定的なものではなく、授業料は一人月五〇銭、入学金一円（「改正長善館略則」、同右）で、明治二十年は月に二五円程度にしかならなかったと思われる。折しも松方デフレによって、新潟県では同十七年十一月頃から農産物価格の暴落が顕著になった（新潟県『新潟県史』通史編第六巻）。

そのため、健蔵は西小川家（健蔵の実兄玄節が養子入りした家）に「虎雄東行」の件を相談しつつ、十月四日に柄澤佐吉、八十太郎に面会し、「我家財政困難、虎雄学資之ヲ説」き、三年間無利子で九〇円を借りる約束を取りつけ、二十二日には風間与四郎に「虎雄学資金」として三年間で四五円の借金を頼み込むなど、虎雄の学資を集める努力をしていた（「日記」明治二十二年、「長善館学塾資料」）。柄澤が鈴木家本家有本の妻の実家であり、風間与四郎が故鹿之介の妻千代子の父であったことを考えると、当初健蔵は金銭面において「家族」の縁を頼った「上京」を想定していたようにみえる。しかし、縁戚者からの借金だけでは「上京」と遊学のために必要な資金のすべてを集めることはできなかった。そのような折に舞い込んだのが、虎雄養子縁組の話である。

鈴木虎雄の場合

十一月十一日に虎雄を養子にしたいと申し出たのは、長岡在住の大橋小一郎であった。長岡の大橋というと明治二十年に博文館を創業した大橋佐平や北越殖民社を設立した大橋一蔵との関係が気になるところであるが、現在のところその詳細は判然としていない。しかし、年間「百五十円」を虎雄の学資に宛てることが可能な人物であったことは確かである（明治二十九年五月二十二日付時之介宛虎雄書簡、「鈴木虎雄関係史料」）。

なぜ大橋は虎雄との養子縁組を希望したのか。大橋は鈴木家と縁戚関係にあったわけでも、長善館の塾生であったわけでもなく、また健蔵の日記や書簡を見るかぎりそれまで健蔵と親しく交際していたようにも思われない。おそらく大橋は虎雄の神童ぶりを人づてに聞いたのではなかろうか。長善館における虎雄は非常に優秀で、たとえば明治十九年四月の英学五級前期甲臨時試行の結果、虎雄は兄の懿介よりも好成績を挙げ甲上クラスに配され、同年七月の英学科定期試業では五級後期乙九人中一番を獲得した（「長善館日誌」明治十九年、「長善館学塾資料」）。大橋は優秀な虎雄を東京で遊学させ、自身の娘テツの婿養子にしようと考えたのであろう。

大橋の申し出を耳にした健蔵は「余慨然良久《ややひさし》」という心情に陥ったが、虎雄が「学資」欠乏によって「不卒業」という事態に陥るおそれを慮り、十一月十四日には受諾の返事をした（中野目前掲書）。こうして十二月二日には大橋邸で結納式が執り行われた。虎雄に先立って小林家に養子入りしていた時之介がこの年九月に「上京」し東京専門学校に入学し、懿介も結納式からひと月も経たない十一月、大阪医学専門学校に入学したように、虎雄もまた翌年二月二日には養父に付き添われて「上京」した。

一見すると、人材と金銭のトレードともとれるような養子縁組であるが、これを支えたのは鈴木家とその縁戚関係にある「家族」のつながりであった。時之介の養子縁組の場合、本人はフランスへの留学を希望していたのであるが

（中野目「明治二十年の長善館と鈴木家」）、健蔵と小川玄澤《おがわげんたく》や鈴木有本（鈴木本家の当主、健蔵の妻幾久子《きくこ》の従兄）といった縁戚者、大竹貫一や萩野左門《はぎのさもん》といった長善館出身者が「会合」を開き、洋行でなく「上京」させる方針が決定された。虎雄の場合、養子縁組の件を健蔵にもたらしたのは、健蔵の実の甥で江口家に養子入りし軍医になった江口雷次郎《えぐちらいじろう》であった。また、風間や柄澤といった縁戚関係にある者からは金銭的な援助を得ただけでなく、とくに健蔵の実家小川家の当主玄節は養子縁組に関して相談相手を務めていた。

さらに興味深いことに、健蔵は三児の養子縁組を結ぶ際、必ず妻幾久子の意思を確認している。幾久子も虎雄の養子縁組に当初難色を示すなど、比較的自由に意思を表明している。おそらく健蔵は婿養子であるため、相対的に幾久子の発言にも重みがあったのであろうが、いずれにしても、これこそ虎雄が父母の膝下で見た「家族」のあり方であった。それは、父と母、夫と妻、親と子が構成する「家族」とそれをとりまく縁戚関係にある者たちが緩やかに連携し、優秀な青少年の「上京」と「立身出世」を後押しするものであった。

養子縁組をめぐる法制度

次に視点を変えて、虎雄の養子縁組がいかなる法制度のもとで行われたのかについて整理しておこう。いうまでもなく明治期の養子制度が確立したのは民法（明治二十九年法律第八九号、同三十一年法律第九号）においてであるが、虎雄の養子縁組が成立した時期は太政官《だじょうかん》や司法省の達《たつし》に基づいて運用されていた。民法の基本的な規定内容は、①養親を戸主《こしゅ》に限定しない、②実子がないことは養親となる条件ではない、③末期養子は認めず、④養親・養子間の年齢差は問わない等であった。つまり、明治期の養子制度は、「家」の存続、家督相続を目的とした養子のみを想定していたわけではないということである。なぜなら、明治維新以前のわが国における養子縁組は、あらゆる階層であらゆる目的をもって行われており、たとえば商家においては優秀な人材による家業の相続を、農家においては労働力の確保を目的とした養子縁組等が見られた。明治政府はそのような慣習を破壊することのないような法制度の設計を心がけたのであろう。

しかし一方で、養子制度は逆に新たな「家」と「家族」のあり方を示す役割を負うものとも考えられていた。とくに旧民法施行延期確定後に設置された法典調査会では、穂《ほ》積陳重《づみのぶしげ》が独自の法律進化論の立場に基づき、養子のあり方にも進化の段階があるとし、「祭祀継続養子」から「家督相続養子」「財産相続養子」「保護収容養子」に移行するとし、「家督相続」時代から「家族的人情ヲ満足セシメル方向」に向かいつつある同時代の状況を考慮する必要があると述べた（「法典調査会速記録」、青山道夫『養子』）。これはのちに「家のため」「親のため」「子のため」の段階として改めて考察された（中川善之助『家族法研究の諸問題』）。虎雄の場合、養父大橋は「家のため」に、実父健蔵は「子のため」に養子縁組を結んだのであり、結論を先取りすれば、そのような両者の思惑のずれがのちの離縁事件を引き起こしたのである。

養子縁組の諸類型

明治期には以上のような法制度に基づき、多様な目的をもった養子縁組が組まれることになったが、次にその類型化を行いたい。まずは養親の立場に立ったもの、養子の立場に立ったものに分け、さらにそれぞれを四つ、二つに分類する。養親の立場からなされた養子縁組の第一の類型は家督相続を目的とするものである。たとえば、子を残さぬまま死去した正岡子規の場合、その妹律《りつ》が加《か》藤拓川《とうたくせん》の子を養子にとり、正岡家の家督を継がせた。また山県有朋も姉の次男伊《い》三郎《さぶろう》を養子に迎えた。次に「家」を拡大しいわゆる「閨閥」を展開する効果を有した養子縁組もあった。たとえば、加藤弘之は長子以外の子息は養子に出すことが加藤家代々の慣例であるとして、三男俊雄を馬渡《まわたり》家に、その孫四郎を浜尾新《はまおあらた》に、孫郁郎《いくろう》を古川武太郎に養子に出した。第三に、いわゆる家格を上げるために、華族の子息を養子に迎えた大隈重信の例もある。第四に家業や学問の継承をねらった養子縁組も存在した。たとえば、国学者の小中村《こなかむら》清矩《きよのり》は実子がいたにもかかわらず、東京帝国大学古典講習科を卒業した池辺《いけべ》義象《よしかた》を養子に迎えた。

次に養子の立場からは第一に金銭、とくに学資の獲得を目的としたものが挙げられる。鈴木家の三児もこれに当てはまる可能性が高いが、明治期において最も著名な例は穂積陳重であろう。宇和島藩士の家に生まれた穂積は、大学南校に入学するに際して入江家に養子に入っている。しかし、東京帝国大学からドイツ留学を経て帰国後すぐに離縁し、渋沢栄一の娘・歌子と結婚した。このような例は士族出身者に多くみられた。彼らの多くが「士族の商法」等によって貧困層に転落するなかで再起を図るには、教育を受け学問を身に着けることが最も現実的であった。

第二に徴兵逃れのための養子縁組ということも頻繁に行われていた。明治二十二年の徴兵令改正まで養子戸主は徴兵を免除されることになっていたのである。徴兵逃れの方法はいくつかあったが、そのなかでも養子縁組は、当時多数出版された徴兵逃れの手引書の多くで紹介された手法であった。たとえば、高村光雲は徴兵免除を目的として師匠の姉の養子になったと発言しており、また自身では明言していないが、陸羯南《くがかつなん》も賄征伐《まかないせいばつ》で司法省法学校を退学した後、当時すでに廃れていた陸氏をわざわざ再興し、その戸主を継いだ。健蔵が徴兵猶予まで視野に入れていたかは定かではないが、現に虎雄は明治三十年六月二十七日付で「徴兵猶予通知」を受け取っている（「鈴木虎雄関係史料」）。

無論、明治期の養子縁組のすべてがこれらの類型に当てはまるわけではなく、たとえば民衆レベルでは右以外にも川島武宜のいう「奴隷養子」のような労働力の搾取を目的とした養子縁組もあったようである（川島武宜『日本社会の家族的構成』）。類型のなかでもとくに養子の立場からなされた養子縁組は、主に明治期以降に現れたものであり、従来の「家」と「家族」の概念を変化させるものであったといえる。というのもたとえば明治十年代前半の西蒲原郡では、「婿養子ハ持参金アル者」が多く、なぜなら「養父隠居ノ上直ニ家督相続ヲナス契約」になっており、「家督相続スルマテ其利子ヲ養家ニ払フコトモアル慣習」があるからとされていた（生田精編『全国民事慣例類集』明治十三年）。明治十年代前半には「家」はお金を出してでも継ぎたいものであったが、一方で個人の利益や都合によって一つの方便として利用される側面を有するものになった。それは血のつながりや同居等によって自然に形成された「家族」を引き裂き、利益と都合によって結びつく擬制的な「家族」を創成するものでもあった。養子に出された少年、青年は、人間が生得的に有する精神的な帰属意識を否定され、新たな立脚点を一からつくり上げなければならなかった。だからこそ彼らは苛烈な「立身出世」競争に身を投じ、自身が何者であるかを証明しようとしたのであろう。彼らの多くが「優勝劣敗」の思想を受容し、社会進化論の一大流行のけん引役になったのは偶然ではないのである。

虎雄の養子縁組の場合、大橋からすれば、右の類型のうち養親のための養子縁組第一類型の目的を有するものだと思うが、健蔵・幾久子の側からすればひとえに優秀な息子の将来のための養子縁組であった。健蔵は「家」と「家塾」の存続以上に、優秀な息子が東京において高水準の教育を受け「立身出世」する将来的な可能性を優先したのである。それは家長としての判断ではなく、おそらく虎雄の実の父としての苦渋の判断であったのだろう。

三　鈴木虎雄の養子離縁

明治三十四年の決意

鈴木虎雄は大橋の期待通り、第一高等学校から東京帝国大学文科大学に入学し、当時最高のエリートコースを歩んだ。ただし彼が選択したのは、政治学や法律学ではなく、長善館で健蔵に学んだ漢学であった。明治三十三年（一九〇〇）七月に東京帝国大学文科大学漢文学科を卒業後、大学院に入学し、研究課題を「儒教ノ根本思想」に定めた。

しかし、虎雄は大学院入学からわずか一年足らずで退学と「養家ノ給資ヲ辞謝シ自活」することを決意した。このとき、虎雄は養家から金銭を授受しながらの研究生活に疑問をもち、精神的な「自立」を求めたようである（中野目前掲書）。翌年三月七日に、虎雄は桂湖村の紹介で日本新聞社社主の陸羯南に面会し（明治三十四年三月二十九日付時之介宛虎雄書簡、「鈴木虎雄関係史料」）、二ヵ月後の五月には日本新聞社に入社した。その後、同三十六年四月に台湾日日新報社編輯員漢文欄主任として渡台し、帰国後の同三十九年六月に建部《たけべ》遯吾《とんご》と桂湖村を「証人」として陸の二女・鶴代《つるよ》と結婚した。

この間、大橋は虎雄の申し出に納得できなかったようで、大橋本人と鈴木時之介（明治二十九年健蔵没後に鈴木家に復籍）の間で養子離縁協議とそれにまつわる裁判がなされた。離縁協議の結果、虎雄は大橋テツの「扶養料」として即時一五〇〇円、さらに明治四十一年十二月に一五〇〇円を支払う約束がなされた（明治四十三年二月五日付大橋小一郎宛「念証」控、「鈴木虎雄関係史料」）。虎雄は戸主になった大橋家を一度「廃家」し、鈴木家の「分家」を作った（同右）。莫大な「扶養料」は、江口や陸に借金をすることで何とかまかなったようである。一方で、大橋は離縁のために要した費用をめぐって時之介を被告とした裁判を起こし、同三十七年九月十三日に大審院において時之介の抗告が棄却された（『大審院判決録』明治三十七年）。時之介は「彼奴の頭上に鉄槌《てっつい》を下たすの日何の時ぞ噫」（「日記」明治三十六年、「長善館学塾資料」）と怒りをにじませた。

虎雄の離縁手続きを主導したのは虎雄本人ではなく時之介と懿介であった。二人は台湾に赴任した弟のかわりに少なくとも二度上京し、弁護士花井卓蔵や安原吉政らの指示を仰ぎながら大橋本人と離縁をめぐる交渉をした。その間、時之介は鈴木家だけでなく江口や小川椿太郎といった縁戚関係にある者たちにも適宜事態の推移を報告し、彼らと書簡のやりとりをするなかで協議と裁判の方針を決めていたようである（同右）。懿介はこのときすでに高橋家の戸主であったにもかかわらず、虎雄の「自立」を求める心をよく理解し大学院退学を後押しするとともに（明治三十四年四月九日付虎雄宛懿介書簡、「鈴木虎雄関係史料」、中野目前掲書）、時之介と離縁の手続きにあたった。つまり、虎雄の養子縁組成立時と同じく、離縁の際もそれを支えたのは、時之介や懿介と縁戚関係にある「家族」であった。

民法下における「家」と養子

当時の養子縁組離縁をめぐる法制度について述べておこう。周知のように旧民法は施行延期され、明治二十六年から法典調査会民法起草委員の穂積陳重、富井《とみい》政章《まさあき》、梅謙次郎《うめけんじろう》が民法の起草にあたっていた。陳重の弟、穂積八束《やつか》は「民法《みんぽう》出デ《いでて》、忠孝亡フ《ちゅうこうほろぶ》」と主張し、旧民法の施行延期を訴えていたが、彼は日本を「祖先教ノ国」と断じ、「家父権」によって「家」を統制すべきであるとした（穂積重威《しげたか》編『穂積八束博士論文集』、初出は『法学新報』第五号、明治二十四年八月）。陳重もまた八束の「家」論を支持し、とくに養子については跡継ぎのいない戸主が「祖祭」継承のために取るべきものであると述べ、家督相続のための養子縁組を推奨した（穂積陳重『祖先祭祀と法律』）。

明治三十一年法律第九号として公布された民法は、戸主に「家」を統制する権利（家族の居所指定権、婚姻・養子の同意権等）を与え、代々長子が戸主の地位を引き継ぐことが明記された。のちに穂積重遠《しげとお》は、わが国における「家」とは、法律上の戸主とその他の家族の権利義務関係によって連結される親族団体であると述べた（穂積重遠『親族法大意 改訂版』）。同法では養子縁組離縁の要件として虐待、悪意の遺棄、養親の直系尊属からの虐待、懲役一年以上の実刑、直系尊属に対する虐待、婿養子の場合の家女との離婚が掲げられたが、これらは旧民法の規定と異ならない。同法において新たに加わったのは、養子が家名を汚し家産を傾けた、養子逃亡三年以上、養子生死不明三年以上という項目であり、民法によって養子は養家に対する責任、すなわち家名と家産を維持するという重責を課せられることになったのである。

右のような「家」制度下における養子の重責を鋭く感じ取ったのは二葉亭四迷《ふたばていしめい》であった。二葉亭は明治三十九年（一九〇六）に『東京朝日新聞』に「其面影」を発表した。同作品の主人公哲哉は学資のために婿養子になり無事大学教員になるも、妻の妹への恋心と養親に対する扶養義務とのあいだで苦悩する。明治三十六年の藤村操《ふじむらみさお》の投身自殺が象徴するように、とくに日露戦争後になると青年は「立身出世」とは異なる価値観を求め、人生問題に向き合うようになった。その主要テーマは「家」や社会に対する個の確立、すなわち「自立」をめぐる問題であった。北村透谷が「恋愛は人生の秘鑰《ひやく》なり」と謳《うた》い上げたのは明治二十五年のことであるが、二葉亭もまた恋愛を個人の「自立」のモチーフとして用いたと考えると、養子縁組という擬制的な親子関係は「家」制度という枠組みに組み込まれたことで、養子縁組が個人として「自立」することを妨げるものと捉えられつつあったといえよう。

そもそも、養子縁組が個人の「自立」の妨げになっていると指摘したのは二葉亭が初めてではない。河野有理によれば、明治二十六年六月に徳富蘇峰《とくとみそほう》が論説「家族的専制論」において、養子縁組は「債主と借金主の関係」であり、養父は「明治の青年」の重荷であると断言し、夫婦と子を単位とする「家族」のあり方を提唱した（『国民之友』第一九四号、河野有理『偽史の政治学』）。前年、徳富が率いる民友社は『家庭雑誌』を創刊し、この年には彼の叔母の矢嶋《やじま》楫子《かじこ》が婦人矯風会を全国組織化していた。徳富は法律上の「家」に対して、血縁による「家族」と「家庭」の優位を訴えたのである。

河野によれば、それを批判したのがのちに虎雄の義父になる陸羯南である。翌月、陸は養子縁組による親子であったとしても「近親」者間の扶養、被扶養は「愛」によるものであり、そのような「愛」による紐帯《ちゅうたい》こそ「家族制の真相」と述べた（「与自由記者」、『日本』、河野前掲書）。陸は徳富の養子縁組否定を批判しているわけであるが、彼が肯定した養子縁組は「愛」の存在を前提とするものであった。

「責任」と「慈恩」

大橋家と虎雄の間でいかなる関係性が築かれていたかは定かではないが、先に引用した明治三十四年の時之介宛書簡において虎雄は養家の支援を絶ち「自活」したいが、「余が懐を去る能はざるものは養家に対する責任如何のみ」と述べた。つまり「自立」を決意した虎雄が抱いたのは、大橋という「家」に対する「責任」感のみであった。それは二葉亭が小説に描き、徳富が批判した養子縁組のあり方そのものであった。結局虎雄はその「責任」を金銭の支払いによって果たしたわけであるが、彼のなかで鈴木家への復籍と「自立」はいかなる関係を有するのか。明治二十九年五月の健蔵の死の直後に虎雄が時之介に宛てた書簡から、「自立」の内実を読み解こう。同書簡において虎雄の養子縁組への深い後悔の念が吐露されている。学資と引き換えに実子を養子に出した「家君当日の恨夫れ果して如何ぞヤ」と、健蔵の「恨」に思いをいたし、それに対して自身が「当時無心にして他に養はれしこそ恨の種なり」と述べた（明治二十九年五月二十二日付時之介宛虎雄書簡、「鈴木虎雄関係史料」）。

こうして虎雄は、自身の「上京」のために「恨」を飲んだ健蔵の「慈恩」を深く自覚するにいたり、そこに「責任」ではなく陸が言うところの「愛」を見出したのであろう。養父への「責任」ではなく実父の「慈恩」へ報いようとする思いは、虎雄を鈴木の「家族」へと回帰させ、「家」制度における戸主ではなく、鈴木の「家族」の一員としての生き方を選択させることにつながった。

しかし、それは虎雄にとって単なる原点回帰ではなく、鈴木家が代々運営する「家塾」に引き継がれてきた「家業」である漢学を発展的に継承することと同義であった。健蔵が「文詩」を重んじたように、虎雄自身も東京府尋常中学校時代以来、「漢文学」の研究を自身の目標に据えており（中野目前掲書）、大学院退学に際しても「勉学」を継続させることを大橋にも時之介にも宣言していた。後年、彼はその宣言通り『杜少陵詩集』（一九二二年）、『白楽天訳解』（一九二七年）等の漢詩の訳注、『支那文学研究』（一九二五年）、『支那詩論史』（一九二五年）等といった「漢文学」研究における不朽の作品を生み出した。虎雄の大学院における研究テーマが「儒教ノ根本思想」ということであったことを考えると、彼の「自立」は健蔵が重視した「文詩」を発展的に継承し、アカデミズムの内部において「漢文学」研究を志すことを指したのであろう。

こうして養子離縁の問題にひとまずの決着がみられた直後、虎雄は台湾から帰国し、東京高等師範学校漢文科講師、翌年には東京帝国大学文科大学講師、明治四十一年に東京高等師範学校教授、京都帝国大学文科大学助教授に着任し、大正四年（一九一五）に支那語学支那文学講座を分担した。結果を見ると、彼は学資のために養子に行き、「上京」して「立身出世」を遂《と》げた「明治の青年」の典型であったかもしれない。しかしその「立身出世」は彼の人生の目的であったわけではなく、彼の実父ひいては「家族」の「慈恩」に報いようとする心と、「家業」である「漢文学」への純粋な学究心が幸福な一致をみせたその後付けにすぎないのである。

四　思想史研究における「家」と「家族」

「家」と「自立」

以上本講では、鈴木虎雄の養子縁組の成立からその離縁までの過程を追うことで、明治期における「家族」と「家」が個人の思想形成にいかなる役割を果たしたのかを論じたが、結論を二点述べて筆を擱こう。虎雄の養子縁組成立とその離縁を支援したのは、父母や兄、そして彼らと縁戚関係にある者たちであった。縁戚関係といっても、婚姻後の実家や分家先の兄弟だけでなく、養子縁組の養家と実家という関係も含むものであった。それは民法が規定する「家」とは異なり、また夫婦と子のみで構成する狭義の「家族」でもなく、必要に応じて力を貸し合う「家族」のゆるやかな繋がりと言い換えることができるであろう。そのような「家族」は優秀な青年を金銭、人材、情報あらゆる面から支え、その「上京」と遊学、「立身出世」を後押しする機能を有した。

虎雄が「上京」した頃の東京はあらゆる国家機能が集中し、優先的にさまざまなインフラが整備され、名実ともに首都へと成長しつつあった。その影で、地方は政治経済産業あらゆる面で自立性と独自性を失う傾向を強めていった。とくに日清戦後になると、新潟を含む北陸・山陰地方は「裏日本」として認識されるようになった（古厩忠夫『裏日本』）。地方の人間は地方に生まれたというだけで教育や就職、生活といったあらゆる面で機会の不平等を蒙らなければならない時代が到来しつつあったのである。右のような時代において、「家族」は「個」の「自立」を妨げるものではなく、地方在住の人間が蒙る機会の不平等をカバーすることでその「自立」を支援する基盤であったといえよう。

「家業」と「家族」

明治期における養子縁組は多様な目的を有したものであったが、とくに学資の獲得を目的とする養子縁組は、没落した士族や地方出身者といった急速な社会の近代化のなかで取り残されつつあった者たちが逆転を図るための一つの秘策であった。しかし民法制定による「家」制度の確立のなかで、養子は養家の維持と発展という重責を担わされ個人的な性向から将来の展望までを抑圧されることになった。尋常中学校時代から「漢文学」を人生の目標に据えていた虎雄は、養家と離縁することで精神的、金銭的な「自立」を図ろうとした。養子離縁後に虎雄は鈴木家に復籍するが、それは単に大橋という「家」から鈴木という「家」に戻ったことを意味するわけではない。虎雄にとって「家」とはあくまで「家業」としての「漢文学」を継承する主体であり、鈴木の「家」に復籍し「家業」に従事することは父の「慈恩」に対する報恩そのものであった。

虎雄の「自立」は、「家業」としての「漢文学」研究をアカデミズムの内部で発展させることを意味することになったが、一方で鈴木家家長の時之介は長善館館主として「地域指導者層」の漢学教育という「家業」を引き継いだ。虎雄は中央で学術に、時之介は地域に留まって教育に従事することで「家業」の継承を分担したのである。そこからは、単なる戸主とその弟、本家戸主と分家戸主のような関係性ではなく、「家業」の発展という共通の目的をもって共闘し高め合う「家族」のあり方が見られるのである。「家」の「家業」を発展的に継承することを「自立」と定めた虎雄の「漢文学」研究と思想形成を支えたのは「家族」の連帯と共闘であったといえよう。

参考文献

青山道夫『養子』（日本評論社、一九五二年）
同「日本の「家」の本質について」（福島正夫編『家族　政策と法』第七巻、東京大学出版会、一九七六年）
有賀喜左衛門「家族と家」（『哲学』第三八集、一九六〇年）
有地　亨『近代日本の家族観　明治篇』（弘文堂、一九七七年）
池田雅則『私塾の近代』（東京大学出版会、二〇一四年）
石田　雄『明治政治思想史研究』（未来社、一九五四年）
同「「家」および家庭の政治的機能」（福島正夫編『家族　政策と法』第一巻、東京大学出版会、一九七五年）
海野福寿・大島美津子校注『日本近代思想大系第二〇巻　家と村』（岩波書店、一九八九年）
大竹秀男ほか編『擬制された親子』（三省堂、一九八八年）
加藤正男「離縁原因」（中川善之介教授還暦記念家族法大系刊行委員会編『家族法大系　親子』有斐閣、一九六〇年）
鹿野政直『戦前・「家」の思想』（創文社、一九八三年）
川島武宜『日本社会の家族的構成』（学生書房、一九四八年）
神島二郎『近代日本の精神構造』（岩波書店、一九六一年）

喜多野清一「日本の家と家族」（『大阪大学文学部紀要』第一一号、一九六五年）
河野有理『偽史の政治学』（白水社、二〇一七年）
小山静子「家族の近代」（西川長夫ほか編『幕末・明治期の国民国家形成と文化変容』新曜社、一九九五年）
鈴木虎雄『鈴木文台先生年譜略』（鈴木虎雄、一九二九年）
高柳真三『明治家族法史』（日本評論社、一九五一年）
玉城肇「養子制度の目的」（前掲『家族法大系　親子』）
長善館史蹟保存会編『長善館余話』（長善館史蹟保存会、一九八七年）
長善館史料館所蔵資料調査会編『長善館史料館所蔵資料目録』（燕市教育委員会、二〇一七年）
中川善之助『家族法研究の諸問題』（勁草書房、一九六九年）
中野目徹・田中友香理『鈴木虎雄』（筑波大学人文社会系中野目研究室、二〇一三年）
中野目徹『明治の青年とナショナリズム』（吉川弘文館、二〇一四年）
同「明治二十年の長善館と鈴木家」（『新潟県文人研究』第二一号、二〇一八年）
新　潟　県『新潟県史』通史編第六巻（新潟県、一九八七年）
福島正夫『日本資本主義と「家」制度』（東京大学出版会、一九六七年）
古厩忠夫『裏日本』（岩波新書、一九九七年）
穂積重威編『穂積八束博士論文集』（有斐閣、一九四三年）
穂積重遠『親族法大意　改訂版』（岩波書店、一九三六年、初版は一九一七年）
穂積陳重『祖先祭祀と法律』（有斐閣、一九一七年）
山中永之佑『日本近代国家の形成と「家」制度』（日本評論社、一九八八年）
米村千代「資本家の婚姻戦略と「家」の存続」（『千葉大学人文研究』第二七号、一九九八年）
田中友香理「鈴木虎雄発信書簡の整理とその概要」（前掲『鈴木虎雄』）
同「長善館史料館所蔵資料の伝来とその全体像」（前掲『長善館史料館所蔵資料目録』）

第3講 地域

思想史の場としての佐渡

大庭大輝

一 地域と思想

思想史における「地域」

思想は、ある一定の空間における社会的あるいは地理的環境と個人、および集団が相互に影響し合う関係の中で生まれるということができよう。その空間を地域と呼んだ場合、思想史において地域を扱う際に、いくつかの異なるアプローチが考えられる。

まずは、ある思想の展開の場として地域を設定する場合である。たとえば、河西英通は『近代日本の地域思想』において、自由民権運動や大同団結運動、大正デモクラシーや翼賛運動といった近代日本の諸潮流を青森県という場がどう受け止めていったのか、地域に生きる人々の「自己認識」の問題として通史的に描いていった。このような立場で地域を捉えた場合、その成果は民衆史の成果もふまえつつ、運動史という形で把握されることが多い。

次に、思想史の課題を人間の営みや人々とのつながり、個人あるいは集団の置かれた環境の中に見出し、特定の地域に思想形成の手がかりを得ようとする場合である。たとえば鹿野政直は陸羯南《くがかつなん》について紹介する中で、彼の思想を「裏日本」の思想と位置づけ、陸の思想の原点を「シベリアからの烈風をうけとめてくれる岩木山」を望む弘前に見出そうとした（鹿野政直「ナショナリストたちの肖像」『日本の名著37　陸羯南　三宅雪嶺』中央公論社、一九八四年）。本講で取り上げる北一輝《きたいっき》（一八八三〜一九三七）の事例も含め、後述するようにこのようなアプローチは評伝的研究の基礎として位置づけられることが多い。

あるいは、地域という認識そのものを問う場合もあろう。中央に対する地方、西洋に対する東洋のように、地域というものをとくに近代以降において新たに「発見」されたり認識の上で統合・再編されたりする、ときに観念的な空間と捉え、それを見る者自身が、空間の規模や性格をどのようなものとして把握しているか、それ自体を分析することも重要である。このようなアプローチとしては、国民国家論の成果もふまえつつ、たとえばアジアという空間を思想史の問題として位置づけた山室信一『思想課題としてのアジア』などがあげられよう。

以上のような種々のアプローチからなる先行研究の分析視角もふまえつつ、本講では具体的な地域として佐渡を取り上げ、明治二十〜三十年代の佐渡の人々の地域・国家へのまなざしと、北一輝（輝次《てるじ》、のち輝次郎《てるじろう》）・昤吉《れいきち》（一八八五〜一九六二）兄弟の思想との関わりに焦点を当ててみたい。

北一輝と佐渡

北一輝という思想史上特異な人物については、周知のように豊富な先行研究が存在する。最近の評伝的研究の中で岡本幸治が「右翼と見る者、左翼とする者、ファシストとする者、社会主義者と見る者、その他さまざまなレッテル貼りが入り乱れ」ていると指摘したのは、数ある先行研究が、また実にさまざまな立場や視点に基づいていることを示すものである（岡本幸治『北一輝』）。網羅的に触れることはできないが、これらの中で一輝が育った佐渡の状況に立ち入って論じているものとしては、田中惣五郎、松本健一、渡辺京二、岡本幸治らのものがある。しかし、一輝研究全体にみれば、数は決して多いとは言えない。また、一輝の生涯を思想や行動の面から描いた評伝の中で、彼の思想を解明するための一つの手がかりとして扱ったものが多い。これらにおいては佐渡の政治・思想状況に触れつつも、その思想形成の核は、上京後の独学による思想的格闘や日露戦争のインパクトなどに見出されている。

一方、北一輝の主著である『国体論及び純正社会主義』（一九〇六年）にみられる国家観や社会主義思想の萌芽は、すでに彼が『佐渡新聞』に発表した諸論文に表れていることも先行研究の多くが指摘している。だとすれば、彼の思想を育み、かつ展開する機会を与えた佐渡について明らかにすることは、やはり避けては通れない作業であろう。このように考えた場合、右のうち、やはり北の思想の本質を佐渡で過ごした少年期から青年期に見出した松本健一の研究は注目に値する（松本健一『若き北一輝』）。

加えて、近代において人口一〇万人前後で推移した「島国」の佐渡は、多くの特色ある人物を輩出している（次頁表参照）。思想史の対象として、これらの人物を生み出した土壌である佐渡自体を扱うこともまた、意味のあることだといえよう。

以上から、本講ではまず明治期の佐渡人たちの、佐渡という地域へのまなざしをメディアの中に追うことで明らかにしたい。そのうえで、北一輝・昤吉兄弟と佐渡人の地域認識の関わりを分析したい。北兄弟はいずれも若くして上京し、生涯の多くを島外で過ごして佐渡を生活の基盤とすることはなかった。しかし、先に述べたように、佐渡で多感な時期を過ごした人々の思想形成や、地域、ひいては国家に対する認識を、彼らを育んだ佐渡という空間の中に落とし込んで再検討してみることは、意義のあることだと考えるからである。

表　佐渡出身の人物（一部）

人　物	出　身	生没年	略　　歴
益田　孝	相川	1848〜1938	幕臣から古着商，大蔵官吏を経て三井物産社長
高田慎蔵	相川	1852〜1921	佐渡奉行所給仕など経てアーレン商会を継ぎ高田商会を経営
生田　秀	真野	1856〜1906	司馬凌海に学び内務省衛生試験所員を経て大阪ビール会社技師のち支配人
山本悌二郎	真野	1870〜1937	品川弥二郎に従いドイツ留学．台湾製糖社長を経て衆議院議員として農林大臣など歴任
北輝次郎	湊	1883〜1937	処女作発禁処分の後中国革命に参加．右翼，青年将校らに影響を与えたとされ，二・二六事件の主導者として処刑
有田八郎	真野	1884〜1965	外務省奉天総領事・アジア局長などを経て四度外相を務め，戦後は革新系の国会議員
北　昤吉	湊	1885〜1961	教育者，哲学者，評論家で衆議院議員
本間雅晴	畑野	1887〜1946	陸士，陸大を卒業後英国等の駐在武官を経て比島軍司令官，「死の行進」の責任により処刑
土田麦僊	新穂	1887〜1936	京都智積院での修行を断念，鈴木松年・竹内栖鳳のに学び日本画家として活躍
土田杏村	新穂	1891〜1934	新潟師範，東京高等師範，京都帝大に学び，文化主義の中心的思想家として論壇で活躍
青野季吉	佐和田	1890〜1961	『読売新聞』等の記者を経て左翼文壇で活躍，戦後日本文芸協会会長，芸術院会員

『北溟雑誌』創刊＝明治 20 年（1887），『佐渡新聞』創刊＝明治 30 年（1897）．

二　明治期の佐渡

一国意識のゆくえ

プロレタリア文学者として知られる佐渡出身の作家青野《あおの》季吉《すえきち》は『佐渡』（一九四二年）の中で、故郷について「佐渡的性格と云《い》ふものがあるかどうか。これはあるに相違ないが、他国の人間の場合のやうに、これがその佐渡的性格だと云つて、容易には摑《つか》み出せない」とし、さらに「一つの島の人間のことであり、そんなにいくつもの性格が複合してゐる訳はないから、他国人よりも一層、見究め易かりさうなものだが、実際はさうではない」と述べている。具体的には、「相川を中心にした武士文化」「国仲平野《くになかへいや》にこもる、言葉の通俗的な意味での貴族文化」「小木港《おぎこう》などにはっきり現れた町人文化」のような異なる地域的特性を内部に抱えているのだという（次頁図参照）。

一方で、明治期の佐渡人の自己認識について次のような対照的な指摘がある。まず、「島国コンミューン」論に立つ松本健一は、幕末以来の経世済民思想の土壌の上に近代の自由民権思想が根付き、明治二十年代から三十年代にかけて独自の島国共同体を形成していったとみる。民権論と国権論が結びつきながら、近代において一国意識が構築されていったという評価である。一方、田中圭一は近世の佐渡人が天領の民として保持してきた共同体意識が、廃藩置県以後に中央集権化の中で内部での利害対立が政治的な立場の違いにつながっていくことで解体されていき、相川の佐渡鉱山で起こった暴動を契機として終焉《しゅうえん》を迎えたとみた（田中圭一『佐渡』）。この場合、近代化は近世以来の一国意識解体の過程と評価されることになるのである。この「一国意識」のゆくえも念頭に置きつつ、明治佐渡人たちの自己認識を『北溟雑誌《ほくめいざつし》』にみていきたい。

『北溟雑誌』の誕生

『北溟雑誌』は、金井得勝寺の住職本荘了寛《ほんじょうりょうかん》（一八四七〜一九二〇）が中心となり、「政治上の所見を除く外凡《すべ》て百般の学術技芸に関する時事及び諸大家の論説」を掲載し、「本州（佐渡のこと―引用者）の民智を開発し事業を振興せしむるを目的」として明治二十年（一八八七）に創刊した月刊雑誌である（生田裕「北溟雑誌を発行する趣旨」『北溟雑誌』第一号、一八八七年）。時期によって誌面の構成は異なるが、明治二十九年（一八九六）の第一一二号まで発行され、論説（社説および寄書）・雑録・文苑・史伝・雑報・各種統計や相場などを掲載した。

『北溟雑誌』が創刊された頃の佐渡は、主に自由党を支持する夷《えびす》や加茂《かも》の人々と、改進党に向かった相川の人々が鋭く対立する状況にあった。一方で、佐渡は近世には天領として一国を成したその「独立」を、明治九年（一八七六）に新潟県に編入されたことで失っており、その新潟を含む北陸地方の「裏日本」化の進行の中で、近代化から取り残

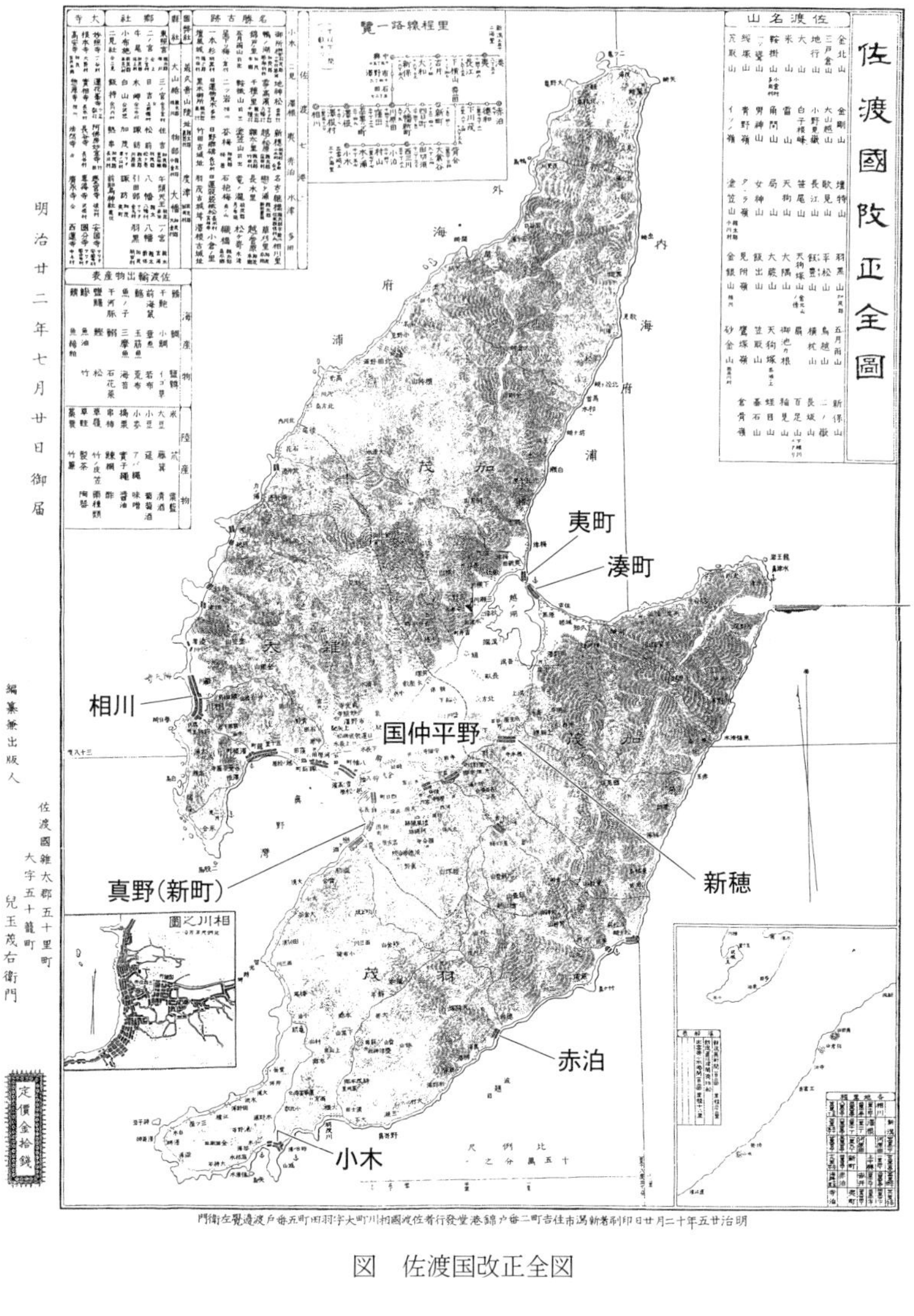

図　佐渡国改正全図

されていく焦りの中にもあった。そこで、対立の火種となりうる政論を排し、「佐渡国民が旧来の眠りを醒《さ》まし教育なり宗教なり衛生なり勧業なりドウでもコウでも盛大になして此国を保護せなければならぬ」という思いから、雑誌を「佐渡国の耳目鼻口の一部分」たらしめようとしたのである。そもそも、明治十三年（一八八〇）に原黒の羽生《はにゅう》（鵜飼《うかい》）郁次郎《いくじろう》ら佐渡の民権家が国会開設を天皇に直訴しようとした際、立憲政体樹立の根拠に置いたのは「民知」の開明であった（田中前掲書）ことを思えば、雑誌同人の思いが民権運動の延長線上にあることが理解されよう。

たとえば、『北溟雑誌』には、支所長の渡辺渡《わたなべわたる》をはじめ、明治二十二年（一八八九）から帝室財産となった佐渡鉱山関係者の談話や論説、動向を追う記事が多数掲載された。ドイツ留学経験のある渡辺は、鉱業技術や地質学にとどまらない豊富な知識で読者の期待に応えるとともに、鉱夫らへの教育や社会保障の充実にも努めた。予科に裁縫を取り入れるなど女子教育も充実させた鉱業学校の設置、保険（慈恵）金制度の導入などはその一例である。

さらに、渡辺が重視した「鉱山祭」は、山の鎮守であった大山神祇神社の祭礼を、ドイツの鉱山における祭典を参考に「鉱夫の徳義を涵養《かんよう》」する場として復興・再編したものであった。それは、鉱山の設備を展示するとともに、鉱夫や町の人々らが軍隊を模した隊列を組んで神社へ参拝し、「国旗」「菊章」を掲げて「両陛下皇太子殿下の尊影」に万歳を唱える一種の近代的儀礼であった（第五七号、一八九二年）。鉱山は佐渡の人々にとって新たな知識や技術の窓口として、天皇と「佐渡国民」の紐帯《ちゅうたい》として、まさに近代国家の象徴だったのである。鉱山に関する記事の豊富さは、雑誌同人らが、島にもたらす経済的な利益にとどまらない期待を、鉱山によせたことを示しているといえるだろう。

また、誌面中には、生田《いくた》秀《ひで》や山本悌二郎《やまもとていじろう》らドイツに留学した佐渡出身者が郷里に送った手紙や留学記、萩野《はぎの》由之《よしゆき》ら在京の佐渡人からの寄稿も多く見ることができる。誓水会や佐渡親睦会などといった、在京佐渡人による交流・修養のための組織の活動も頻繁に掲載され、萩野、高田《たかだ》慎蔵《しんぞう》、益田《ますだ》克徳《かつのり》（益田孝《たかし》の弟）らと在京学生らの交流の様子も追うことができる。たとえば「北海の一孤島なる佐渡国」民としての覚悟を繰り返し説いた内村鑑三に学んだ森知幾《もりちき》（一八六四～一九一四）など、誓水会の会員らが遊学後故郷へ戻ったり、在島の青年団体と交流を行うことで、組織同士は有機的に連関していった。「佐渡国民」のネットワークは、『北溟雑誌』を一つの結節点に、実際の地理的な空間を超えて佐渡―新潟―東京―ドイツへも広がる観念的な共同体を構築していったのである。

『北溟雑誌』の転換

政論を排して創刊し、「政党の軋轢《あつれき》」のなかでも「学芸を奨励し、実業を振起するの主義」（第二七号、一八九〇年）を貫徹しようとした『北溟雑誌』の実業・啓蒙重視の方針の一種の到達点が、「実業教育美術を奨励せんが為め、併せて此国（佐渡のこと―引用者）の実物旧記を保存せんが為め」（第六一号付録、一八九二年）に開催された雑誌五周年記念会の陳列場開設と、同五〇号発行を記念して募集・掲載された殖産興業に関する懸賞論文であった。

明治二十五年（一八九二）八月七日に金沢小学校において開催された五周年記念会は、古今の書画、工芸品、奇石、農具、鉱具、農業製品、加工食品、酒など島内の品々を一堂に集め、「陳列の品は林の如く、参会の賓客は雲の如く古今未曽有の盛況」だったという（第六一号付録）。造り酒屋であった北家も、一輝らの父慶太郎《けいたろう》がカステラを出品している。

もう一方の懸賞論文にみられるのは、「日本国」としての国権拡張の前提として、佐渡を「日本の英国」（伊藤鉄矢、第五一号、一八九二年）と見た貿易振興論や、「国家（佐渡―引用者）の感念を忘れず」（石川三四吉、第五二号、同年）、「公共心」をもって「独立自治を保つ」（羽田清次、第五一号）ための農林水産業の振興策であった。そこでは、貿易やとくに水産業を展開すべき場としての日本海が、シベリア鉄道を完成させつつあったロシアや朝鮮をも見据えた「無限の平原」と捉えられている。このように、近世の島国佐渡は、『北溟雑誌』を媒介として、まずは実業の面から島国近代国家日本と重ねあわされていった。

しかし、まさにこのいわば「殖産」「実業」重視路線の成果の裏で、『北溟雑誌』は内容および編集体制上の大きな変化を迎えていた。その一端を紙面構成の変更に読み取ることができる。冷眼子（森とされる）が担当し、「時々の出来事に就《つ》き公平に無遠慮に批評する」ために第五一号から設けられた「漫評欄」である。ここでは、郡会および町村会における問題について、痛烈な批判が浴びせられることも多く、それまでの記事と比べて異質なものだった。また、明治二十六年（一八九三）六月の第六八号をもって、本荘了寛が社主発行人を降りたことも象徴的な出来事だった。次号には、新聞雑誌の存在意義を政治への意見表明にありとするジャーナリスト天野《あまの》為之《ためゆき》の論説を掲載し、ついには、「本誌は政党に属せず、然れども政治を談ず」「本誌は保証金を納め居る立派なる政治雑誌なり」（第一〇〇号、一八九五年）と宣言するにいたった。ここに、『北溟雑誌』はその方針を大きく転換したのである。

この転換をどう捉えるべきであろうか。手がかりの一つとして、第七〇号前後から佐渡における青年組織の増加と、その中で政治をめぐる議論が活発に展開されていることが紹介されている点が注目される。また、第七七号において、新潟県内各選挙区選出議員の名前を生年とともに紹介し、あえて「天保生四人、嘉永生五人、安政生三人、万延生一人なり」という一言を添えたのも示唆的である。佐渡のジャーナリズムや政界は、鵜飼、本荘らの世代から、徳富蘇峰《とくとみそほう》のいわば「明治の青年」「田舎紳士」としての森らに世代交代していった。一度東京に出、「外」からも佐渡を眺めた彼らが危機意識の中でたどり着いたのは、佐渡の「物質的文明と、精神的文明の併進」の必要性であり、とくに後者の重要性であった（「年頭の辞」第九六号、一八九五年）。彼らは佐渡の真の「独立」のために、政治的な議論にもあえて踏み込むことで、党争を止揚し「物質」と「精神」両面の進歩によって、誌面においても「優勝劣敗」「生存競争」の語で表現された厳しい時代状況を生き抜く、自立した「佐渡国」を作り上げようとしたのである。

三　北一輝・昤吉兄弟と佐渡

北輝次郎の登場

すでにみてきたように、『北溟雑誌』の発行と転換を通じて、雑誌同人を中心とする島内外の佐渡人たちは、世代交代も行いつつ「物質」と「精神」両面から「国家」＝佐渡の発展をめざすという認識を獲得していった。それは日清戦争における国民意識の高揚を経ても維持され、たとえば佐渡への島司の設置という風聞に対し、それの設置は「佐渡国を改めて佐渡島と」するものとして不快感をあらわにするように、一貫した独立意識であった（高野問蔵「島司及警備隊」第一〇三号、一八九五年）。『北溟雑誌』自体は、部数の減少や編集の中心となった森が御料鉱山払下げ問題に奔走《ほんそう》したことなどで、明治二十九年（一八九六）三月二十五日付の第一一二号を最後に廃刊したが、その「北溟雑誌の為《な》さんとせし所に異るなし」「即《すなわ》ち吾人が最も力を致さんとするは、我佐渡実業界の恢宏《かいこう》なり」として翌明治三十年（一八九七）九月三日に創刊されたのが、青年時代の北一輝の論文を掲載した『佐渡新聞』であった。

明星派に関する和歌論や雑文、一輝のものとするのに議論のある論文などを除けば、佐渡や日本の政界・普選に関する諸論文、連載中止となった国体論批判、明治三十六年（一九〇三）の七月から十一月にわたって連載された日露戦争に関する三論文が一輝が同紙に寄せた主な論考である。それらの中で一輝が論じたのは、まず佐渡の政友会と進歩党勢力による「蝸牛角上《かぎゅうかくじょう》の党争」への批判であった。理想を失った自由民権の志士たちの末路をそこに見たのである。当初の『北溟雑誌』同人らが避けた政論にあえて踏み込み、「精神」の進歩も実現するという課題の解決を模索したのは、『佐渡新聞』を創刊し、一輝に紙面を提供した森らであった。そして、「物質的文明と精神的文明の併進」

を若い世代に期待する森らに対し、一輝が見出した答えが、「共和政治といひ社会主義といふ如き新たな理想」だったのである。

日露開戦の危機が迫るなか、一輝が非戦論を批判する論文の中で「関税の城壁に繞《めぐ》らされたる北米の沃野《よくや》と、砲火に護られたる西比利亜《シベリア》の膏野《こうや》との中間に挟まれたる粟大の島嶼《とうしょ》」では農業立国論も商業立国論も「腐儒《ふじゅ》の夢想」であり、「海洋に孤立して冬眠的安逸《あんいつ》に押れたる国民は今や帝国主義の包囲攻撃に陥りて其の独立を保ち得ざる」(「咄、非開戦を云ふ者」『佐渡新聞』一九〇三年十一月六日付)と論ずるとき、彼の中で「優勝劣敗」の近代化競争に埋没する島国「佐渡国」と帝国主義競争の波に漂う島嶼「日本国」が同一視されていることがみて取れるであろう。「この帝国主義の包囲攻撃の中に在て国民の正義を主張せむとする社会主義者たる者、如何ぞ国家の正義を主張する帝国主義に待たずして其れの理想を実現し得むや」と述べたとき、『北溟雑誌』同人の地域認識の上に、一輝は佐渡「国」と日本「国」を貫く理想を「帝国主義」と矛盾しない「社会主義」の中に見出していたのである。

右のような認識は、彼の処女作であり主著である『国体論及び純正社会主義』にも貫かれている。一輝が「自由競争とは競争すべき機会の自由なる獲得を前提としての立言なり」といい、その競争の「対等に行はるべき平等の天地を理想せる」というとき、その平等は限りあるパイの分配ではなく、進化論に裏打ちされた「下層階級が上層に進化する」形での平等であった。それは、経済面のみならず精神面の進化も伴うものでなくてはならなかった。しかし、眼前の国家は未だその理想にたどりついてはいない。「維新革命は国家間の接触によりて覚醒《かくせい》せる国家意識と一千三百年の社会進化による平等観の普及とが、未だ国家国民主義(即ち社会民主々義)の議論を経ずして先づ爆発」したものので、「公民国家」を実現したものではないからである。「優勝劣敗」の生存競争の中で国家の自立を模索した『北溟雑誌』同人の思想的格闘の上に、一輝は「維新革命」の「理想を現実の完《まった》きものたらしめん」がための「社会民主々義」にたどりついたのだといえよう。

北昤吉と佐渡

青年期の兄一輝の思想を「藩閥打破の民権思想と詩人的情熱から出る『尊王心』との不思議な結合であった」と評した弟の北昤吉は、その「民権思想」と「尊王」思想を佐渡の土地柄に結びつけている（北昤吉「兄北一輝を語る」『中央公論』一九三六年七月号）。義民伝承や佐渡が流刑《るけい》の島であったことに「民権思想」に連なる権力への反抗心を、幕末の儒者円山冥北《まるやまめいほく》の教えの中に順徳院《じゅんとくいん》への敬慕からくる「尊王」の念をみたものだが、兄の思想の解釈であると同時にこの中に昤吉自身の佐渡への思いが込められているということもできるだろう。

その昤吉の明治維新観をみてみたい。昤吉は維新に「皇権を恢復《かいふく》して統一的日本を作成し」た点を認めるものの、「維新の根本条件」のうち「各人にイニシアチーブの最大限度を認め社会の各分子に機会の均等を承認する」という「自由」の側面については不徹底なものだったとした（『明治維新と昭和維新』『昭和維新』世界文庫刊行会、一九二七年）。「皇室と国民を遮蔽《しゃへい》する」華族の存在や、「政党の閥族への降伏」、堕落した政党の党争などはその不徹底さからくるものだという。明治維新が完全なものでなかった理由を、同書で彼は左のようにみる。

吾人にして曇りなき眼を以て明治維新の進行の跡を辿る時、改造は、少数より多数へ、上より下へ、中央より地方への特色を持つてゐたことに気付かざるを得まい。これ改造の当事者に取りては最も軽便であり且つ短時日に事功を収めしむるに相違なきも、改造が表皮に止まり、一般国民をして真に自覚的、積極的にならしめずして、寧《むし》ろこれを昏睡《こんすい》せしむる弊害《へいがい》を伴ふものである。

よって、昤吉にとっては、明治維新の当初の精神を実現するための昭和維新は、明治維新の「方法と方向とに反逆」する、「多数」「下」「地方」からの改革であり、全国民を「自由にして活力あるものならしめ」るものでなければならないのであった。彼が理想とする「祖国」を、国民が「その義務を果たし忠動を擢《ぬき》んずる限り、一人の国民も餓えしめざる」国家とするとき、現実を直視する「多数」「下」「地方」の視点は、まさに佐渡からのそれであったといえよう。昤吉はこの頃から「祖国」観念を掲げた日本主義運動に関わりつつ政界への進出をめざしていく。

　昤吉は昭和五年（一九三〇）に第一七回衆議院議員選挙に東京五区から無所属で出馬して落選したが、のちに同十一年の第一九回選挙で新潟一区から「中立」候補として出馬し、当選した。彼が掲げた政策案は、貴族院の根本的改革、枢密院の改廃、地方自治における党弊の打破、教育の機会均等、補習教育、青年教育の徹底、文化の中央集権打破などである。早稲田や大東文化で教えた彼自身の来歴から教育政策を中心にしつつも、「党争」を排し「分権」をうたうなど、維新の根本条件から外れた眼前の国家のあり方を「地方」から批判的にみる彼の姿勢が表れている。

　一方で、昤吉の政治家としてのその後の行動はまさに「党争」の中で揺れ動いた。あくまで「中立」で出馬したものの、その実は民政党の重鎮で赤泊《あかどまり》出身の野澤卯市《のざわういち》の選挙地盤を受け継ぎ、実質的な後継者としてこちらも政友会の重鎮であった山本悌二郎と激しい選挙戦を戦った。そして、当選後には民政党に入党している。確かに、革命に生きた兄一輝に較べれば、理想や持論を貫き通すことよりも現実的な道を選んだと評価することもできるだろう。

　しかし、一旦は民政党に入党した昤吉は、早稲田以来の同志永井柳太郎《ながいりゅうたろう》とともに昭和十五年（一九四〇）に同党を脱党した。彼自身はその理由を「中央の事情」、永井に対する「情に殉じ」たと述べている。一方で、佐渡政友会の長老であった齋藤長三《さいとうちょうぞう》は、近衛文麿の新体制運動に先立つ昭和十三年（一九三八）に昤吉に書簡を送り、「我が佐渡を一国一党となし新党樹立の模範たり先駆者たらしめんことを希ふ」と述べ、「佐渡を統一することは小なりと雖《いえど》も大にして日本新党樹立の先駆者たるものなれば貴下は多少の非難攻撃を排除しても民政党を脱退し佐渡国民を其傘下に糾合せしむるの意思無之候哉」と昤吉の覚悟をただしている（『佐渡政党史稿』昭和政党之巻五号、一九四三年）。昤吉の

「中立」に方便ではない信念を期待し、佐渡を「一国」とみなす「国家」意識をテコに、日本という「国家」の変革を見る佐渡人の意識は、底流として途絶えていなかったのである。

四　地域という視座

国家に対する視座

本格的に上京して以降、遺骨となってほとんど初めて故郷に戻った一輝と、生活の基盤こそ島外にあったが、選挙区という形で故郷と関わり続け、生地の面する名勝加茂湖《かもこ》（鴨湖）から号をとった昤吉。異なる生き方をした二人の思想と行動の中に、佐渡という場との関わりを見出してきた。それは、近世的な天領佐渡国としての共同性を、「生存競争」になぞらえられた近代化に取り残される危機感の中で「物質」「精神」両面から新たな国家意識に再編していこうという、明治期の佐渡人たちの営為の中で育まれたものであり、産業振興策や教育の充実、党争を排した真の団結に基づく「佐渡国」としての物質的・精神的な自治・自立という理想であった。彼らはその視座から日本という国家をみつめ、一輝は「純正社会主義」から「国家改造」へと向かい、昤吉は「祖国」にたどり着いたのである。

今後の課題

以上、本講では明治期佐渡人の地域認識を明らかにしたうえで、北兄弟の思想をその佐渡という空間を媒介させることで検討してきた。地域を思想史の題材として取り上げた場合、否が応にもその成果が具体的な個別の地域固有の問題として解消されたり、評伝的研究における思想形成期に焦点を当てた場合の補助的な位置づけを与えられることが多いことは前述した通りである。本講での試みが、思想史の課題として地域を扱う際の新たな分析視角を提示し得たかといえば、課題も残ろう。

しかし、思想史において、「地域」という視点は「中央」に対する「地方」、あるいは一つのケーススタディをこえた大きな可能性をもつものではないだろうか。その意味で、地域や国家を取り巻く状況の推移や変化＝時間軸と、生活・言論活動の場としての地域＝空間の交差するところに「書生社会」という分析視角を見出した中野目徹『政教社の研究』の成果は一つのヒントを与えてくれる。「景観」や「風土」などとの関わりも含め、「地域」そのものが一定の価値を前提としたものであることはもとより明らかである。グローバル化が私たちの空間認識に変容を迫る中で、地域と個人・集団の思想相互の関係を、地域史の成果をふまえつつ、さまざまな角度から丁寧にすくいあげていくことが求められている。

最後に、再び青野季吉の言を引用したい。彼は、「佐渡にかぎらず、或る地域の人間の性格を考へる場合、そこから出た知名の政治家とか、軍人とか、学者とか実業家とか云ったものの世に知れた性格や行動を、瞬間に思ひ浮べて、そこから演繹《えんえき》する」ことが多いとし、「これは便利な、誰にでも出来る方法にちがひないが、しかし危険の多い方法だと云ふことを忘れてはならない」と述べている。地域と思想の関わりを検討する場合に、環境からの影響を過大に評価することのないよう、常に念頭に置くべき警句であろう。

参考文献
相川町史編纂委員会編『佐渡相川の歴史』通史編近・現代（相川町、一九九六年）
阿部恒久『「裏日本」はいかにつくられたか』（日本経済評論社、一九九七年）
稲邊小二郎『一輝と昤吉』（新潟日報事業社、二〇〇二年）

大濱徹也『日本人と戦争』（刀水書房、二〇〇二年）
岡本幸治『ミネルヴァ日本評伝選　北一輝』（ミネルヴァ書房、二〇一〇年）
河西英通『近代日本の地域思想』（窓社、一九九六年）
小松辰蔵ほか『佐渡歴史文化シリーズⅣ　北一輝と佐渡』（中村書店、一九八四年）
竹内　洋『革新幻想の戦後史』（中央公論新社、二〇一一年）
田中惣五郎『北一輝』（未来社、一九五九年）
田中圭一『佐渡』（日本放送出版協会、一九七四年）
同『天領佐渡(3)　島の幕末』（刀水書房、一九九二年）
中野目徹『政教社の研究』（思文閣出版、一九九三年）
萩原　稔『北一輝の「革命」と「アジア」』（ミネルヴァ書房、二〇一一年）
麓　三郎『佐渡金銀山史話』（丸善、一九五六年）
本間恂一「北昤吉小論」第一部上（『佐渡郷土文化』第九九号、二〇〇二年）
松本健一『若き北一輝』（現代評論社、一九七一年）
同『孤島コンミューン論』（現代評論社、一九七二年）
宮本盛太郎『北一輝研究』（有斐閣、一九七五年）
森　幾『森知幾　地方自治・分権の先駆』（私家版、一九八八年）
同『佐渡自治国　森知幾と明治の群像』（私家版、一九九四年）
山室信一『思想課題としてのアジア』（岩波書店、二〇〇一年）
山本修之助『佐渡の百年』（佐渡郷土文化の会、一九七四年）
両津市誌編さん委員会『両津市誌』下巻（両津市役所、一九八九年）
渡辺京二『北一輝』（朝日新聞社、一九七八年）
大庭大輝「森知幾と佐渡新聞の創刊」（『近代史料研究』第五号、二〇〇五年）

第4講 学校

東京専門学校と「早稲田精神」

真辺将之

一 思想の「淵源」としての学校

大学の体現する精神

学校という「場」のもつ思想ないし精神性は、いかにして捉えることが可能なのか。これまで、思想史のなかで、大学が取り上げられる場合、多くは、その大学に関連する「代表的人物」（教員、卒業生）の思想を論じるという形が取られることが多かった。しかしながら、そうした論じ方は、実は大学を論じているようでいて、個人の思想を羅列したものでしかないのではないか。とりわけ、そこで取り上げられている人々が、大学のなかでもとくに功績顕著な「頂点的人物」だとするならば、それは大学そのものを思想史的に位置づけたことにはなるまい。

大学とは研究と教育の二つの任務をもつ機関である。しかし、日本の大学は、当初、あくまで教育機関としての機能を中核として誕生した。本講の対象たる早稲田大学をはじめ、多くの私立学校についていえば、大学令の施行（大正八年〈一九一九〉）までは制度上大学ですらなかったのであり、その意味で、機関としていかなる教育的機能を担っていたのか、ということが、考察の中核でなくてはならないはずである。今日私立大学として発展している各学校は、個人の私塾としての規模を超えた、組織的な教育活動を行う機関として発展してきたのであり、したがって、各学校の創設者や教員、卒業生の個人的な思想を超え、教育活動を通じて、どのような理念を伝えてきたのか。それは、個人の抱く「思想」とは異なり、たとえば早稲田大学であれば「早稲田精神」という言葉で呼ばれたような、各学校の学風や精神性として体現されるはずである。すなわち、社会で活躍する個々人の「淵源《えんげん》」として、そうした学校精神がどのような役割を果たしてきたのか、ということが、明らかにされなくてはならない。

しかしながら、これは難しい課題でもある。そうした学校精神はきわめて捉えにくい性質をもつからである。後述するように、大学、とくに私立大学には、「建学の理念」なるものが存在するのが普通である。しかし、思想集団や結社の類であれば、明確な理念のもとに人々が設立・加入するため、集団としての思想的特質は捉えやすいが、学校の場合、そこに入学する学生は、必ずしも「建学の理念」に賛同して入学する人々ばかりではない。また、学校にとっては、経営の要素も重要であり、その点では企業に近い要素をもつ。だが、企業はあくまで営利が主目的である。企業にも経営理念や社風というものは存在するが、企業が最重要視するのは、現実の経済状況・経営状況であり、経営理念は建前にすぎない場合もある。それに比べれば、学校の「建学の理念」はより現実的な実現目標に近い（はずである）。

さらに大学は、教職員だけでなく、短期間での学校からの離脱＝卒業を目標とする学生を多数内包し、構成員の入れ替わりが激しいという特色をもつ。また、学校の理念は、結社の理念に比べれば、抽象度が高い傾向をもつ。学生は多種多様であり、後年になればなるほど一校あたりの在学者数も増えるために、それを一体として捉えることは難しくなる。学校の何が「淵源」として機能したのか、何がその学校の精神として学生に影響を与えたのかを実証することはきわめて難しい。こうした学校の精神性はいかにして捉えることが可能なのか。

大学研究のアプローチ

大学ないし高等教育の歴史に関するこれまでの研究は、膨大な量にわたる。その手法も、歴史学、教育学、教育社会学など、多様な手法によるものがあり、またそれらとは別に、個別の大学が編纂した大学沿革史も多くの数にわたる。そのすべてをここでレビューすることは到底不可能であるので、それは参考文献欄に譲り、ここではあくまで大学の理念や精神性に関わるものに限って言及したい。

とはいえ、関係者個々人の思想を論じたものではなく、本講が想定するような形で大学の思想性・精神性を明らかにしようとしたものは、非常に少ない。そのうえ、その多くは、建学の理念（建学の精神）を取り上げることに偏っている。たとえば、二〇一一年二月に国学院大学でシンポジウム『建学の精神』の過去・現在・未来」が行われたが、そこでは私立大学の建学の精神全般を論じた天野郁夫の報告のほか、日本大学・駒沢大学・国学院大学・上智大学の「建学の精神」が論じる報告が行われた。また二〇一四年には教育思想史学会にてシンポジウム「私学の思想史」が行われたが、このシンポジウムは、「公」教育のなかでの「私」学のもつ意味を考察するものであり、各学校の個性というものはさほど重視されていない。しかし、公の中での「私」のもつ意味を考えるには、その前提として、それぞれがもつ個性をふまえる必要があるだろう。

このほか、各大学沿革史、とくに私立大学の沿革史においては、創設者の思想や建学の理念について、歴史をふまえた解説がなされることが多い。各大学沿革史は、それぞれが重厚な記述をもつ貴重な成果であるが（その特色と問題点については、学校沿革史研究会編『学校沿革史の研究』を参照）、本講の問題関心に照らすならば、建学の理念はあくまでその策定時の学校当局者の理念にすぎない。むしろ問題とされるべきは、それ以降のより長いスパンにおいて、何が学生教育に影響を与える要素であったのか、ということである。

以下本講では、各学校の個性的な理念としての学校精神を捉える手立てがどうあるべきかを、筆者自身が現在教鞭を執る早稲田大学を一事例として考えてみたい。

二　建学の理念と教員・カリキュラム

建学の理念

前述したように「建学の理念」は、その策定時における関係者の理念であるにすぎないのではあるが、とはいえそれは、それ以降の学校の教育活動において大きな意味をもつことが多い。早稲田大学においてはとくにそうであった。早稲田大学の前身である東京専門学校は、明治十五年（一八八二）十月二十一日、開校式を迎えた。創設者は大隈重信（一八三八〜一九二二）とされるが、大隈は創設時学校の公的役職には就いておらず、実務を担ったのは、大隈のブレーンであった小野梓《おのあずさ》と、小野の下に集った高田早苗《たかたさなえ》（一八六〇〜一九三八）・天野為之《あまのためゆき》（一八六一〜一九三八）ら、東京大学を卒業したばかりの若手教員たちであった。同志社の新島襄《にいじまじょう》（一八四三〜九〇）、慶応義塾の福沢諭吉（一八三五〜一九〇一）と、早稲田の大隈とは、同じ創設者といっても果たした役割が相当に異なっており、早稲田の場合、大隈の思想＝建学の理念とはならないことに注意しなくてはならない。

開校にあたって建学の理念に掲げられたのは、「学問の独立」である。それは二つの意味をもつものであった。一つは、外国の学問からの日本の学問の独立ということであった。当時東京大学では、外国人の教師のみならず日本人教師までが英語で講義を行っており、他の学校でも、多くは洋書を教科書に用いていた。しかし、それでは学問の習得の前に語学に多大な時間を費やさねばならない。こうした状況に対して、東京専門学校は、高等な学問を、外国語ではなく、日本語を用いて教授するという方法を打ち出したのである。この日本語による速成教授というのが、創設時の東京専門学校の最大の売りであった。

さらにこの「学問の独立」には、もう一つ、政治権力からの学問の独立という意味があった。あらゆる政治権力から、学問は独立すべきであるという理念である。大隈が当初学校の公的役職に就任しなかったことも、このことと関係している。明治十四年の政変によって政府を追放され、立憲改進党という政党を創設したばかりの大隈が学校役職者に名を連ねれば、その学校は、政党に従属するものと捉えられかねない。党員養成が目的なのではなく、あくまで学問の伝授を目的とする教育機関なのだと強調する必要があったのである。

なお、東京専門学校が日本語による速成教育を打ち出したことに対して、明治十六年（一八八三）七月、東京大学にも短期間で課業を収められる「別課法学科」が創設され、また同年、文部省は東京大学が英語によって講義を行っていたのを日本語で行うように変更するよう決定した。多くの学校で日本語での授業を行うことが当たり前になれば、「学問の独立」がもっていた日本語速成教育という要素は早稲田のオリジナリティを象徴するものではなくなる。その意味で第一の意味は次第に失われ、第二の、政治権力からの学問の独立という意味がクローズアップされていくことになる。また、在籍する学生たちは、この政治権力からの独立という理念を、改進党員の養成機関ではないことの宣言というよりも、時の政府からの圧迫に屈しない反骨精神の表現として受け取ることが多かった。

時代のなかでの理念の変容

明治三十五年（一九〇二）、東京専門学校は早稲田大学と名称変更するが（大正十一年〈一九二二〉大学令による認可まで制度上は専門学校のまま）、その開校式において、学校創設以来経営の実務を担ってきた高田早苗は、「実用的人物」

と「模範的国民」が早稲田大学の育成すべき人物であると述べる。これがのち大正二年（一九一三）に、「学問の独立」「学問の活用」「模範《もはん》国民の造就《ぞうしゅう》」を三本柱とする「早稲田大学教旨」に結実する。いわば建学の理念の増補である。教旨は、第二次大戦後一部字句が削除されるが、基本的にその後今日まで早稲田大学の建学の理念として受け継がれてきている。

それではなぜ、「学問の独立」だけでは駄目だったのだろうか。創設以来、学校組織は次第に充実していき、東京専門学校の名は、「帝国大学と、慶応義塾及び東京専門学校（中略）此三のもの、其《その》組織、及び学科の種類程度、所謂《いわゆる》ユニバルサルに該当するものなれば、其名称異なるを問はず、共に大学と称す可《べ》き学校なりとす」（「東京専門学校と慶応義塾及び帝国大学　上」『中央学術雑誌』第二巻第二号、一八九三年二月）というように、実質的に大学に匹敵する内容をもつと評されるようになっていく。そうなると、大隈による「謀反人《むほんにん》養成所」というような風評はなくなり、政府からの圧迫も次第になくなっていく。前述した早稲田大学開校式においては、伊藤博文が祝賀演説を行い、「此東京専門学校を以て政党拡張の具となさんとするもの丶如く誤り見たるものが多い（中略）これは大隈伯爵の識量を誤認したものと認める。大隈伯爵は政治教育共に熱心であるが、素より政治と教育の別を知つて居られる。学校教育の事業は之を政治の外に置き、教育機関を濫用《らんよう》して党勢拡張の具とするの策は、断じて取られなかつた事は明かに認める」（伊藤博文「早稲田大学開校式に於いて」山本利喜雄編『早稲田大学開校東京専門学校創立二十年紀念録』早稲田学会、一九〇三年）と述べた。

これは、世間の誰もが認める高等教育機関として自立しえたことを示すと同時に、当初掲げられた「学問の独立」というスローガンのもつ意味の希釈化につながったのである。教旨が、新しく二つの理念を加えねばならなかったのは、こうしたなかで、学校のアイデンティティを再構成していく必要性があったからにほかならない。すなわち、

「学問の活用」「模範国民の造就」の二つの理念は、明確に帝国大学を意識したうえで、そこからの差別化を説いたものであって、官僚や学者を育成する機関としての帝国大学に対し、早稲田大学が育成の主眼とするのは学者や官僚ではなく、民間社会における国民のリーダー的な存在だということを示す意図があったのである。

その後も早稲田大学における建学の理念は変容を続ける。紙幅の都合もあり詳述はできないが、戦時下においては、「学問の独立」に言及されることはまれとなり、逆に「模範国民の造就」の言葉ばかりが強調されるようになる。戦後は一転して、「模範国民」の語が古めかしいものと考えられるようになり、現在の大学ホームページ上の解説ではこれを「地球市民の育成」と解説している。また同ページでは「学問の活用」は「進取《しんしゅ》の精神」と同義であるとされているが、この「進取の精神」は、「早稲田大学校歌」(明治四十年制定)の歌詞に謳《うた》われたことがきっかけとなって人口に膾炙《かいしゃ》するようになったもので、「学問の活用」の語の創案者たる高田早苗は、この言葉を「進取の精神」と結びつけて用いていたわけではない。「進取の精神」は大隈重信の「開国進取」のモットーに着想を得たものかと思われ、本来の出処は別であるのだが、時代状況の変化のなかで、これもまた建学理念の読み替えないし大学の新しい意思表示が行われたものとして考えるべきなのであろう。

こう考えてくるならば、建学の理念とは必ずしも、建学時に制定されるものなのではなく、大学の歴史的変化のなかで、絶えず読み直され書き直されていく、一種の「物語」なのだということができるだろう。このことは他の私立大学はもちろんのこと、国立大学にも当てはまる。通常、国立大学は建学の理念をもたないとされるが、大阪大学や広島大学など、当初なかったはずの建学の理念を、途中で形作ったり、あるいは発見・再発見したりしている事例も指摘されている(菅真城「国立大学に建学の精神はあるのか?」)。たとえば大阪大学が現在、その精神的な源流を適塾および懐徳堂に求めていることについて、「歴史学の立場からすると疑問を覚えざるをえない」(西山伸「大学沿革史のいま」学校沿革史研究会『学校沿革史の研究』大学編一）のは間違いない。しかし、建学の理念が、大学としての意思表示を示す一つの物語だとするならば、歴史的な事実とは別に、そのことのもつ思想史的な意味を考察していくことが必要だといえるだろう。

このように建学の理念とは、時代状況のなかで創生・変容していくものであり、また、その解釈には多様性をはらむものである。したがって、創設者の思想をもって、建学の理念が完結するわけではなく、その後の時代状況のなかで、その都度当時の学校がもっていた精神性を考察していく必要があるし、それが用いられる文脈を常に考慮してその意味を読み解いていく必要があるのである。

授業と教員

建学の理念が、大学のもつ精神性を考えるうえで非常に重要なものであることは間違いないが、しかし大学において日常的に学生に伝えられるものは、具体的な授業科目である。したがって、そうした建学の理念が学校の教育課程にどう具現化されたのかということが次に検討されなくてはならない。カリキュラムと各授業内容の分析である。とはいえ、授業というものが、主に知識の伝授を中核とするものである以上、授業内容をそのまま講義者の思想とすることには禁欲的でなければならない。なお、当時の私立専門学校の講義内容を、「政談」に類するものであったと何の検証をすることもなく断ずる書物が時折見受けられるが、実際にはそのような講義はほとんど見られない。むしろ「政談」であるならば、そこに込められた思想をうかがうことは比較的容易なのであるが、実際には講義の大部分は、当時の主流学説であったり、特定の学者の学説の受け売りであることが非常に多い。

したがって問われるべきは学説そのものというよりも、学問を行うにあたっての問題意識や学問観、さらには多様な学説のなかからの取捨選択のあり方などである。こうした部分にこそ、その学校の特色が表れてくることが多いからである。筆者は、かつて創設直後の東京専門学校の学生が筆記した講義ノートを検討し、その特徴を分析したことがある（真辺将之『東京専門学校の研究』）。多くの講義は一つの学説のみでなく、多くの学説を参照して問題に応じて取捨選択するという折衷的な手法が取られているが、学説においても題材においてもイギリスに依拠したものが多い。政治学や憲法関連の科目では、議会政治とその運営における政党政治について分析が加えられることが多く、経済学関連の科目では、イギリス古典派経済学に依拠した自由主義的な視点から分析が加えられていることが特徴的である。

また講義内容や学科構成がつくられるに際して参考にされたのが、講師たちの出身校であった東京大学のカリキュラムであったことはいうまでもない。政治学と経済学とを結びつけて政治科（政治経済科とも呼ばれた）で教授したのも、東京大学が文学部において政治経済を講義し、法学部と区別していたことに由来するものであるし、また参考書として挙げられている書目には、東京大学の講義の参考書と同一のものが多く見られる。その意味で、授業内容そのものに特色はなく、日本語での速成教授ということが最大の特色であるはずだった（だからこそ、講義内容よりも「学問の独立」を売りにしたのである）。しかし皮肉にも、東京専門学校を設立するとほぼ時を同じくして、東京大学はドイツ流の学問への旋回を始めていく。その結果、はからずもそのイギリス流の学問が東京大学に比した独自性を示すことになった。

またその学問観の大きな特色として、政治や経済の概念を、国家からではなく社会から定義していることが挙げられるが（同右）、こうした講義内容の特色は、創設初期だからこそ見出すことが可能なことも事実である。学校が規模を拡大させ、高等教育機関として充実すればするほど、教員の数も増え、そこに共通する一定の精神性を見出すことは難しくなっていく。

規模拡大と教員確保問題

学校の規模拡大のなかで、自校の校風に合致する教員の確保もまた困難な課題であった。そもそも、私立学校のなかで、一定数の専任教員を創設時から確保できたのは、東京専門学校と慶応義塾などに限られ、他の私立法律学校の多くは、講師のほとんどを、帝国大学教員の兼務に頼っていた（神田近辺に法律学校が集中していたのもこうした事情に基づくものであった）。当初から専任教員をもった東京専門学校であるが、前述したように当初同校は学者の育成を目的としておらず、したがって規模拡大に際しての教員確保には苦労することになった。というのも、明治期において学者を育成しうる機関としては帝国大学をおいてほかにはなく、しかしそこから教員を確保するとすれば、東京専門学校が初期から大切にしてきた独自性が失われることになりかねないからである。これに関連して、吉野作造（一八七八～一九三三）によるあるエピソードを引いておきたい。すなわち、吉野が卒業後、穂積陳重《ほづみのぶしげ》によって早稲田の教員への就職をあっせんされた際の話である。

> 何かの会合が小石川植物園に催された時、私は其処で穂積（陳重）先生から鳩山和夫氏に紹介された。鳩山氏から改めて又高田早苗博士に紹介された。其の紹介の間に何か講義を受持たしてといふ話は無論あつた。二三日中に高田邸に罷《まか》り出るといふことで其日は分れた。数日後約の如く高田邸を訪ふと、植物園での話は殆《ほと》んど念頭におかれず、改めて求むる所を問はるる儘《まま》、私の希望を卒直に話すと、「早稲田大学瘠《や》せたりと雖《いえど》も、真逆《まさか》駆け出しの法学士に教鞭を執て貰ふほどに困つては居ぬ」と突つ放され、赤面冷汗《せきめんひやあせ》這々《ほうほう》の態《てい》で辞し帰つたことがある。
>
> （吉野作造「穂積老先生の思ひ出」一九二六年、『吉野作造選集』第一二巻、岩波書店、一九九五年）。

この逸話を読んで奇異に感じることは、当時東京専門学校・早稲田大学の教員の中には、多くの帝国大学出身の学士がいたにもかかわらず、なぜ高田は吉野にこのような態度を取ったのか、ということである。結論からいうならば、それは、帝大出身学士を講師と迎えることが、必ずしも高田の意図としてではなく、やむを得ざる選択として行われていたことへの苛立《いらだ》ちであった。ちょうどこの前後、大学への発展を見据え、海外の学問に通じた教育者育成の必要性を学校は感じ、明治三十三年（一九〇〇）に、将来の法学部、文学部を担う人材として自校出身の講師である法学の坂本三郎（一八六七〜一九三一）と哲学の金子馬治《かねこうまじ》（筑水《ちくすい》、一八七〇〜一九三七）を学校最初の派遣留学生としてドイツに派遣したのを皮切りに、翌年には、経済学の田中穂積《たなかほづみ》（一八七六〜一九四四）をアメリカに、経済学の塩沢昌貞《しおざわまささだ》（一八七〇〜一九四五）をドイツに、美学・心理学の島村滝太郎《しまむらたきたろう》（抱月《ほうげつ》、一八七一〜一九一八）をイギリス・ドイツに派遣するなど、自校出身の教員の育成に積極的に乗り出しはじめていた。吉野が帝国大学を卒業した明治三十八年（一九〇五）には、早稲田大学となって最初の卒業生が出た年でもあり、政治学では、俊秀として知られのちに早大教授となる大山郁夫《おおやまいくお》や永井柳太郎《ながいりゅうたろう》が卒業していた。そのような状況が、前述した吉野の逸話の背後にはあったのである。

　これより前の時代には、大学院すら有名無実の状態にあった東京専門学校が、自前の教員を育成することはなかなかに難しい状況であった。そうしたなか、帝国大学出身の学士を採用せざるをえなかったのだが、しかしそうしたなかで注目すべきは、同志社出身の講師を看板講師として採用している事実である。すなわち、明治二十三年（一八九〇）に政治科に家永豊吉《いえながとよきち》を、同二十四年にはこの年新設された文学科に大西祝《おおにしはじめ》を招聘、さらにその後同二十七年には文学科に岸本能武太《きしもとのぶた》を、同三十年に政治科に浮田和民《うきたかずたみ》を、同三十二年には英語講師として安部磯雄《あべいそお》を採用している。

　いずれも、東京専門学校卒業生に欠けている英語力（＝欧米の学問を直接摂取できる能力）を理由に採用されたのであるが、就任後、帝国大学の学問とは異なる学風によって東京専門学校の看板講師的存在となって活躍し、多くの学生を惹きつけた。こうした教員配置の戦略のなかに、帝国大学に対する独自性を出すことを必要と考える学校側の戦略をうかがうことができる。これは単に教員の出身校を量的に把握するだけでは見えてこない部分であろう。教員配置、カリキュラム編成のあり方を注意深く精査し、そこにどのような意図が込められているのかを細かく観察することが、必要となってくるのである。

三　学生活動と「学風」

初期の自由放任

とはいえ、教員や授業カリキュラムのもつ影響力には限界がある。学校が大規模化してくれば、学生全員が共通に受ける授業は必然的に少なくなるし、とくに東京専門学校・早稲田大学においては、早くから学生による課外活動が非常に活発であったこともあり、卒業生が卒業後の回想の類においても、圧倒的に課外での活動や学生生活に関する言及が多い。いわばこうした学生生活・学生活動のなかに体現されている学校ごとの雰囲気＝学風・校風というものが、学生の人格形成にきわめて大きな影響を与えるのであり、これこそが学校の精神性をもっとよく示すものだということができる。

かつて筆者は、初期東京専門学校の各種史料を博捜して、初期の学生たちが反骨精神旺盛で、ある種粗暴ともいえる気風を持ち合わせていたこと、また学生自身がその学校の自由と多様性の尊重の姿勢を誇っていたことなどを指摘したことがある（真辺前掲書）。たとえば、明治二十二年（一八八九）卒業の島田《しまだ》研一郎《けんいちろう》という人物はその手記『うき草の花』において次のように東京専門学校の学風を記している。

凡《すべ》テノ規則ハ甚《はなは》タ寛大ナリ彼レ講師等カ重〔ママ〕ニ主張スル所ノ「マンチェスター、スクール」ノ「レーゼス、フェアー」ハ事実ノ上ニ常ニ行ハル、ヲ見ル教場ニ出席セザルモ問ハザルナリ他出帰ラザルモ問ハザルナリ撃剣ヲ問ハズ相模〔撲〕モ問ハズ酒ヲ問ハズ女ヲ問ハズ（中略）然《しか》リ而シテ此《この》不規律ノ裡《うち》ニ人ハ却《かえっ》テ勉励スルモノナルヲ知リ得タリ（中略）更ラニ此校ノ特質トシテ記スベキモノハ其体制ノ立憲政体的ナルコト是《これ》ナリ学生ノ有スル権力ハ強大ナリ学生ノ意志ニ反スル何《いず》レノ事実オ〔ヲ〕モ行ハレザルナリ課程ノ増減ヲナスナリ試験問題ヲ損益スルナリ規則ノ更正ヲナスナリ更ラニ甚ダシキハ弾劾権《だんがいけん》ヲ実行スルコト是ナリ（島田研一郎『うき草の花』羽村市史資料集一、羽村市教育委員会、一九九三年）

イギリスの古典的経済学説であるマンチェスター学派の自由貿易論（レッセ・フェール）になぞらえ、自由と自主とが、東京専門学校の大きな特徴だったというのである。また、明治二十四年邦語政治科卒業の宮川鉄次郎《みやがわてつじろう》は、当時の学生の雰囲気を次のように述べている。

其時分の学生と云ふものは、今日の諸君に較べて見ますと、随分極端な事を好んだものである、例へば体育に熱心なる人はどうであるかと云ふと、殆んど体育気狂といっても宜《よ》い位で、碌々《ろくろく》教場へも出ないで、毎日角力《すもう》を取つたり撃剣をやったり（中略）、其傍にはどうであるかと云ふと、非常な勉強家が居つた、即ち苦学をする人である、一抔〔杯〕の水一塊《ひとかたまり》のパン位で飢渇《きかつ》を凌《しの》ぎ、さうして毎日本ばかり読んで居る、机に向つて夜も昼も青い顔をして、殆んど病人が勉強をして居るかと思ふやうな様子をしてやつて居つたのである、さう云ふ熱心な勉強家も居た、さうかと思ふと非常な雄弁家が居つて、毎日々々議論ばかりして居る、（中略）さうかと思ふと或は耶《や》蘇教《そきょう》家とか仏教家とか或はユニテリアンだとかいって、宗教論が喧《やか》ましくなつて、毎日々々此宗教の事に熱中して居つた人もある、（中略）兎《と》も角《かく》もこう云ふ極端な人が其時代にあつたと云ふ事は、今日から見れば殆んど不思議な位であります、それでさう云ふ時代に於て、我々はどう考へて居つたかと云ふと、随分世間に向つて誇つたのである、之が即ち自由教育の特色である、従つて学問の独立と云ふものも、此自由の境涯《きょうがい》から起るものであると言って威張って居ったのである、（宮川鉄次郎「十三年前の寄宿舎生」山本利喜雄編『早稲田大学開校東京専門学校創立二十年紀念録』早稲田学会、一九〇三年）

こうした回想には、個人的な主観や後年の美化が入り込んでいる可能性はもちろんある。数多くの学生の記録や回想を組み合わせるとともに、当該期の学校案内のような類の、いわば大学を外から見たものと組み合わせることによって、客観化を図る必要があることはいうまでもない。ただしそれは主観を切り落としてよいということではない。右の引用に見られるような、自校のどの部分を誇っているかという主観の部分にこそ、教育機関としての大学のもつ特色と、それが学生に影響した部分が見えてくるからである。大事なのは個人差や主観をふまえつつ、それをどのように最大公約数化していくかということである。

初期の東京専門学校の学風の最大公約数的な特色は、「官」に対する激しい対抗意識と、それと結びついた自由と多様性に彩られた不羈《ふき》独立《どくりつ》の精神にあった（真辺前掲書）が、しかし前述した「教場ニ出席セザルモ問ハザルナリ他出帰ラザルモ問ハザルナリ撃剣ヲ問ハズ相模〔撲〕モ問ハズ酒ヲ問ハズ女ヲ問ハズ」と卒業生が自慢するような「不規律」は、他方で、粗暴や放縦《ほうじゅう》、不真面目さといった側面と裏腹のものであり、実は学校当局にとっては悩みの種でもあった。というのも、東京専門学校は、創設当初から、ゆくゆくは規模を拡大し大学へと発展していくことをめざしていたが、そうした規模拡大・大学化は、学生により高い学力＝勤勉さを要求するものであったからである。

学校当局の改革策

開校から一〇年を経た頃から、学校規模の拡大と大学化をめざす学校当局は対策に乗り出すことになる。明治二十五年（一八九二）の校規改正では、休講の際には必ず補講を行うべきことが規定され、学生に対しても出席の厳格化が求められた。同二十八年には、一度退校した者は六ヵ月経過しなければ再入学を許さないことを学部協議委員会で決議し、また同二十九年五月には、卒業試験不合格者に対する再試験の規定が設けられた。逆に言えばそれまでは退学と再入学が頻繁に行われ、卒業試験も再試験規定が不要なほどに易《やさ》しかったということでもある。また、厳しくしたとはいえ、六ヵ月で再入学できたり、落第者に対する再試験規定を設けざるをえなかったというあたりは、厳しくする一辺倒では、学校の運営が成り立たなかったことを示している。その後も学生規則遵守の呼びかけはしばしば行われ、それは早稲田大学に改組される直前まで続いた。こうした動きに対しては当然、危惧の声もあがった。

予は元来専門学校を以て或点に於て帝国大学に優る数等なりと信ずる者なり単に学科の点より云へば或は彼に譲る所あるべし又た器械的動物を製造するに於ては我遥かに彼に劣るべし然れども教育の大主眼は学科の高低にあらず器械的動物の製造にあらすして不羈独立なる人物を造くるにあり而して此点に於ては専門学校の大学に優る蓋《けだ》し数等ならん（中略）今後「専門校的気風」を失ふなくんば其成跡蓋し見るべき者あらん要は不羈独立の気象と唯我《ゆいが》独尊的《どくそんてき》自任心の養成にあり徒《いたず》らに名目の末に呶々《どど》し、大学部と改名して面目と思ふが如き気象にては遂に専門学校の名誉を失墜するに至らん（抜山生「「早稲田大学」を叱して専門学校の気風に及ぶ」『中央学術雑誌』六、一八九二年十月）

右の引用文は、学校の卒業生が、大学への発展をめざす大学当局に対して苦言を呈して学校の機関雑誌に投書したもので、規律の強化が、ただ勤勉なだけの「器械的動物の製造」所へと堕すことにつながってしまうならば、もはや東京専門学校の存在意義はないと論じている。もちろん、学校当局者も、そうした点には留意していた。こうしたなかで学校がどのように学生の自主性と多様性を確保しようとしたかは、主に二つの方向性に要約できる。第一にそれは学校体系の複線化による多様性の確保と、体育会やクラブ・サークル等の団体の組織化であった。後者から先に説明すれば、従来のように学校側の不干渉の下に授業を欠席してまで課外活動に打ち込む状況を改め、課外活動団体の会長に教員を据え、大学公認組織として監視と保護・奨励とを同時に行うとともに、授業との別を明確に立てようという意図を有していたのである。なお、この延長線上に、今日においても早稲田大学では、部活やサークルの会長を教員が務める慣行が続いている。

学校体系と多様性

また前者についていえば、明治三十五年（一九〇二）の早稲田大学への改組にあたって、大学部と専門部との二本立てにより、複線的な系統を形作るという方法を大学当局は採った。大学部とは、中学卒業後、予科（高等学院）で語学を中心とする基礎教育を積んだ後に入学する、大学としての正規課程である。それに対して専門部とは、予科を経ずに中学卒業後すぐに入学できる、従来の専門学校の延長線上にある短期速成の課程であった。同時期の慶応義塾は大学部を重視し、早稲田の専門部に相当する普通部の卒業生を正規の校友として扱わなかったが、早稲田は正規の校友として扱っており、学内での位置づけはきわめて対照的であった（戸村理『戦前期早稲田・慶応の経営』）。

また早稲田大学は明治三十六年高等師範部（現在の教育学部の前身で、中学教員無試験認定資格を有していた）と商科（大学部・専門部）を設置し、同四十年には理工科を設置する。とくに商科、理工科を私立大学が設置して文字通りの総合大学化を遂げたことは世間を驚かせた（慶応義塾が初の理系学部として医学科を設置するのは大正七年〈一九一八〉である）。こうした学部の多様化が学生の多様性の確保にもつながったことは、当時の受験案内本や学校案内本の類にしばしば書かれている事実である。

政治科は学校創設以来の看板学部で、早稲田名物ともいうべき学生の政治活動や学内でのストライキなどはこの科の学生が中心になって行っているとされ、逆に法科は振るわず存在感が低いと書かれるのが常で、また文学科は政治科を凌ぐ早稲田の看板学部になりつつあり、「近来同校の学風をして稍々《やや》沈着の感あるに至らしめしは坪内雄蔵《つぼうちゆうぞう》氏の斡旋に成れる文学科が漸《よう》く勢力を得んとするに基く好現象にして（中略）従来政治科生徒司法科生徒の放浪横肆《ほうろうおうし》の気風に一種の打撃を与へたるに相違なし」（無名氏「東京専門学校と新聞記者」『新聞記者』文声社、一九〇二年）というような、政治科とはかなり対照的な雰囲気であったことがうかがえる。これとはまた違う雰囲気をもっていたのが商科で、「何分、学生の数が非常に多く、且つ入学試験がないので、官立学校入学試験の落第生が多数に入り込んで居るから、学生の頭が揃はない。むしろ、平凡な頭脳が多い。従って、学校全般の気風が高商等に見る如き、勉学的美風がない」（実業之日本社編・刊『中学卒業就学顧問』一九一四年）とされている。他方で、学科内容は最も実用的で、「学問の活用」を地で行く科であるとも評され、また人数が多いことから、慶応生のような風貌の者から、熱心な優等生まで、さまざまな人物がいたとされる。なお戦前において早稲田大学所属のスポーツ選手の多くは商学部に在籍していたが、それもこうした面と関係していたであろう。同じ新設学部でも理工科はこれとはまた対照的で、入学試験の難易度も高く学生も真面目な人間が多かったと論じられることが多い。

専門部は「頭の禿げかけた篤学者、紅顔の青年、予科で二年も落第して国元へ始末の悪い学生の隠遁的《いんとんてき》入学者等、此処にはいろ〳〵の学生が集つて却々《なかなか》活気立つて居る」（同右）とされ、聴講生についてはさらに多彩であったようで「聴講生といふ制度の下には、私達のお父さんと呼びたい位の年配の人も大勢ゐた。口髭の厳めしい陸軍歩兵大尉といふ肩書を持つてゐる人もゐた」「盲目の人もゐた。文科の講義を、その盲目の人は聴講しながら、例の点字で筆記して行つた。私達が筆記し得ない位、早い講義をも、盲目の人は容易に点字にして行つた」（赤木光次郎『早稲田物語』東亜堂書房、一九一七年）と描かれている。なお大学側は、前述したような学部ごとの学生の質の違いにもかかわらず、教員の配置は学科間に顕著な差異が出ないように配慮しており、同時期の慶応義塾が理財科を中心に教員を傾斜配置し、当初留学生の派遣も経済学担当教員を中心に行っていたこととは対照的であった（戸村前掲書）。

規模の拡大と多様性

以上のほか、早稲田大学は校外教育にも力を入れ、講義録による通信教育（その受講者数はたとえば大正八年度一年間だけで八万八八〇五人にも上っており、戦前累計で数十万人が受講したと考えられる）や、講師陣の地方への巡回講演などを積極的に行った。これもまた、地方への教育の普及をめざしたのはもちろん、「実際に於て自然と広告となつて居る。地方人士の頭脳に、早稲田大学といふ印象を与へる。地方人士が総長や学長や教授等の一場の演説を聴くだけでも、早稲田大学なるものに対して非常に親しみの情を有《も》つやうになるは事実である」（南北社編・刊『早稲田生活』一九一三年）というように、大学の宣伝的要素をもつものであった。高浜三郎『早稲田物語』（敬文堂書店、一九二九年）は、早稲田の構内に入った人がまず驚くものとして「言語の不統一である、文字通りの全国の各地から早稲田を慕ひ集まつてくる早稲田学園である、北海道や樺太訛りから四国や九州弁に至る迄或は台湾語、朝鮮語、支那語とそれは全く千差万別である」と述べているが、入学生の圧倒的多数が地方出身者であり、かつその地方出身者を多く抱えることが早稲田の多様性の淵源だということは当時の学校関係者には強く認識されていた。なお戦後高度成長期以降、早稲田への入学者はしだいに首都圏出身者が多くなり、バブル崩壊後はもはや「首都圏ローカル大学」ではないかと揶揄される状況になった。現在の早稲田大学はこうした状況に危機感を抱き、推薦入学などの制度を通じて地方人材のリクルートに力を入れているが、それもこうした歴史的に地方出身者が果たしてきた役割への認識に基づいている。

話を戦前に戻すと、以上の拡大過程で、早稲田大学の在籍者数は大きく拡大した。早稲田大学と改称した明治三十五年（一九〇二）七月に二三七六人だった在籍者数（予科を含む）は大正二年（一九一三）六月に六六四二人、同八年六月に一万一二五四人、昭和三年（一九二八）に一万五二九八人、同十五年には二万三三六九人と飛躍的に増えていった。多くの私立大学は戦後高度成長期に大規模化を遂げるが、早稲田と、慶応義塾、明治大学は戦前に一定の大規模化を終えていた点に特色がある。そして早稲田に関していえば、その大規模化が、前述した多様性の確保と、課外活動の活発化にもつながっていた。「雄弁会、野球庭球、文壇へ出る新進作家、新聞記者、各種国家試験に向ふ人々、皆すべて、周囲にあまりに多くの同志なり競争者を有するが故に、レベルに達するべく不断の努力を惜しまないのである。この一事でも多数学生を抱擁する大学の質の如何は評せられる筈である」（吉川兼光『西北の黎明』文泉社、一九二五年）とされているように、大学の規模拡大が、多様性を担保し、学生の課外活動の質の向上と活発さとにつながっていたのである。

多様性の衝突

以上のように述べてくると、学校側の自主性と多様性を残したままある程度の秩序の確率をめざそうという大学側の試みは上手くいったかのように聞こえるかもしれない。が、実際には必ずしも上手くいったわけではない側面もある。学内の多様性を保持したまま量的な拡大を遂げたことは、当局との衝突や学生同士の衝突を不可避にした。「議論の矛先は、友人間のみならで教授や講師の鼻先にも間々向けられた」（前掲『早稲田生活』）、「早稲田のクラス会の活溌なことはちよつと他に比を見ないくらゐで、一部委員のみで議事を進行して行くといふやうなことはなく、全員が議事に参加して討論する。ちよつと議論が沸騰すると、日頃おとなしさうな男までが、案外の雄弁で一同の意見をまとめ上げたり、或ひは支那の留学生までが明瞭な日本語で、『学校行政は………』などゝ頭のいゝところを見せたりする」「早稲田にはストライキが附き物で、創立以来何かといふと直《す》ぐにストライキをおつぱじめる。少し気に喰はないことがあるとすぐに騒ぎ、教授や理事の勢力争ひなどが少しでも表面に出ると、もう黙つてはゐない」（大村八郎『帝都大学評判記』三友堂書店、一九三四年）と評された。

前述した熱心な学生活動のなかには、演説の稽古に名を借りて政治的活動を行う団体も非常に多く、議会の会期が近づくと、大学も政治の季節に入り、「神田の青年会館、仏教会館、明治会館、芝の協調会館、上野両大師前、赤坂山王台などでは、毎日毎夜のように、対外硬、内閣弾劾、普選大選挙区即行の大演説会」（前掲『西北の黎明』）が行われ、学生たちは学外に繰り出して演説会に精を出した。そうした団体のなかでも代表的なのが雄弁会（明治三十五年に大隈重信を総裁、安部磯雄を会長に発足）であるが、「曽《かつ》て、新聞記者となつて天下の輿論《よろん》を指導し、代議士となつて国政を管理するを目標としてゐたこの会の連中も、傾向が次第に変わつて来た。（中略）メーデー、労働争議、農民運動、社会主義者同盟、共産党事件、マルキシズム実行運動、反軍事研究団事件、軍事教育反対、おゝ、何と物凄い変りようではないか」（前掲『西北の黎明』）とされているように、第一次大戦後のデモクラシー状況の変容のなかで、同会は左翼色を強めていった。このほか大正後半期には、各大学で思想関係の学生団体が増えていくが、早稲田においてそれはとくに顕著で、亜細亜学生会、縦横倶楽部、冷忍社《れいにんしゃ》、暁民会《ぎょうみんかい》、大化会、民人同盟会、建設者同盟といった右翼・左翼の思想・政治団体が族生した。大正十二年（一九二三）にはいわゆる軍事研究団が結成され、左翼系諸団体の反発でほどなく解散に追い込まれたが（軍事研究団事件）、他方で、報国同志会、黎民創生会《れいみんそうせいかい》をはじめ、右翼的団体も学内に種々族生しており、それらの会には上杉慎吉《うえすぎしんきち》、堀内信水《ほりうちしんすい》、長瀬鳳輔《ながせほうすけ》、頭山満《とうやまみつる》、満川亀太郎《みつかわかめたろう》ら学外者の後援があったといい（前掲『西北の黎明』）、また学外の政治団体に参加する学生も多かった。

学校当局は、こうした学生の政治活動に対し、修行中の身で実践活動に乗り出すべきではないとして注意喚起したが、他方でそれを黙認するような教員も多かった。しかし昭和に入ると頻発する学生騒動のなか、大学側は急進的学生団体に対する圧力を強めていき、昭和二年（一九二七）に社会科学研究会が、翌年には新聞研究会が、さらに翌昭和四年には雄弁会が解散に追い込まれる。やがて戦時体制に入ると、大学は国策協力の姿勢を強め、学生の団体活動は停滞に陥っていく。

なお、昭和十八年（一九四三）、出陣学徒のためにと提案された「最後の早慶戦」に際して、慶応義塾の小泉信三《こいずみしんぞう》塾長がそれを後援したのに対し、田中穂積総長をはじめとする早稲田大学当局は最後まで開催を承認しなかった。こうした姿勢の背景には、かつて学内に多数存在していた左右両極の学生・教員とそれにまつわる騒動の歴史や、そのために大学を危険視する官憲の目からいかにして大学を守るかという当局の意識があった。最終的に試合は早稲田大学の安部球場で行われ、事実上の黙認であったと解することも可能ではあるが、慶応の姿勢に比して、早稲田当局の理解のなさは際立っており、学生の自主性を極力認め、外部政治権力からの「学問の独立」を誇ったかつての姿はなかった。しかしそれは、大規模な多様性をもつ学校ゆえの対応でもあったこともまた指摘できるのである。

四「淵源」としての大学

卒業生と就職先

「淵源」としての大学のあり方を考えるうえで、もう一つ、考えておくべき重要な要素がある。すなわち「卒業生」である。卒業後の活動のあり方は、いわば育成機関としての学校の役割を直接的に逆照射するものである。

東京専門学校時代、教員たちは、「曰く成るべく官吏《かんり》たる莫《なか》れ、曰く成るべく地方に往《い》け、曰く立身出世を急ぐ勿《なか》れ」（高田早苗「諸学校の卒業生に告ぐ」『同攻会雑誌』第六号、一八九一年八月）と学生に呼びかけていた。「建学の理念」を述べた際にも触れたような、官ではなく民の領域で活躍する国民のリーダー的存在を育成し、かつ、そこから帝国議会の議員や政党内閣の大臣として立憲政治を支える人材が輩出されることを望んでいたからである。

これに対して、学生の側は地方に出ることを必ずしも希望せず中央志向が強かった。筆者はかつて、初期の卒業生の就職状況を検討したことがあるが（真辺前掲書）、結果的には卒業して数年以内に半数以上が出身府県に帰っており、東京で希望の職業に就くことの困難もあって、地方に戻ることになる卒業生が多かった。具体的な職業としては、他の高等教育機関を比較した場合に早稲田に最も特徴的なのは、新聞・雑誌記者に他校を圧倒する輩出率を誇っていたことである。また代議士・地方議員の輩出率も高く、教育関係の職に就く者も多かった。銀行・会社員の職に就く者も、慶応義塾に較べると遜色あるものの、他の私立法律学校よりは輩出率が高かった。他方官吏や弁護士等の法律関係の職業への就職率は他校に比べ低いことも指摘できる。これらの就職先からは、官ではなく民の領域で活躍する傾向、また、政治方面への志向も強いことが指摘でき、先にみたような建学の理念や学生の気風とも相当に合致した傾向であると言うことができる（以上真辺前掲書）。

以上述べたような傾向はその後も長らく続いた。たとえば大正三年（一九一四）時点で、「本年一月末の調査に係る全国新聞の総数は三百二十有余種でこれ等各社に配布せられた早大出身者の総数は四百六十有余名を算する様だ而してそれを各社に割当てやうか一社は優に一人四分六厘に当り殆ど全国を通じてその隻影《せきえい》を見ざるなきに至るであらう」とされ、具体的には東京では万朝報《よろずちょうほう》一〇名を筆頭に、実業之日本社一五名、国民・中央・東京朝日が一三名、博文館一一名、読売九名、やまと・東京日日・冨山房八名、報知七名、東洋経済新報・都・東京朝日・毎夕《まいゆう》・早稲田文学・電報通信が六名、慶応系の時事新報にも五名が所属、関西でも、大阪朝日に一三名、大阪毎日に一二名が所属していたという（錦谷秋堂『大学と人物』国光印刷株式会社出版部、一九一四年）。

また大正十四年（一九二五）の書籍には、「帝大が役人養成、商大が商人養成、慶応が銀行員養成である如く早稲田にも自ら特長がある。早稲田は政治家、法律家、新聞記者、文芸思想家を明治末期迄の卒業者に於て出し大正に入りてからは、之等の四方面に加ふるに、科学者、実業家、教育家、社会運動家、体育上の選手を出してゐる」「新聞雑誌記者、早稲田の独り舞台である。大は東京大阪の一流新聞より小は各府県、朝鮮満洲支那台湾南欧北米南洋南米浦塩の諸新聞には、必らず稲門《とうもん》出の記者がゐる、社長、主筆、編輯長の要職に在るは、早稲田出の人でなかつたら不思議な位だ」（前掲『西北の黎明』）と記されている。学校の規模が大きく卒業生数が多かったことを差し引いても、やはり他校より輩出率は高かった（河崎吉紀「新聞界における社会集団としての早稲田」）。

なぜこのような差異が出てくるかといえば、それは、当時の就職が、基本的に人脈を頼ってなされるものであり、そしてその人間関係形成の機能の一端としての役割を学校が担っていたからである。とくに、前述したような早稲田の活発なクラブ・サークル活動は、教員や卒業生をはじめ多くの社会人が関与していることが多く、そうした社会との結節点として機能していた。さらに、こうした就職状況が知れ渡ることによって、特定の業界をめざす学生が多く集まる循環構造も存在していた。就職状況と学風とが相互に影響しあって、次代の人材を再生産していったのである。

「早稲田精神」の生と死

前述したように、戦時下の早稲田大学においては、早稲田の特色ともいうべき学生の政治活動は息をひそめ、建学の理念の一つである「学問の独立」が公的な場で言及されることはほとんどなくなり、「模範国民の造就」の理念ばかりが呼号されるようになった。昭和十八年（一九四三）に学徒出陣が実施されると、大学は出陣学徒に向け壮行会を開催するが、その席上、田中穂積学長は、「今こそ諸君がペンを捨てゝ剣を取るべき時期が到来した」「勇士は出陣に当つて固《もと》より生還は期すべきでない」（田中穂積「出陣学徒に与ふ」『早稲田学報』第五九一号、一九四四年）と学生に向けて発言したとされる。

だが、筆者はかつて、出陣学徒として壮行会に出席した人物に聞き取りを行った際、出陣学徒への田中穂積総長の訓辞は、活字となって残っているものとは異なっており、実際には自分たちの前で「生きて帰ってこい」と言った、自分はそれをはっきり聞いたので間違いない、との証言を聞いたことがあった。しかしながら、この時の訓辞については、普段草稿をもたない田中にしては珍しく草稿を用意してなされたものであり、内容も学報に書かれたものと同じで、それは軍部から片言隻句《へんげんせっく》を捉えて攻撃されることに備えたものであったとする証言もある（入交好脩「晩年の田中穂積先生」『早稲田大学史記要』第一〇号、一九七七年）。

用心深く準備した訓辞において、本当に前述のようなことが発言されたのか、真相はわからない。ただ、『早稲田学報』掲載文の末尾に「大観すれば生死一如《しょうじいちにょ》、諸君は唯《ただ》、尽忠報国《じんちゅうほうこく》、早稲田健児の面目発揮を以て念とすべきであって、諸君と袂別《べいべつ》に当つて私は只管《ひたすら》、諸君の自重加餐《じちょうかさん》を冀《ねが》つて已《や》まざるものである」という言葉があり、あるいは、この「自重加餐を冀つて已」まないという言葉を、そのように聞き手が読み取った可能性もある。当時において「生きて帰ってこい」と公の場で発言することは非常に難しい状況であったことは間違いなく、もし本当にそのような発言があったとしても、それは相当に婉曲な表現でなされたはずである。とすれば、なぜ聞き手の学生の側が「生きて帰ってこい」とそれを受け取ることができたか、ということも問われなければなるまい。

なお、その後ある場所で、事実かどうかわからないがと但し書きをつけて右の内容を話したところ、聞き手の方から、自分も全く別の方から田中先生が確かに「生きて帰ってこい」と言っていたとの話を聞いたことがある、ただし場所は壮行会ではなく、その後の非公式な場であった、との情報を提供された。あるいは、そちらの証言の方が正しく、筆者が聞いた証言は壮行会とその後の会合とを混同したものであったのかもしれない。なお、文学部史学科で行われた別の壮行会では、教授煙山専太郎《けむやませんたろう》が、死を急いではならない、元気で帰って来てくれと発言したという証言がある（木村時夫『わが早稲田』）。このような学校教員間に流れていた暗黙の空気は、当時の活字史料には全く現れてこない。戦時下の大学の空気には、活字史料からはうかがうことができない部分も大きいということには留意しなくてはならない。

大学の精神性をどう捉えるか

以上の挿話からも明らかなように、大学の精神性というものは、表面的・公的な言説にのみ現れるものではない。個々の人間がもつ思想と異なり、大学の学風や精神性は、あくまでそれら個々の人間の思想と行動とが組み合わさる場に、精神的な「空気」として存在し、そしてそれが人々の思想の土台となる「姿勢」を形作る。それは単純なテキスト分析だけではうかがい知ることができるものではないのである。

本講で検討してきた、教育機関としての早稲田大学がもっていた精神性とは、自由と多様性を基軸とするものであったとまとめることができようが、それは同時に、時代によって大きく変動し、またその捉え方も個々人の主観によっても大きく異なるものである。総体的に「淵源」としての早稲田大学のあり方を考える際には、建学の理念に見られるような大学当局者の思想だけではなく、学生活動のなかに見える気風や、卒業後の就職状況、他の学校との比較、第三者による学校評判記の類、さらにオーラルヒストリーによる聞き取りなどを含め、より多面的に学校を見つめていく必要がある。先に「空気」という言葉を用いたが、それは、漠然としたもので、かつ時代による変動があり、個々人によって主観的に見え方が異なるものであるため、多面的な捉え方が必要になってくる。個々人の主観に引きずられないためには、時代状況を注意深くふまえながら、統計や史料批判を通じた実証的裏付けも必要となろう。

なお、本講では、戦前のみを対象とし、戦後の大学の変容については多くを触れることができなかった。戦後において大学はさらに大きな性格変容を迫られていく。文部省・文部科学省による統制が強化されるとともに、大学は次第に画一化され、個性を失ってきていることは間違いない。そうしたなかで、大学のもつ精神性が、今も存在しえているのかということは、考えていくべき重要な課題であろう。また各大学の個性というものは、他の大学との比較において際立つものでもある。本講では紙幅の都合もあり、他校には最低限の言及しかできなかったが、各学校の個性と共通性をふまえることで、一校単位ではない、大学の思想史・精神史というものが構築されていく必要があると考える。

少子化とグローバル化という日本の大学の「危機」が叫ばれる現在なればこそ、自らの存在の意味、すなわち自らの大学の精神を歴史的に考える必要性も高まっている。世界大学ランキングのような単一の指標では見えない、各大学の個性を考えることなくして、日本の大学に世界から学生が集まることもありえないだろう。そうした個性のありかを考えていくためにも、大学の有してきた精神性とその特色を歴史的に考えていくことが重要と考える。

参考文献

天野郁夫『近代日本高等教育研究』（玉川大学出版部、一九八九年）
伊藤彰浩「近代日本の高等教育の歴史研究の展開」（『広島大学高等教育研究開発センター大学論集』第三六号、二〇〇六年）
学校沿革史研究会『学校沿革史の研究』総説・大学編一・大学編二（野間教育研究所、二〇〇八・一三・一六年）
河崎吉紀「新聞界における社会集団としての早稲田」（猪木武徳『戦間期日本の社会集団とネットワーク』ＮＴＴ出版、二〇〇八年）
菅　真城「国立大学に建学の精神はあるのか？」（『広島大学文書館紀要』第一〇号、二〇〇八年）
木村時夫『わが早稲田』（恒文社、一九九七年）
「シンポジウム二　私学の思想史」（『教育フォーラム』第二四号、二〇一五年）
谷本宗生「大学史・高等教育史研究の課題と展望」（『日本教育史研究』第二一号、二〇〇二年）
「特集　シンポジウム『建学の精神』の過去・現在・未来」（『国学院大学教育開発推進機構紀要』第三号、二〇一二年）
戸村　理『戦前期早稲田・慶応の経営』（ミネルヴァ書房、二〇一七年）

羽田貴史・大塚豊・安原義仁「大学史・高等教育研究の一〇年」(『高等教育研究第一〇集　高等教育研究の一〇年』玉川大学出版部、二〇〇七年)
早稲田大学大学史資料センター・慶応義塾福沢研究センター『一九四三年晩秋　最後の早慶戦』(教育評論社、二〇〇八年)
早稲田大学大学史編集所『早稲田大学百年史』全八巻(早稲田大学出版部、一九七八〜九七年)
真辺将之『東京専門学校の研究』(早稲田大学出版部、二〇一〇年)
同「東京専門学校における接続問題と大学昇格問題」(『近代日本研究』第三一号、二〇一四年)
同「早稲田大学における編纂事業のこれまでとこれから」(『早稲田大学史記要』第四七号、二〇一六年)

第5講　留学

漱石門下安倍能成の洋行

青木一平

近代日本における留学

西洋文明の導入は、日本の近代化にとって必要不可欠なものであった。だからこそ、幕末には幕府や諸藩が競うように留学生を送り出し、明治新政府も積極的に留学生を派遣した。日本の近代化は文明化としてあり、そのモデルが西洋文明に求められた状況で、欧米への留学が文明導入の装置となったことは疑うべくもない。明治期の留学は、西洋文明を受容するための経路であり、近代化の推進力であるというのがこれまでの理解である。その一方で、文部省在外研究員制度の成立とともに、一九二〇年代には留学の目的は大きく変容したともいわれる（辻直人『近代日本海外留学の目的変容』）。

そこで以下、一九二〇年代の留学、とくに夏目漱石門下の安倍《あべ》能成《よししげ》（一八八三〜一九六六）の留学を取り上げ、彼がどのような留学をし、その留学は安倍にとってどのような思想的意義を有するのかについて明らかにしていきたいと思う。これまでの安倍研究では、彼の留学については史料的な制約もありほとんど触れられてこなかった。それゆえ本講では、新発掘史料も用いつつ安倍の留学を検討し、その思想的意味を考察してみたい。

憧れのヨーロッパ

安倍は、大正十三年（一九二四）九月から同十五年二月に帰国するまでヨーロッパへ留学した。これは、京城《けいじょう》帝国大学の新設に伴う措置であり、官命として哲学の在外研究が命じられたものである。同じ漱石門下の阿部次郎《あべじろう》（一八八三〜一九五九）は二年前に、小宮豊隆《こみやとよたか》（一八八四〜一九六六）は一年前に留学しており、和辻哲郎《わつじてつろう》（一八八九〜一九六〇）も昭和二年（一九二七）にヨーロッパへ留学している。阿部と小宮は東北帝国大学、和辻は京都帝国大学へ赴任するための措置であった。

安倍はそれまで法政大学の教授であったので、安倍とともに同大学の発展を志していた野上豊一郎《のがみとよいちろう》（一八八三〜一九五〇）には意外だったらしく、その妻野上弥生子《やえこ》（一八八五〜一九八五）は日記に、「ヘル・Aが朝鮮に新設される大学に行くことになつたよし、今さらなぜそんなところに行くのか分からない　年俸四千円で、それで一年半洋行させるよし、次郎も小宮さんも行つたので、それはきつと行き度《た》いのだとおもふ」（『野上弥生子全集』第Ⅱ期第一巻）と皮肉たっぷりに記し、法政大学に在職のままでは洋行できるかわからないので、洋行したいがために京城帝大へ赴任するのではないかと穿《うが》った見方をしている。この見方が妥当であるかどうかはひとまず措いておくとしても、安倍がヨーロッパへの留学に期待を寄せていたことは間違いないようで、後年「私の始め《ママ》てヨーロッパを見るという興味は、随分旺盛だつた」（『我が生ひ立ち』）と述べている。その点、同じ漱石門下でもしぶしぶ留学に赴いた和辻とは大きく異なっていた。希望を抱いて旅立った安倍は、親友の岩波茂雄《いわなみしげお》（一八八一〜一九四六）に次のような手紙を送っている。

図　安倍能成（国立国会図書館所蔵）

> 岩波君、昨朝Suezへついて汽車でCairoへ行きPyramid Sphinx, Mosqueなどを瞥見して昨夜ポートサイドに帰り、今日の午前にそこを立つた　もうMarseillesには五日でつく、上ると又色々用事が出来るかも知れぬから船中から手紙をかく、舟にのってからもう四十日近くなるが、束縛がなくて実によい、Marseillesへ上るのが少し面倒な位だ、勉強も相当に出来るし、やらうと思へばいくらでも出来る、身体は非常に丈夫で、触目の新しい印象を楽しくenjoyして居る（中略）Tagolも Colomboからのつた二三度話した、Parisには十三四日頃はいひる（中略）大体に於て今年中ぱり滞在、来年一、二月伊太利《イタリア》三四月London、五月―十二月始独逸《ドイツ》（滞在所未定）十五年一月帰朝（大正十三年十月七日付岩波宛安倍書簡、岩波書店所蔵）

日本を出発後、香港、シンガポールを経てコロンボに立ち寄り、船中、詩人のタゴールとも会話するなど無聊《ぶりよう》をかこつことなく、船旅は「勉強も相当に出来」、「触目の新しい印象を楽しくenjoy」できる非常に有意義なものだったようである。この手紙からは留学に胸を膨らませる安倍の様子をありありとうかがい知ることができる。

「旅行」と「見学」

安倍の主な留学先はドイツのハイデルベルク大学であり、その地でリッケルトやホフマン、ヤスパースなどの授業を聴講した。とくに、リッケルトに会うことは楽しみだったようで、自宅でのゼミにも参加していたようである。しかし、彼はドイツに留まっていたわけではなく、フランス、イタリア、ギリシャ、スウェーデン、ノルウェー、デンマーク、オランダ、ハンガリー、チェコスロバキアなど各地を旅した。これは安倍のヨーロッパ留学の一つの特徴であり、意図的に多くの国や都市を訪問したのであって、これについて彼は、「私は初めから、書物を読んだり講義を聴いたりするよりも、方々を旅行して見学することを心がけて居た。英、仏、独、伊は私の留学国であつたが、その外に私の特に旅行した重《ママ》な国々は、ギリシヤとスカンディナギア諸国とであつた。ギリシヤでは古い文化の跡を見、スカンディナギアでは大きな自然の姿に接した」（「序」『ギリシヤとスカンディナギア』）と述べている。安倍は、読書や講義の聴講によって哲学の研究を深めるよりも「旅行して見学する」ことを重視したのである。それは「私の生活の中で「観る」といふことが相当に重大な意義を持つて居る」（「フィヒテ、ヘーゲルの墓」『西遊抄』）という安倍の言葉でも示されており、彼の留学は「観る」ことが特徴であったといえよう。

このような留学のあり方は、安倍の師である夏目漱石（一八六七〜一九一六）の留学とは大きく異なる。漱石は、明治三十三年（一九〇〇）、文部省の外国留学生として英国へ留学した。彼の研究テーマは英語であったが、それ以上に英文学の研究に没頭した。漱石の留学は、彼自身が「倫敦《ロンドン》に住み暮らしたる二年は尤《もつと》も不愉快の二年なり」（「序」『文学論』）と述べたように、「不愉快」で「あはれなる生活」であった。しかし漱石は、その苦闘のなかから、彼の文学・思想を形成していくのである。

漱石のような姿勢は、安倍の留学には見られない。両者の違いは、おそらく漱石世代の留学と安倍世代の留学のあり方の違いであると思われる。すなわち、漱石の世代の留学は、西洋文明導入のための留学であり、西洋の学術を研究し、それをもって日本の近代化に貢献することが求められた。対するに、安倍の世代の留学は、西洋文明の受容が進み学術研究もある程度までは日本国内で完結できた時代の留学である。第一次世界大戦後、ドイツを中心に疲弊したヨーロッパを相対化して眺めることができた時代の留学であった。留学の置かれたそのような社会的条件の相違が、漱石と安倍の留学における姿勢の違いとなって現れたのであろう。

さらに付け加えるならば、このような傾向は安倍だけでなく同時期に留学していた他の漱石門下生にもある程度共通するものといえる。たとえば、和辻哲郎は、昭和二年十一月二十二日付で妻照に宛てた手紙において「有効なのはやっぱり見物で、見物は一年で十分だ」(『和辻哲郎全集』第二五巻)と述べ、ヨーロッパでは研究が進まないので、「見物」を重視して過ごしていることを報告している。また、小宮豊隆も観劇を目的にパリ、ベルリン、ストックホルムなどの各地を巡っている。しかも、小宮や和辻は、勉強は日本の方ができるので、留学を予定よりも早く切り上げたいと考えていた。この点は、留学期間中、なるべく多くのヨーロッパの文物を見、自然に触れようとしていた安倍とは異なるものの、学術研究よりも「見学」「見物」によって西洋文明を捉えようとする傾向は共通しているといえる。

「芸術の国」と「自然の国」

前述のように、安倍はヨーロッパ各地を「見学」して回ったが、そのなかでも特筆すべきなのは、「芸術の国」ギリシャと「自然の国」スカンディナヴィア諸国への「旅行」である。そこでの「見学」は安倍の留学の特徴を如実に示している。

安倍は、大正十四年(一九二五)二月の約二週間をかけてギリシャを巡った。ギリシャ訪問は日本出発時から計画していたもので、「ヨーロッパ文化の発祥地」である同地の遺跡を巡るなかで次のような感慨を抱くようになる。

西洋の建築は日本の建築より遥に強い意味に於て人工的である。(中略)西洋の建築は自然化された人工として、いはゞ第二の自然として長くその廃墟を残し得る。(「アテナイの散策 その一」『ギリシャとスカンディナギア』)

安倍はアテネのアクロポリスの廃墟の中に、「人工」と「自然」の「抱合」を見出し、それを「第二の自然」と表現している。要するに、ギリシャの廃墟に人間の創り出した文化と自然との融合・調和を発見しているのだが、同じような視点はスカンディナビア半島を巡っている際もみられる。たとえばノルウェーでも、「日本では至る処の好山水は、粗笨《そほん》なる若《も》しくは俗悪なる人工の為に殆ど冒されつゝある。ノルヱーにはそれがない、否それが少ない」（「フォールの旅」『ギリシヤとスカンディナギア』）と自然と文化の調和に感嘆しているが、自然と文化の調和を考えようとする視点は、安倍の留学中一貫しているものである。

安倍が留学する約一年前、関東大震災が発生した。これに対して安倍は、「この度の如き大変災に出くはして誰人も感じること、又誰人も口にすることは自然の偉大なる力と文化の無力とである」と述べて、日本が近代化の過程で築き上げてきた物質文明の「無力」「脆弱《ぜいじゃく》」を痛感する。かつて夏目漱石は「現代日本の開化」（明治四十四年）において、英国留学での体験に基づき、日本の開化（近代化）を「外発的」で「皮相上滑りの開化」と捉え、その歪みを指摘した。同じように安倍も関東大震災に際して日本の近代化の歪みを再認識し、「この自然の破壊を正視することは、同時に我々の新たな文化の出発点を見出すことである」（「震災と都会文化」『思想と文化』）と、「新たな文化の出発点」として文化と自然の関係を問い直そうとしたのである。

このような意識は当然、留学中にも引き継がれていた。だからこそ、安倍はかつて日本が手本とした西洋文明が自然とどのように向き合っているのかに関心を注いだのであり、それを「見学」しようとしたのである。つまり留学をとおして安倍は新たな文化の模索を始めるきっかけをつかみ、帰国後赴任した京城帝国大学時代においてもそれは継続されることになる。

参考文献

石附　実『近代日本の海外留学史』（ミネルヴァ書房、一九七二年）

大久保喬樹『洋行の時代』（中央公論新社、二〇〇八年）

辻　直人『近代日本海外留学の目的変容』（東信堂、二〇一〇年）

中野目徹「三宅雪嶺の洋行」（『近代史料研究』第一六号、二〇一六年）

三好行雄編『漱石文明論集』（岩波書店、一九八六年）

青木一平「安倍能成関係史料の全体像」上・下（『近代史料研究』第九・一〇号、二〇〇九・一〇年）

同「安倍能成年譜稿」（『安倍能成　教育に情熱を注いだ硬骨のリベラリスト』愛媛県生涯学習センター、二〇一二年）

Ⅱ

〈媒体〉

——思想を伝える素材——

『大阪朝日新聞』と高橋健三

中川未来

一　新聞史料にアジア認識を問う

「我邦第一ノ新聞紙」

明治二十一年（一八八八）五月十八日、『大阪朝日新聞』（当初の題号は『朝日新聞』、『東京朝日新聞』創刊に伴い同二十二年一月改題。以下『大阪朝日新聞』に統一する）の主筆織田純一郎は、東京市麹町《こうじまち》区祝田町《いわいだちょう》（現千代田区皇居外苑）の元老院に、議官尾崎三良《おざきさぶろう》を訪ねた。委員の一人として尾崎が審査中であった郵便法案について、在阪諸紙の意見を陳情するためである。『大阪朝日新聞』は、三里（約一二キロ）以上の新聞雑誌配送に郵便の利用を義務づけようとした同案を「人智発達の阻碍《そがい》」と批判しており（「郵便条例改正の風説（三）」一八八八年五月一日）、尾崎もまた「人民ノ時々刻々文明ノ域ニ趣クノ進路ヲ妨クル」として、同案に反対していた（明治法制経済研究所編『元老院会議筆記』後期第三〇巻、元老院会議筆記刊行会、一九八五年）。

織田と尾崎は、ともに三条家に仕えた官家士族の出身である。両者の対話は晩餐を挟んでなお数刻続き、話題は在京諸紙の紙面批評から『東京朝日新聞』の創刊計画にまで及んだ。『尾崎三良日記』同日条には、織田から聴き取った内容が次のように記されている（伊藤隆・尾崎春盛編『尾崎三良日記』中巻、中央公論社、一九九一年）。

大阪朝日新聞紙ハ先ヅ我邦《わがくに》第一ノ新聞紙ナリ、即其《すなわちその》発行高四万千五百部（一日あたり部数―引用者註）、内大阪府内購読者一万三千部、各地方二万八千部余ナリト云

事実、統計によると明治二十一年（一八八八）当時の『大阪朝日新聞』年間発行部数は一〇九五万二七六〇部。東京で首位の『郵便報知新聞』（六六四万七五五七部）を凌駕《りょうが》し、全国一位であった（『明治廿一年大阪府統計書』大阪府、一八八九年、『明治廿一年東京府統計書』東京府、一八八九年）。また発行部数もさることながら、その約三分の二が大阪府外にて購読されていたというくだりも重要であろう。すでに『大阪朝日新聞』は鉄道や航路を介して各地の専売店を結ぶ独自の配送網を形成しており、その流通圏は西日本を中心に、明治二十年代半ばには遠く朝鮮の日本人居留地にまで及んでいた（「仁川と京城に入込む新聞紙」『朝鮮新報』一八九二年八月十三日）。同紙が新聞の逓送《ていそう》を強制する郵便法案に反対した理由はここにあった。

本講は、このように「我邦第一ノ新聞紙」と評された『大阪朝日新聞』を用いることで、明治中期のアジア認識――とりわけ、のちに「アジア主義」と呼ばれる思考様式の形成過程を、思想の容器たる新聞メディアの特質に留意しながら検討することを課題とする。「アジア主義」ということばには多様な意味内容が含まれるが、さしあたりここでは、西欧国際体系との対峙を視野に、人種や言語などを基軸として何らかの一体性を有する「アジア」を想定し、日本を中心にその結集を促すという考え方の枠組みと定義しておきたい。まずは一般的な理解に従って、当該期における「アジア主義」の発現状況を概観しておこう。

明治十年代前半、とくに壬午事変（一八八二年）・甲申政変（一八八四年）以前は、福沢諭吉の朝鮮開化派支援に象徴

されるように、朝鮮近代化をめぐり日朝間の交流が増加した時期である。また同時期には、琉球処分（同十二年）に基因する日中間の緊張を緩和すべく「アジア」を単位とする地域秩序の可能性が議論されるようになった（三谷博「「アジア」概念の受容と変容」）。その結果、同十三年（一八八〇）に設立されたのが興亜会《こうあかい》である。

しかし壬午事変・甲申政変以降、軍事を中心とする近代化を進捗させた中国の東アジアにおけるヘゲモニーが確立すると（天津条約体制）、アジア主義的言説への注目度は低下していく。福沢諭吉「脱亜論」の発表は明治十八年（一八八五）であり、興亜会の活動もこの時期には停滞したとされる（黒木彬文「興亜会のアジア主義」）。再びそれが活性化するのは、列強による中国分割が進む日清戦争後であり、同三十一年には近衛篤麿《このえあつまろ》（一八六三〜一九〇四）を中心に、「支那保全」を掲げる東亜同文会《とうあどうぶんかい》が結成される。

ただし、明治十年代後半から二十年代にかけての時期に、アジア主義的言説の流通が途絶えたわけではない。明治二十年（一八八七）に板垣退助が「亜細亜各国の交際」促進を揚言して「亜細亜貿易商会」を設立したように（板垣退助監修『自由党史』五車楼、一九一〇年）、それは商工経済の文脈で語られ続けるというのが本講での基本的な見立てである。

近代日本の自己認識と他者像

そもそも「アジア主義」は、戦後社会と「アジア」との向き合い方を鋭敏に反映して論じられてきた。発端は、一九六三年の竹内好「アジア主義の展望」である。竹内は、アジア・太平洋戦争の元凶と目されてきた「アジア主義」に含まれる連帯と侵略の二重の契機をそのものとして捉え直すことを提起し、アジア連帯の歴史的可能性に注目を促した。しかし一九七七年の坂野潤治『明治・思想の実像』以降になると、言説の背後にある対外政策論の〈実態〉を重視する研究が進んだ。そこでは、アジア主義的言説を東アジアの国際関係や軍事バランスに留意しつつ長期的スパンで検討することで、それが〈実態〉を伴わない状況対応的〈表現〉にすぎないことが明らかとなった。
一方で二〇〇〇年前後より、「アジア主義」の機能面に着目する思想史的研究が登場した。すでに坂野潤治は右書で、具体的な政策論がなぜアジア主義的言説という〈表現〉をとるのかという論点を提出していたが、山室信一『思想課題としてのアジア』をはじめとする諸研究は、アジア諸国間における思想連鎖や、「アジア主義」の地域秩序構想、また地域主義としての側面を評価する視点を提起している。

本講では、近代日本における国民国家形成の画期となった明治二十年代のアジア認識やナショナリズムのかたちと形成過程を、明治十年代とのそれとの比較においてプロセスとして理解すべく、新聞史料に現れたアジア主義的言説に注目する。それは、当該期に「国粋《こくすい》主義」というかたちで発現したナショナルな枠組みに依拠する自己像構築の試みが、自己を囲繞《いにょう》する他者――ここでは中国と朝鮮を核とする「アジア」を認識し、自他の関係を定義づけようとする意欲と表裏一体の関係にあったと考えるからである。ここでは、言説を長期にわたり手渡す思想の容器たる新聞を史料として用いることで、そのような意欲を明治十年代との連続性において把握したい。

図　高橋健三（国立国会図書館所蔵）

『大阪朝日新聞』は、明治二十六年（一八九三）に入社した前内閣官報局長高橋健三（一八五五〜九八）のもと、陸羯南《くがかつなん》の新聞『日本』と「東西相呼応」する「日本主義、国粋主義の鼓吹者」（堺利彦『堺利彦伝』改造社、一九二六年）として中心的な役割を担ったメディアであった。アジア市場への窓口であった大阪を中心に広く流通した同紙は、自己認識としての「国粋主義」とアジア認識の関係を考察するうえで格好の史料になると思われる。

　検討にあたり二つの軸を設定する。まず『大阪朝日新聞』のメディアとしての特質の解明である。刊行頻度が高く、雑誌よりも広範囲の読者層を対象とする新聞は、従来もとりわけ雑誌の時代たる明治二十年代以前のアジア認識を系時的に観察する際に活用されてきた。ただし、芝原拓自《しばはらたくじ》らによる画期的な史料集『日本近代思想大系12　対外観』でも、収録されたのは東京の諸新聞であった。一方、たとえば大阪府島下《しましも》郡の場合、明治二十三年（一八九〇）の新聞購読者における『大阪朝日新聞』のシェアは、実に五一・九％を占めていた（猪飼隆明「第一回帝国議会選挙と人民の闘争」）。必ずしも中央に回収されないアジア認識の多様性やナショナリズム形成の契機を視野に入れるためには、同紙をはじめ東京以外の地域で発行された諸紙とその読者にも目を向ける必要がある。

　次に思想主体の性格の解明である。デジタル技術の進展により新聞史料へのアクセスは格段に向上しつつあるが、情報の任意な切り貼りによる歴史叙述に陥る危険性もまた強まっている。そのためにも、高橋健三の思想を対外認識との関連で検証したうえで、『大阪朝日新聞』の論調をアジア主義的言説の系譜に定位するという手順を踏みたい。

　なお、以下で『大阪朝日新聞』からの出典表記は、執筆者（不明な場合を除く）、記事タイトル、掲載年月日（タイトルがないものは掲載年月日、掲載面）のみとする。また上野《うえの》理《り》一《いち》（朝日新聞社社主）作成のリストによると、高橋健三は明治二十六〜三十一年に二〇四タイトルの論説（多くは無署名）を発表している（川那辺《かわなべ》貞太郎《ていたろう》編『自恃《じじ》言行録《げんこうろく》』川那辺貞太郎、一八九九年）。本講では、上野らが高橋筆と証言したものは、史料批判のうえで基本的に高橋執筆論説として扱う。

二　思想の容器としての『大阪朝日新聞』

「小新聞」から「中新聞」へ

『大阪朝日新聞』は、明治十二年（一八七九）一月二十五日に創刊された。同紙の特質を、まずはモノとしてのかたちから確認しよう。創刊号の大きさは縦三二〇ミリ×横二三〇ミリ、全四頁三段組（三二行×二五字）、第一面のみ題字（横組み）含め四段であった。その後の紙面は同十四年十月二日に四段組、十八年一月四日に五段組、十九年十一月十七日には六段組へと拡張されていく。現行の縦組み題字が採用されたのは同十九年一月三日以降である。また頁数は、高橋健三の入社が公表された同二十六年一月三日から基本的に六頁となり、二十九年一月三日には八頁となる。判型そのものも徐々に拡大し、同十七年六月十三日には一般的なダブロイド判（四〇六ミリ×二七三ミリ）よりやや大きな四二五ミリ×三二〇ミリとなり、五段組になると五〇〇ミリ×三六〇ミリ、さらに二十二年八月一日には現在の一般的な新聞の大きさ（ブランケット判＝五四五ミリ×四〇六ミリ）に近い五三〇ミリ×三九五ミリとなった。

右のようなかたちの変遷は、同紙のメディアとしての性格の推移と対応している。創刊に先立ち、出資者村山龍平を名義人として明治十一年（一八七八）十二月二十三日付で大阪府知事渡辺昇へ提出された「新聞紙発行御願」には、「勧善懲悪《かんぜんちょうあく》ノ御趣旨ヲ以テ専ラ俗人婦女子ヲ教化ニ導ク」と記されている（大阪市指定文化財朝日新聞社〈大阪〉収蔵資料）。また論説欄の創設にあたっては、「青年書生生意気社会」のみならず「無智の小民」をも視野に入れた編集方針が掲げられた（山脇巍《やまわきたかし》「新聞紙論説の事を論ず」一八七九年九月十三、十四日）。

このように『大阪朝日新聞』は、知識層を対象とする党派色の強い政論紙――「大新聞」ではなく、娯楽とともに

〈事実〉の報道を重視する「小新聞」として出発し、「絵入であるが是は読者の好く新聞であろふ」「直段《ねだん》も安く記事文も達者である」（高瀬紫峯《たかせしほう》『各社新聞雑誌評判記』高瀬巳之吉、一八八三年）との評価を得ていた。しかし他方で、同紙は明治十五〜二十七年に内閣機密費による支援を受けていたことが明らかにされている（有山輝雄「「中立」新聞の形成」）。「新聞は特《ひと》り政談を載するのみの器にあらざるなり」（「吾朝日新聞の目的」一八八二年七月一日）と非党派性を強調し、道義心養成を掲げた同紙の報道姿勢は、自由民権運動に対抗して中立的言論の育成をめざした政府の新聞操縦政策に沿うものでもあった。

明治十年代後半以降、「大新聞」—「小新聞」と二極化していた新聞メディアは、双方の要素を折衷した「中新聞」化を模索するようになる。『読売新聞』は次のように述べている。

今の世の中ハ古《いにし》への所謂《いわゆる》大新聞が小説を載せ傍訓を施し勉《つとめ》て通俗ならん事を期する世の中なり、今の時勢ハ古への所謂小新聞が政治に注意し時勢に属目し上下の機関たらんことを目的とする世の中なり（「大新聞と小新聞」一八八七年十月十二日）

右で指摘されるように、明治二十三年（一八九〇）の帝国議会開設を控え「上下の機関」たることをめざし、〈客観性〉や〈公平性〉を掲げるようになった「中新聞」は、その過程で、帝国大学や札幌農学校出身の学士をはじめとする学問的専門性を言論の基盤とする知識人の活動領域として開かれていった（有山輝雄『陸羯南』）。学士集団たる政教社の同人を例にとれば、『江湖《こうこ》新聞』（一八九〇年二月創刊）に三宅雪嶺《みやけせつれい》、『国会』（同年十一月創刊）には志賀重昂《しがしげたか》がそれぞれ関与している。また同二十五年には、「夙《つと》に教育社会に博学卓見の名ある」杉浦重剛《すぎうらじゅうごう》が『東京朝日新聞』の客員（論説担当）として入社している（「社告」『東京朝日新聞』一八九二年五月三日）。

明治十八年（一八八五）に五段組を採用し、「記事の精細と探訪の迅速と事実の正確」（「看官諸君に白す」一八八五年一月四日）を標榜した『大阪朝日新聞』の場合、同年末に「倫敦《ロンドン》テンプルバーに於て法律博士シヤウード氏に従ふて学びバリスターアトロー試験に及第」した織田純一郎を主筆として招聘し、同十九年には「新聞従来の紙体を変更するの時機に会しては常に論説を掲げ以て輿論《よろん》を代表する」として、論説欄の常置化に踏みきった（「社告」一八八五年十二月十日、「紙面改良の社告」一八八六年一月三日）。同紙の「中新聞」化は、おおむねこの時期を画期とみなしうる。

明治三年（一八七〇）に曽我野藩（現千葉市）より貢進生として推挙され、大学南校、次いで東京大学法学部に学び、「識力を以て書生に冠たり」（「一書生あり」『国会』一八九二年十一月十九日）と評された高橋健三の朝日新聞社入社（明治二十六年）も、近代的高等教育を受けた知識人の「中新聞」関与の一環に位置づくだろう。また同二十七年五月二十五日付の書簡によると、高橋は秘密裏に進められていた陸奥条約改正交渉の進捗状況を上野理一に報じている（前掲朝日新聞社〈大阪〉収蔵資料）。元官僚の高橋には官界の人脈による情報入手も期待されていたとみてよい。

ただし、高橋健三と同紙の関係は明治二十六年（一八九三）に突如として始まったのではない。高橋は同十二年に官界に入り、法制官僚、次いで太政官文書局・内閣官報局に勤務する情報官僚としてのキャリアを歩んだ。太政官文書局は政府資金を介した新聞操縦の担当部局であり、内閣官報局への組織改編後の同十九年にあっても朝日新聞社との交渉を担当していたという（有山前掲論文）。高橋は、朝日新聞社への政府資金援助を認知していた可能性が高い。

高橋は明治二十三年（一八九〇）に『官報』用の高速印刷機購入のためフランスへ出張するが、朝日新聞社は社員を同行させ同型機の取得を果たしている（『朝日新聞社史　明治編』）。また高橋らを中心に同二十二年に創刊された美術雑誌『国華《こっか》』の編集には同社の松本幹一《まつもともとかず》が関与し、さらに同二十五年には村山龍平が同誌へ二五〇〇円を出資している（角田拓朗「『国華』草創期の実体」）。同年十一月十七日に内閣官報局長を辞した高橋が、活動の場を『大阪朝日新聞』に求めた背景には、以上のように官僚時代から続く同紙との密接な関係も介在していたと考えられる。

アジアへのまなざし

中国、朝鮮と日本との通商関係は、明治十年代から二十年代半ばにかけて活性化した。世界的な銀貨低落により、銀貨圏のアジア諸国では金貨圏の欧米諸国からの輸入圧力が緩和されて国内市場が拡大し、中国高―日本安の物価体系のもと日本から中国への輸出が促進されたのである（籠谷直人『アジア国際通商秩序と近代日本』）。朝鮮への輸出額（中継貿易を除く）も、明治十六年（一八八三）に日清戦前のピークを記録する（『日本帝国統計年鑑』各年度）。アジア市場への主たる窓口は大阪港と神戸港であり、同二十六年時点で両港を合わせたアジア地域（中国・香港・朝鮮）との貿易額は、輸出入ともに開港地のアジア貿易総額の約六三％を占めていた。また同年の両港のアジア地域への依存率は、輸出で一〇〇％（大阪）と五一・七％（神戸）、輸入で八五％（大阪）と二七・九％（神戸）と、高い数値を示している（『明治二十六年大日本外国貿易年表』大蔵省、一八九四年）。

確かに、当該期の東アジア域内貿易を主導したのは上海《シャンハイ》を介した華僑《かきょう》商人の交易ネットワークであり、日本商による直輸出入は低調であった（籠谷前掲書、古田和子『上海ネットワークと近代東アジア』）。しかし一方で神戸居留地の華僑商人と取引を行う問屋（売込商）についてみれば、「神戸港外国貿易全体ノ七八分ハ当大阪商人ノ手ニアリ」（『外国貿易調　明治二十六年』大阪府内務部第五課、一八九五年）と称されたように大阪資本の割合は高く、また朝鮮貿易は明治二十六年（一八九三）当時、輸出入ともに大阪港が全国貿易高の六割前後を扱っていた（前掲『明治二十六年大日本外国貿易年表』）。「朝鮮貿易の商権ハ大阪の専有する所なり」（「朝鮮に於る日本の商売」一八八八年一月二十二日）との評価は、決して過言ではない。

この時期、たとえば清仏戦争や甲申政変について、ある投書家が「我が海外貿易の部分中兼て一大顧主」たる中国との「通商貿易に関係する」と新聞報道への注意を促しているように（食山人「明治十八年の商況は仍《すなわち》不景気を免れぬのみならず困難一層を加へたる乎」一八八五年二月二十五日）、新聞はアジア情報を媒介する主要なメディアであった。とりわけ当該期の日本商は海外市場の調査能力が弱かったため、商況情報は大きな価値を有していた。事実、大阪商法会議所の後援を受けて明治十三年（一八八〇）六月に発足した大阪興亜第二分会（興亜会大阪支部）の主事業は、「興亜ノ目的ヲ達スベキ一大方便」としての中国・朝鮮貿易の支援であり、なかでも「新聞紙或ハ報告書」を通じた現地の「政略ノ形勢及ヒ商業ノ事情」に関する情報提供が重視されていた（『大阪興亜第二分会規則』大阪経済大学所蔵「杉田定一関係文書」）。

アジア情報の結節点

新聞メディアを書籍の延長にある文筆の器とみなした東京の場合と比べ、それを商況をはじめとする情報の媒体として評価する傾向が強かった大阪では、アジア情報を含む〈事実〉の迅速で〈正確〉な報道が重視されたと指摘される（土屋礼子『大衆紙の源流』）。『大阪朝日新聞』の「中新聞」化は、一面ではアジア情報への需要に対応した結果でもあり、同紙は中国、朝鮮在住の日本人や外務省、農商務省、府県勧業課、商業会議所など多様な主体が調査、発信した情報が集約される結節点であった。

情報源についてみると、清仏戦争に際しては長野一枝や早見純一が上海へ、甲申政変では松本幹一が漢城《ハンソン》へ、それぞれ特派されている。しかし特派員以上に注目すべきは、現地情報を継続的に発信した契約通信員の存在である。明治十八（一八八五）～二十年時点の中国では呉碩《ごせき》（北京《ペキン》）、原口新吾・世古《せこ》朴介《ほおすけ》（上海）、また朝鮮では同十四～二十一年の半井桃水《なからいとうすい》（釜山《プサン》）、十八～二十年の栗林次彦《くりばやしつぎひこ》（漢城）、同二十六～二十八年の青山好恵（仁川《インチョン》・漢城）らが知られている（『朝日新聞社史　明治編』、中川未来「『朝鮮新報』主筆青山好恵の東学農民戦争報道」）。彼ら通信員は現地の商況にとどまらず、朝鮮市場での日本品の不振は「第一に物質の粗悪、第二は物形の不恰好」に基因し、具体的には「鉄器ならば鍋類の鋳瑾《ちゆうきん》又は底瑾」が不評だなどと（前掲「朝鮮に於る日本の商売」）、詳細な市場調査報告を定期的に発信していた。

また在外公館が報告した経済情報（領事報告）は、『通商彙編』（一八八一年創刊）など外務省の媒体や『官報』（一八八三年創刊）を通じて商工業者へ提供されたとされる（高嶋雅明「領事報告制度の発展と「領事報告」の刊行」）。しかし、たとえば『大阪朝日新聞』の記事「在朝鮮京城の日本商民状況」（一八八五年七月一日）は六月四日付在漢城領事館報告に基づくが、同報告掲載の『明治十八年上半季　通商彙編』は七月十九日発行である（『復刻版　通商彙纂』第五巻、不二出版、一九八八年）。朝日新聞社は領事報告を直接入手し、速報していた可能性がある。

さらに、明治二十年代の朝日新聞社の会計簿や明治二十五年（一八九二）十二月三十日付の松本幹一書簡によると、朝日新聞社は横浜の『ジャパン・ヘラルド』(Japan Herald) や『ジャパン・メイル』(Japan Daily Mail)、神戸の『ヒョーゴ・ニュース』(Hiogo News)、また上海の『ノースチャイナ・デーリーニュース』(North China Daily News) や香港の『ホンコン・デーリープレス』(Hongkong Daily Press) を定期購入しており（前掲朝日新聞社〈大阪〉収蔵資料、角田拓朗編『『国華』創刊に関する研究』）、紙面からは『朝鮮新報』（仁川）、『東亜貿易新聞』（釜山）といった朝鮮の日本人居留地発行の日本語紙も参照していたことがうかがえる。

対中宥和的なアジア認識

このように、アジア貿易に資する情報提供を重視していた『大阪朝日新聞』は、壬午事変・甲申政変期から日清開戦前にかけての時期に、いかなるアジア認識をもっていたのだろうか。第一に指摘できるのは、当該期に形成された東アジアにおける中国の政治的経済的主導権を容認し、そのうえで中国・朝鮮市場への進出努力を重ねるという現実的な志向であり、第二に、それとは一見矛盾するようであるが、日本が中国や朝鮮の「開化」を主導して西洋との対峙をめざすというアジア主義的意識である。

第一の認識からみてみよう。明治十五年（一八八二）七月の壬午事変は、大阪商法会議所をはじめ大阪経済界が後援した大阪協同商会（社長高須謙三・大阪興亜第二分会同盟員）が、朝鮮開化派官僚との関係構築を通じて朝鮮貿易の拡充を企図していた最中に発生した（中川「一八八〇年代興亜論の経済構想と朝鮮」）。同年九月には、中国・朝鮮間の宗属関係を明記した商民水陸貿易章程が締結され、漢城に中国商の店舗開設が認められるなど朝鮮に対する中国の影響力が強化される。『大阪朝日新聞』でも、「支那商人大分京城へ入こみ、加之ならず毎月三度宛《ずつ》定期郵便を開き朝鮮へは第一の輸入品といふ金巾《かなきん》も上海より廉《やす》い船賃を以て如山如海輸入する事なれば、日本商人の利益覚束《おぼつか》なし」（一八八三年三月八日第二面雑報欄）などと、朝鮮市場での日本商の劣勢が頻々と報道されるようになった。

東アジアにおける中国の政治的経済的主導権は、明治十七年（一八八四）十二月の甲申政変により惹起《じゃっき》された日中対立を処理すべく、翌十八年四月に締結された天津条約で確立する。以後の『大阪朝日新聞』では、中国のヘゲモニーに対する批判よりも、むしろ「我国の商人は宜く支那に航し此に商館を開き以て大に貿易の道を開くべきなり」（「我国の花主は其支那乎」一八八五年十二月十三日）と、対中貿易促進論が主流となる。

同時期には李鴻章《りこうしょう》や張之洞《ちょうしどう》らによる洋務運動の成果が評価され、中国は「廿世紀の勢力者」「世界中の富強国」になると目されていた（秋山鑑三「清国将に開明の途に昇らんとす」一八八五年十二月十二日）。このような現実をふまえ、中国との安定的な関係構築が希求されたのである。朝鮮に対しても、通信員栗林次彦は中国の監督強化や中国商の優勢という事実を認めたうえで、「異習殊俗の外国」に「我国産の販路」を開くためには「先づ其外国の習慣風俗を審《つまびらか》にし、其嗜好を択《えら》ばざるべからざるや勿論にして」と、市場調査能力の涵養《かんよう》へ向けた努力を訴えている（「朝鮮に於る日本の商売」一八八五年一月二十九日)。

確かに壬午事変や甲申政変に際しては一時的に論調が硬化することもあり、特に明治十九年(一八八六)八月に発生した北洋水師《ほくようすいし》の水兵と日本側警察官・住民との衝突(長崎事件)に対しては、政府の中国政策は「常に平和親密にして毫《ごう》も争を開くの傾向あるなく殊によれば対等の地位に立ず却て一歩を譲るが如き有様あるは世人の常に疑ふ所」(「長崎事件ハ如何」一八八六年十二月十九日)と不満が表明された。しかし同時に、長崎事件の背景に日中双方の軽侮心を観察した通信員世古朴介は、「双方互に早く此等猜疑《さいぎ》を去るは両国交際の利益なるべし」と述べ、世論の沈静化を求めている(「上海通信」一八八六年八月三十一日)。

このように、当該期『大阪朝日新聞』のアジア論は、中国、朝鮮と日本との通商関係の深化をふまえ、東アジア三ヵ国は好むと好まざるとに関わらず経済的な相互依存関係にあるという現実的な認識を基調としていた。その背景には、貿易実務者を養成した東京外国語学校清語科の卒業生たちが説くように、現実から遊離した「同文同種唇歯輔車《しんしほしゃ》」といった口当たりの良い「空言」の呼号ではなく、通商実践を通じた彼我のコミュニケーション確立こそが安定的な地域秩序を形成し、ひいては自国の利益につながるとの理解があったといえる(「漢語会紀事発行ニ付テ」『漢語会紀事』一、一八八九年)。また当該期にあって日本人売込商は華僑商人に依存しており、むしろ「商勢挽回」を図って中国に対抗的なナショナリズムを喚起したのは小生産者層であったと指摘される(籠谷前掲書)。対中宥和的なアジア論は、大阪経済界主流の意識を反映したものとも捉えられよう。

「方便」としての「興亜」

しかし一方で、『大阪朝日新聞』において「興亜」が根強く論じられていたのも確かである。たとえば世古朴介は、「抑《そもそも》吾輩は亜細亜の衰頽《すいたい》不振を慨歎し、恒に其振興を冀《ねが》ひて已《や》まざる者、即ち興亜主義を執る者なり」と宣言し、日本を主、中国を従とする「亜細亜諸国連合」を唱えていた（「上海通信（承前）」一八八七年十月二十日）。長崎事件では日中間の猜疑払拭を訴えた世古が、なぜ「興亜」を揚言するのだろうか。

同紙の「興亜」言説を振りかえると、まず明治十三年（一八八〇）八月十七日の論説「亜細亜今日之大勢」が注目される。そこでは、「亜細亜ノ土壌ニシテ亜細亜独立政府ガ管領シ毫《ごう》モ欧洲人ノ干渉ヲ受ケザルモノハ僅《わずか》ニ日本支那朝鮮等ノ数国ヲ見ルノミ」との危機感から、中国、朝鮮、日本が「聯合一致《れんごういっち》」して「欧羅巴《ヨーロッパ》ノ蚕食《さんしょく》」を防遏《ぼうあつ》するとの構想が示されている。そのために重視されたのは、「亜細亜」最大の領域を占める「支那ノ強弱如何」である。同年に設立された大阪興亜第二分会（朝日新聞社の社主村山龍平も参加）が、貿易を「興亜ノ目的ヲ達スベキ一大方便」とみなしていたことはすでに確認した。開化を果たした日本との通商が中国や朝鮮の文明化をもたらし、ひいては「興亜」を導くとの論理である。

他方で、同会同盟員で朝鮮貿易に従事していた高須謙三は、明治十三年（一八八〇）七月十三日付の「拝借金御願演説」で次のように述べている（「太政類典」第四編第十一巻）。

夫《そ》レ公然外交ノ権義ヲ以テ未開頑固ノ国ヲ御開導為在ラレ候ハ則チ我政府ノ御所置ニ有之候得共、私ニ彼ノ官府ニ出入シ彼ノ人民ニ交接シ、之ヲ開明ニ誘掖《ゆうえき》シ日ニ其嗜好ヲ増シ随《したがい》テ我国益ヲ謀ルハ、即チ商賈《しょうこ》ノ義務ト相考日夜尽力仕候

ここでは、「未開」たる朝鮮を「開明ニ誘掖」することが、何よりも経済的国益に直結すると捉えられている。通商貿易が「興亜」の「方便」なのではなく、むしろ「興亜」言説こそが中国、朝鮮との貿易振興を訴える際の「方便」として用いられているのである。

それでは、壬午事変・甲申政変を経て東アジアにおける中国の主導権が確立した時期はどうであろうか。勝山孝三

『貿易起業　日清関係』（富源社、一八八九年）を参照してみよう。勝山は大阪府石川郡大伴村（現富田林市）出身の元民権運動家で、同十八〜二十二年に市場調査目的で中国を二度訪問している（服部敬「知られざる民権家　勝山孝三」）。勝山もまた、「苟《いやしく》も日本人たる者は深く東洋の大勢に注目し国民挙て興亜の策を講ぜざる可らず」と「興亜主義」を唱えた人物であるが、彼の中国観は意外にも現実的なものであった。

支那ハ隣家なれば喧嘩の声も聞かす成べく、無心がましき注文も申し来る成べく、又は我品を買ひもすべし又売りもすべし、隣り同士の子供の言草も出来る成べし、又伝染病も来る成べし、兎《と》に角《かく》厄介ともなり又た助けともなる隣り国なり

中国と日本は否応なく「幸も得べく不幸をも被るべき位地」にあるため、通商の緊密化を通じた両国関係の安定化が必要となる。しかし同時に勝山は、日中貿易の主導権が「十中の九まで」有能な華僑商人の手に握られているため、このままでは「日本国民は到底支那人に使雇せらるる職人」「日本国ハ畢竟《ひつきよう》支那人の職工場」になるとの焦慮も抱いていた。

勝山は、直輸出の推進という願望と貿易の実態との間に存在する矛盾を、「実に恐るべきは支那人なり、愛すべき我得意国も支那なり」と表現している。彼の「興亜主義」は、このような矛盾を解消すべく提唱されたのであり、具体的には「支那商人の来往するを減ぜしめ、我商人の渡清の多きを計る」ために中国への関心を喚起せよという主張であった。世古朴介が「亜細亜連合上の要具」とした方策も、中国での漢字新聞発行を通じた日中間のコミュニケーション促進であり、それは「日清の貿易をして盛大ならしむるの機関」と位置づけられていた（前掲「上海通信（承前）」）。

すなわち、明治二十年前後の「興亜」言説も通商貿易の振興を論じる際の「方便」として機能していたのである。

ただし明治十年代前半とは異なり、天津条約体制下の東アジアにあって日本は劣位に置かれていた。当該期の「興亜」言説は、中国優位の〈現実のアジア〉に、日本にとり好ましい〈あるべきアジア〉像を対置することで主体性の回復を訴えるというナショナリズムの言説でもあったといえる。そして「アジア」を語る際のこのような構図は、高橋健三主宰期の『大阪朝日新聞』にも引き継がれることになる。

三　「東亜同盟」論と日清戦争

道徳的規準としての「国粋」

内閣官報局長を依頼退職した高橋健三は、明治二十五年（一八九二）十二月二十一日に東京を発った。『大阪朝日新聞』への論説掲載は翌二十六年一月五日以降である。同紙の論説は基本的に無署名のため、織田純一郎が編集陣を離れた同二十二年一月以降の執筆者は不明な点が多いが、少なくとも二十六年から二十九年初頭にかけては高橋がエディターシップを掌握していた。高橋主宰期の同紙は、政府による新聞操縦の手から脱し、現行条約励行論を主導するなど対外硬《たいがいこう》陣営の有力な一員として第二次伊藤博文内閣と対峙する姿勢を鮮明にする。そのため、同時期の『大阪朝日新聞』のアジア論を読み解くにあたっては、同紙の論調に強い影響力をもった高橋健三の思想的背骨たる「国粋主義」と対外認識とを概観しておく必要がある。

「欧化したる漢学者」（前掲『自恃言行録』）と評された高橋は、欲望の主体である人間が社会において取り結ぶ関係を「社交」（civil relation）と表現している（「ド、ラヴレェ氏民政論」『法学新報』一九・二〇、一八九二年、「俗論名目説（五）実利主義」一八九三年五月十日）。「社交」ということばは、単に社会における独立した個人間の交際を指すのではなく、「倫常交際」や「父子夫婦兄弟師弟朋友の関係」など「五倫の観念」により律せられる情誼的関係を含意している（「誰か社会に無礼を誨ふるものぞ」一八九三年五月二十日）。

高橋にとっての社会とは、情誼的「社交」関係を相互に取り結んだ個人により組織された秩序を内包する結合体であり、国家よりも基底的な存在と目されていた（「明治廿六年後の日本」一八九三年一月五日）。書生として高橋の執筆を補佐した内藤虎次郎《ないとうとらじろう》（湖南《こなん》、一八六六～一九三四）は、明治二十六年（一八九三）一月一日付書簡で、高橋の思想を「至極の理想は人道《ヒユマニチー》の維持に在り」と評価している（関西大学図書館所蔵「内藤文庫」）。ここで「人道」とは、情誼的秩序としての社会を律する規範を意味している。このような社会観に基づいて高橋は、維新変革を「社交の革命」として捉え、西洋文明の「長と短とを併せて一切取用」したため「美俗良習」が損なわれたことを問題視していた（前掲「明治廿六年後の日本」）。高橋が唱えた「国粋主義」とは、「人道」の「根柢を一定」するための道徳的規準であった。

そこで必要なのは、「欧土文明」の選択的摂取である。日本の「固有の文明」には欧米にはない要素があり、また逆に欧米「固有の文明」にも日本にはない要素がある。よって、文化輸入に際して適切に取捨選択を施せば、日本「固有の文明」は「完美」となる（「立国論の時期」一八九三年五月二十七日）。問題は取捨選択の規準であり、「固有の文明」としての「国粋」の内容である。高橋は「国粋」の内容を、「醇美精粋《じゅんびせいすい》の発達」を遂《と》げた「社交」「倫理内質無形の文明」、すなわち倫理道徳と定義する。逆に西洋文明は、「有形器用の利便」に長じた「物理的の文明」であり、「形而下《けいじか》偏重の発達を致せる彼れ西方の文明は形而上《けいじじょう》の文明を蚕食して、人道の本領を奪ひ、益《ますます》其荼毒《とどく》を人間に溢流《いつりゅう》せんとするもの」と評価されていた（「国語に由て文明の性質を知れ」一八九四年二月十一日、十四日）。

しかし、「有形の争競激烈迅急」な国際社会において「優勝劣敗生物存滅の原則」は情け容赦なく進行しており、「無形の進歩、礼儀の整備を以て衡を争ひ勢を制する」ことはできない。そのため高橋は、「国粋主義は以て心とし精神とし、物理的進歩は以て手段とし方法とし、内外兼ね済し形質共に長じ、以て列国の間に翹然《ぎょうぜん》として面目を起す」（前掲「立国論の時期」）と述べている。西洋近代の摂取を列強との対峙に必要な技術的「手段」の次元にとどめ、固有の倫理道徳＝「国粋」を「心」「精神」として保持することが提唱されるのである。

国際法と地域秩序

このように倫理道徳に基づく社会秩序を重視する高橋にとって、中国はその源流として「世界最第一《ママ》の旧邦、建国以来数千年、其の文化に於て久しく世界の先進たり」「礼儀文物の故国」「我邦文明の源は韓漢に出づ」などと積極的に評価される存在であった（「尊外卑内考（上）」「朝鮮事件より大なる者あり」一八九四年一月二十四日、七月二十五日）。従来の『大阪朝日新聞』は、主として軍事や経済的側面から中国を評価していたが、高橋主宰期にはその文化的側面も評価の視野に入ってきたことに留意しておきたい。

高橋の秩序意識は、国際秩序観にも大きく反映していた。西欧国際体系に対峙する自立的な東アジア地域秩序の形成が模索されるのである。前提として、西欧国際体系の規範である国際法に対する見解を、論説「内地雑居論　実権論　上」（一八九三年十一月八日）から検討しよう。そこでは理念型としての国際法秩序が、儒教的「天」概念や「人道」「至公至平《しこうしへい》の理」を規範に、国の大小強弱に関わらず国家間の平等を保証するものと捉えられている。だが「国際の事実」を反映する成文条約は、「与国相互の強弱如何」により左右される場合が多い。そのため高橋は、「公法の標準」として不文法（国際慣例）の存在に目を向ける。ただし、不文法にも関係国間の国力差が反映する側面がある。不文法の「理」と国力という「事実」の関係を、どのように調整すればよいのか。この点について高橋は次のように述べている。

標準の事実と相合せざるは勢の理に勝つ所以《ゆえん》なり、而《しか》して其相去ること遠きと否らざるとは、顧ふに国力の強弱如何に在るのみ、然《しか》りと雖《いえど》も国家の大義昭乎《しょうこ》として掩《おお》ふ可らざる日月の如し、主権の国交に於ける所以、之を大義に問ふに、事実の標準と固《もと》より相印合《いんごう》せざる可らず、仮令《たとい》事実の標準と全然印合せしむる能はざるも、実に人道の条理に拠りて事実の不公不平を矯正せんことを要す、是れ万国公法の大旨にして、又万国公法の世になかる可らざる所以也

すなわち高橋は、「人道の条理」により律された国際関係を理想としており、国力の強弱により国際法の適用に不平等が生じている現状を認めつつも、そのような不平等に対しては常に「人道の条理」による矯正を試みるべきと考えていたのである。

そもそも国際法をめぐる議論は、直接には内地雑居を領事裁判権の回収のための担保（国際法上の義務）とする第二次伊藤内閣・自由党による条約改正論を批判する文脈で登場した。高橋は明治二十六年（一八九三）四月から、「国際対等の位地を回復して国権を全からしむる」べく現行条約励行論を唱えていた（「条約改正より急なるものあり」一八九三年四月五日）。これは居留地とその周辺にとどめられていた外国人の居住制限が有名無実化していた点を衝き、現行条約の厳格な励行を訴えることで第二次伊藤内閣を攻撃するという戦術である。内地雑居は不可避と判断していた高橋であるが（「大日本協会の創立」一八九三年十月四日）、内地雑居を義務視する条約改正論への批判は、勝山孝三のように中国人の流入を脅威と感じていた実業家層に対して訴求力をもったであろうことは確かである。

他方で高橋の国際法への注目は、対伊藤内閣の戦術にとどまらない意味をもっていた。すでに高橋は「東邦」固有の慣例を参酌し「耶蘇教《やそきよう》国の公法」たる国際法を「正義に準拠」したものへ改良するため、東邦協会（一八九一年創立）内で万国公法研究会を開催していたが（「会報」『東邦協会報告』六、一八九一年）、同時期の陸羯南もまた、「国際法なるものは実に欧洲諸国の家法」と認識し、国際法を「正理公道」に基づいた「世界の公法」へと進化させる「国際

革命」を唱えていた（「国際論（十七）国際法」『日本』一八九三年四月十九日）。

重要なのは、このような国際法改良論が高橋の周辺で新たな地域秩序の可能性をさぐるという文脈で論じられていたことである。高橋とともに東邦協会の議論を主導し「東方策士」と呼ばれた政論家稲垣満次郎《いながきまんじろう》（一八六一～一九〇八）は、「西洋人の立て置ける公法の不可なる所不足なる所を、吾人日本人自から之を作るの決心なかる可からさるなり」と論じるとともに、モンロー主義を参照枠として、イギリス勢力を太平洋地域から排除するという地域秩序を構想していたのである（『東方策結論草案　上』哲学書院、一八九二年、「南洋の実勢」『東邦協会報告』二四、一八九一年）。

「東亜同盟」論の登場

明治二十二年（一八八九）に朝鮮咸鏡道《ハムギョンド》の地方官が発した穀類搬出規制（防穀令）は、日本側の損害賠償請求により外交問題化した。朝鮮公使大石正巳《おおいしまさみ》の介入により係争は激化するが、同二十六年五月には袁世凱《えんせいがい》の仲裁により朝鮮の賠償が確定する。しかし同事件は、中国のヘゲモニーを黙認することで維持されてきた東アジア秩序に対する批判が表面化する契機となった。天津条約体制の動揺を望まない政府系『東京日日新聞』は大石の「強硬主義」を批判したが（「朝鮮防穀事件」一八九三年五月十七日）、たとえば陸羯南の『日本』は、天津条約体制を追認していたそれまでの論調を改め、「清国の干渉を拘束して朝鮮を独立国と為す」と、日本単独による朝鮮関与を主張するようになった（「対韓策如何」「対客問」一八九三年五月二十一日、六月二十日）。

高橋健三の「東亜同盟」論は、この時期に発表された。論説「己を大にし天下を小にせよ」（五月十九日）と「東亜同盟の準備」（六月十六日）を検討しよう。ここで高橋は、欧米列強と対峙するために「東亜諸国」は相互に扶助し独立を保つ必要があると述べ、大石公使には朝鮮の「為に慮りて其啓達を図るの意」が認められないと批判する。「東亜諸国」とは、「文字相通じ、史蹟相関し、人種相類し、其欧米に対する形勢の利害、亦輔車脣歯《ほしゃしんし》、脈絡の絶つべからざる」関係にある中国、朝鮮、日本を指す。高橋は次のようにいう。

列国の間に立て、其屈辱を受けざるは、内治の整理、固より忽亡《そうぼう》すべからずと雖も、其勢力の四境の外に発するに非ざるよりは、国家一日も安泰なるべからざるなり、東亜諸国、各相保助して、皆其独立の実を挙げ、強隣相援て、欧米列国に対せば、東方の列国、実に四境の藩屏《はんぺい》なり

欧米列強に対峙する「東亜同盟」を組織するために、「朝鮮の若き、之を啓導し、之を提撕《ていせい》して、務めて其れをして速かに独立の実を挙げしめんこと」が求められるのである。ここで「東亜同盟」という表現が含意する外交政策論は、朝鮮を「支那と相声援」して「啓導」するとあるように、日中協調を前提とする朝鮮共同改革論である。それは、日中間の不要な摩擦を避けつつも、東アジアにおける日中対等と朝鮮への関与拡大という〈あるべきアジア〉像を語ることで、天津条約体制下の〈現実のアジア〉を批判するという点で、明治二十年前後に現れた「興亜」言説と同様の構造をもっていた。

ただし、同時期の『大阪朝日新聞』のアジア主義的言説には、従来とは異なる点がある。「商業貿易の利は言を須《ま》たざるのみ、更に大なる者あり、東亜の勢力を恢張《かくちょう》して欧米列国の覬覦《きゆ》を絶たんと欲せば隣保の強盛を致し相声援幇《ほう》助《じょ》するより善きはなし」(「対韓の善後策」一八九三年五月二十一日)などと、経済上のメリットよりも、欧米との対抗意識に訴える傾向が観察されるのである。また右論説は、「彼邦有為の少年をして近世の学術を学ばしめ、今代の実情に通ぜしむる」と朝鮮における「勢力」育成を主張するが、東邦協会は朴泳孝《ぼくえいこう》《パクヨンヒョ》による朝鮮人教育機関(親隣義塾)設立計画を支援していた(朝井佐智子「東邦協会の親隣義塾支援に関する一考察」)。壬午事変以前の福沢諭吉は、政治的経済的な打算による国益意識とともに、朝鮮への心情的共感に基づきその「独立」を支援したと指摘される(月脚達彦『福沢諭吉と朝鮮問題』『福沢諭吉の朝鮮』)。明治二十六年(一八九三)段階のアジア主義的言説が、かつての福沢と類似

した意識を懐胎しつつあった点を確認しておきたい。

日清戦争の評価と戦後秩序論

『大阪朝日新聞』が日清戦争を支持する際に掲げたのも、「東亜同盟」論であった。開戦の約一ヵ月前に高橋が執筆した「朝鮮問題と条約改正及清国との関係」(一八九四年七月十二日)は、防穀令事件の際と同じく「日本帝国が東洋の大局に於ける任務」を「後進諸邦を提撕誘掖《ていせいゆうえき》し、若くは支那の文明を扶植して、之を日新の域に躋《のぼ》せ、合縦《がつしょう》の大勢を造りて、衝を西方に抗するの大経綸《だいけいりん》を行ふ」と論じている。そのため高橋は、日清戦争を正当化するあたって陸羯南や徳富蘇《とくとみそ》峰《ほう》、内村鑑三らが用いたことで広く人口に膾炙《かいしゃ》した「文明と野蛮の戦争」というスローガンを批判している(「王者の兵は文明の戦」一八九四年八月十四日)。〈日本=文明、中国=野蛮〉と割りつけるならば、中国と日本がなぜ連携しなくてはならないのか説明できないからである。

代わって高橋が採用したのは、歴史上中国の「文明に負ふ所多き」日本が「夷狄《いてき》の支那」を打倒し、「文化の支那」を回復することで「東洋の文運」を進め、世界の「人道」に寄与するという論理であった(「対清事件に処するの道」一八九四年十月十一日)。高橋が倫理道徳の「故国」として中国を評価していたことはすでに指摘したが、日清戦争論においても、中国は「文明の啓発極めて旧」い「東洋の先進国」と位置づけられ、そのような中国を元来「夷狄」である清朝が征服した結果、中国社会が有していた「固有の倫理」「固有の文明」が破壊されたとして、日本による「文化の支那」の回復が主張されるのである(前掲「王者の兵は文明の戦」、「劉銘伝と劉永福」一八九四年十月六日)。

ここからは日清戦争期の『大阪朝日新聞』でも、国家と社会を峻別し「固有の倫理」を紐帯《ちゅうたい》とする情誼的秩序としての社会に国家より基底的な価値を認めるという高橋の視点が反映していることが理解される。日清戦争は中国社会の救済策と位置づけられたのである。

高橋は、天津条約体制に代わる東アジア秩序を次のように構想していた。清朝が崩壊して「漢人の故業」が恢復すれば、中国を「三分、若くは四分」して中国連盟を結成し中国全体の政治経済的「進運」を図ったうえで、日本は「諸連盟国」を嚮導《きょうどう》し「西欧に抗衡」する（「朝鮮事件より大なる者あり」一八九四年七月二十五日）。明治二十七年（一八九四）八月二十四日に陸羯南へ宛てた書簡でも、次のように述べられている（前掲『自恃言行録』）。

小生従来の希望は対韓事件を以て対清事件の階梯《かいてい》とし、対清事件を以て英人逐斥《ちくせき》（東邦より）の階梯とするにありて、即究竟《すなわちきゅうきょう》の目的は攘夷にあり、攘夷とは日本国士丈《だけ》の攘夷にあらす、東洋大陸よりの攘夷に候、左れは目指す敵は其実西夷に外ならす（中略）英国が東洋に施すの策はいつも陰険に出て、恰《あたか》ももぐり代言の状態に類するは、是迄の歴史に詮跡を存し候（中略）世界人道の敵として将来征服すべきもの此を措《お》き外にあるましく、支那の如き唯頑冥《ただがんめい》の夢醒《さめ》ざるのみ、一朝醒覚せは我の好味方たるべく、又東洋攘夷の一方面を引受しむるにも足るものと存候

日清戦争は「東洋」から「世界人道の敵」たるイギリス勢力を排除する好機会であり、中国も「頑冥の夢」から「醒覚」すれば「東洋攘夷」の「好味方」となる。明治二十六年（一八九三）時点では日中による朝鮮共同改革を含意していた「東亜同盟」論は、「東洋大陸よりの攘夷」を射程に収めるまでとなったのである。さらに同二十八年一月に入り戦勝が明らかとなると、次のように「亜細亜」の指導者「日本」という言説までも登場する。アジア地域は日本が「技《わざ》を演ずべきの勾欄《こうらん》」である。しかし西洋列強は「其の私《わたくし》を済さんが為め」に、「亜細亜諸邦」において「外交に、軍事に、商業に、有る所手段は尽く正義と人道とを蹂践《じゅうせん》して、東方人民を侵凌厲虐《しんりょうれいぎゃく》」してきた。「嗚呼《ああ》亜細亜の汚辱は、即ち日本の汚辱なり」（「何を以て新勾欄に立たんか」一八九五年一月六日）。

このような激語は、おそらく戦勝の興奮によるものではない。日清開戦後の高橋は、「国を東洋に建て、西欧と慣

例相関からざる者」は国際法の拘束を受ける必要はないと、「人道の条理」による国際法の矯正を強調していた。「人道の条理」とは、「弱を扶《たす》けて強を挫《くじ》ぐ」という「俠義の気象」である（「開戦宣布の弁」「義兵論附韓廷撤兵の要求」一八九四年七月二十一日、二十六日）。このような主張を、朝鮮改革や日清開戦の正当化という直接的な目的から切り離し、国際秩序観との関連でみるならば、次の一節が注目される。

国交の道、私利相傾くるに在らず、自ら正義明徳の相保ち相援けざるべからざる者あることを明にし、欧土諸国の迷想を一洗すべし。豈に世界の史乗に於て破天荒の挙とせざらんや（前掲「義兵論附韓廷撤兵の要求」）

国家間の交際には「私利」ではなく「正義明徳」に基づく相互扶助もありうる。日本は朝鮮支援を通じてそのような交際モデルを西洋に提示すべきである。ここで高橋は、朝鮮「独立」を扶助するという日本の行動を、「人道の大義」に基づいて、西欧国際体系の本質とみなされた弱肉強食のパワーポリティクスを矯正する理想的な「国交」の実践例として称揚している。国際関係においても、「人道」は「私利」と対置される「俠」や「仁義の道」など情誼的秩序を律する規範とされるのである（「詐偽即外交政略」一八九五年一月九日）。

このような倫理道徳的な規範に基づく「東洋一大新世界」の構築という主張が、明治十年代以来の『大阪朝日新聞』にみられたアジア主義的言説の到達点であったのである。

四　手渡される思想のバトン

高橋健三の思想史的位置

『大阪朝日新聞』での高橋健三の言論活動は、明治三十一年（一八九八）二月に発表された「松方内閣興亡史」など数編を最後に中絶した。第二次松方正義内閣に書記官長として入閣した高橋は、そもそも日清戦後には論説執筆の機会が大幅に減少していた。肺結核が悪化した高橋は、同年七月二十二日に死去する。

三国干渉以降、明治二十九年（一八九六）六月の露清密約に伴うロシアの東清鉄道敷設権獲得や、同年十二月のドイツによる膠洲湾《こうしゅうわん》租借要求、また雲南・ビルマ間の境界確認とビルマ鉄道の延長を目的とする三十年二月の英清条約調印など、列強の中国進出は顕著となった。これにつき高橋が評価を下す機会はなかったが、たとえば陸羯南は、中国に領土的野心を抱くロシアから中国を「保全」すべく、イギリスやアメリカとの提携を説いている（「支那分割と英国」『日本』一八九八年十月二十五日）。高橋の「東亜同盟」論も、あるいは国際環境の変化に伴って新たな展開をみせた可能性はあるだろう。

対外認識の側面からみた高橋健三の思想史的意義は、次の二点に求められる。まず①明治十年代以来のアジア主義的言説の構造を引き継ぎつつ、情誼的秩序意識、また学知に基づき西欧国際体系を批判した点、そして②「東亜同盟」というかたちをとったその思想を『大阪朝日新聞』を通じ広く発信することで、日清戦後に「東洋モンロー主義」を唱え「アジア主義」の新段階を画した近衛篤麿ら東亜同文会の言論が受容される地ならしを行った点である。

高橋の思想的系譜は、とくに書生として『大阪朝日新聞』時代を共有し、明治三十二年（一八九九）に「高橋健三君伝」（前掲『自恃言行録』）を編んだ内藤湖南へと繋がっていく。一例のみ紹介すると、内藤は日清戦争中に発表した論説で、日本の「天職」は、学芸振興により中国に代わって「東方の新極地」となることで、中国そして世界の「人道と文明とに裨益」する点にあると論じている（「所謂日本の天職」『二十六世紀』七、一八九四年、「日本の天職と学者」一八九四年十一月九日、十日、十三日）。これは、当時の内藤が抱いていた文化ナショナリズムの思想を示すと同時に、「夷狄の支那」を倒し「文化の支那」を回復するという高橋主宰期『大阪朝日新聞』の日清戦争論の文脈で、とくに国家から分別された社会領域において「文化の支那」を回復するための方策を論じたものと位置づけられよう。
内藤は東邦協会（明治二十四年入会）や東亜同文会（明治三十二年入会）でも活動したが、シノロジストとして中国文化を称揚し、ゆえにそれを保全すべく日本を含む諸外国による中国の共同管理を提唱した『新支那論』（一九二四年）へといたる彼のアジア観形成の発端には、高橋健三から手渡された「アジア」へのまなざしがあったのである。

新聞読者のアジア認識形成

本講では、明治十年代から二十年代のアジア認識形成の一端を新聞史料から検討してきた。積み残された課題は多く、とくに読者の対外認識に新聞が与えた影響の測定は、国民国家形成の様相をみるうえでも重要となる。最後に、大阪府島下郡春日村（現茨木市）の中農松本房治郎（一八六八〜一九一二）が残した日誌（個人蔵）を用いることで、若干の展望を描いてみたい。

一年分の記録が残る明治二十四年（一八九一）の日誌を検証すると、松本は定期的に購読者から『大阪朝日新聞』を借用し必要な記事を筆写しており、濃尾地震直後などは一ヵ月決めで定期購読することもあった。「小説雑誌類」を「好物ノ第一」と記す松本は、西村天囚《にしむらてんしゅう》「雪夜物語」など連載小説の愛読者であり、頻繁な新聞借用は未読分を補完するためでもあった。一方で松本は、附録の大阪府公文や物価表、「大阪鉄道会社汽車発着時刻及賃金表」など生活に関わる諸情報を丹念に収集し、また「帝国議会議事筆記」は現物を手元に取り置き、大津事件に際しては他紙も参照するなど、国内政治の動向にも常に注意を払っていた。要するに松本は、娯楽から政治経済外交に渉る諸情報を取りそろえた「中新聞」の熱心な読者であった。さらに筆写した記事は、彼が主催する「共楽会」で回覧する雑誌（蒟蒻版で自作）の素材ともなり、また周囲の人々へそれを「素読」する機会もあった。

このように新聞の貸借、記事の筆写と回覧、読み聞かせといったメディアをめぐるコミュニケーション圏内で、対外認識はどのように醸成されたのか。手がかりとなるのは、松本が書き抜いた二つの記事、①明治二十四年（一八九一）七月四日付『大阪朝日新聞』の「土耳其《トルコ》に於ける日本の名声」と、②同年七月十三日発行の『亜細亜』第三号巻末に掲載の「露国皇太子遭難の図」解説文である。

①は、エルトゥールル号遭難事件（明治二十三年）に関するトルコ国内の好意的反応を紹介した雑報記事である。注目すべきは、そこに松本が、「該土耳其国ハ国域ハ余程大なれども国勢ハ追々老衰の有様なりと西村長太郎氏ハ語れり」と註記している点である。トルコの「老衰」が西村長太郎なる人物より教示され、そのような認識が新聞を書き抜くという行為を通じて定着する過程を読みとることができる。

右の西村長太郎とは、同村出身の第三高等中学校生（浜口雄幸《はまぐちおさち》や幣原喜重郎《しではらきじゅうろう》と同期）で、実は夏期休暇中の明治二十四年（一八九一）八月二十日に②を含む『亜細亜』創刊号（六月二十九日発行）から七号（八月十日発行）を松本に貸与した人物でもあった。西村を通じて松本が入手し書き抜いた②は、「仏国ル、プチー、イルストレー新聞」が掲載した大津事件図を「日支人の区別遂に無し」と批判し、「日本固と是れ万古の帝国なり、而して彼等の我を見る斯くの如し、宜しく深く慮りて計る処なくんばあるべからず」と結んでいる。中国像と峻別された自己像の確立を主張する同記事を抜き書きしている点からも、松本の関心の所在が了解されよう。

松本が、第三高等中学校の学生を通じてメディアを入手していた点も興味深い。このような事例は、都市近郊の農民層も、明治二十年代のナショナリズム運動の中核を担った政教社の母体であり「国粋主義」の受容基盤でもあった知識青年たちが形成した「書生社会」の外延部に接触する可能性があったことを示唆しているからである。

読み聞かせによるオーラル・コミュニケーション圏の存在も視野に入れるならば、新聞が人々のアジア認識やナショナリズム形成に与えた影響は想像以上に大きなものであったと考えられる。新聞史料を用いた思想史研究は、必ずしも可視化されないが、近代日本社会の各地に確かに存在した無数の松本房治郎たちの心性を照射する可能性を秘めている。そのための方法をいかに見出し鍛えていくかが、いま私たちには問われている。

参考文献

朝井佐智子「東邦協会の親隣義塾支援に関する一考察」(『法政論叢』第四八巻一号、二〇一一年)
朝日新聞百年史編修委員会編『朝日新聞社史　明治編』(朝日新聞社、一九九〇年)
有山輝雄「「中立」新聞の形成」(『成城文芸』第一一七号、一九八六年)
同『陸羯南』(吉川弘文館、二〇〇七年)
同『近代日本のメディアと地域社会』(吉川弘文館、二〇〇九年)
猪飼隆明「第一回帝国議会選挙と人民の闘争」(『史林』第五七巻一号、一九七四年)
伊藤之雄「日清戦前の中国・朝鮮認識の形成と外交論」(古屋哲夫編『近代日本のアジア認識』京都大学人文科学研究所、一九九四年)
大阪朝日新聞社編『大阪朝日新聞略史』(大阪朝日新聞社、一九一六年)
奥村　弘「開港場・神戸からみた「アジア」」(前掲『近代日本のアジア認識』)
籠谷直人『アジア国際通商秩序と近代日本』名古屋大学出版会、二〇〇〇年)
金山泰志『明治期日本における民衆の中国観』(芙蓉書房出版、二〇一四年)
黒木彬文「興亜会のアジア主義」(『法政研究』第七一巻四号、二〇〇五年)
小林啓治『国際秩序の形成と近代日本』(吉川弘文館、二〇〇二年)
佐々木隆『日本の近代14　メディアと権力』(中央公論新社、一九九九年)
芝原拓自・猪飼隆明・池田正博編『日本近代思想大系12　対外観』(岩波書店、一九八八年)
高嶋雅明「領事報告制度の発展と「領事報告」の刊行」(角田栄編『日本領事報告の研究』同文館出版、一九八六年)
竹内　好「アジア主義の展望」(竹内好編『現代日本思想大系9　アジア主義』筑摩書房、一九六三年)

月脚達彦『福沢諭吉と朝鮮問題』（東京大学出版会、二〇一四年）
同『福沢諭吉の朝鮮』（講談社、二〇一五年）
角田拓朗「『国華』草創期の実体」（同編『『国華』創刊に関する研究』公益財団法人ポーラ美術振興財団研究成果報告書、二〇一三年）
土屋礼子『大衆紙の源流』（世界文化社、二〇〇二年）
服部　敬「知られざる民権家　勝山孝三」（『追手門経済論集』第四一巻五号、二〇〇六年）
坂野潤治『明治・思想の実像』（創文社、一九七七年）
平石直昭「近代日本の国際秩序観と「アジア主義」」（東京大学社会科学研究所編『20世紀社会システム1　構想と形成』東京大学出版会、一九九八年）
古田和子『上海ネットワークと近代東アジア』（東京大学出版会、二〇〇〇年）
松浦正孝編『アジア主義は何を語るのか』（ミネルヴァ書房、二〇一三年）
松田宏一郎「「亜細亜」の「他称」性」（日本政治学会編『年報政治学一九九八　日本外交におけるアジア主義』岩波書店、一九九九年）
三谷　博「「アジア」概念の受容と変容」（渡辺浩・朴忠錫編『日韓共同研究叢書11　韓国・日本・「西洋」』慶応義塾大学出版会、二〇〇五年）
山室信一『思想課題としてのアジア』（岩波書店、二〇〇一年）
中川未来『明治日本の国粋主義思想とアジア』（吉川弘文館、二〇一六年）
同「一八八〇年代興亜論の経済構想と朝鮮」（『愛媛大学法文学部論集　人文学編』第四一号、二〇一六年）
同「『朝鮮新報』主筆青山好恵の東学農民戦争報道」（『人文学報』第一一一号、二〇一八年）

第7講 公文書

外務省記録からみる「協調主義」のゆくえ

熊本史雄

一 公文書から外交思想を読み解く

外交思想と公文書

本講の目的は、公文書（外交文書）を素材に、外交思想を事例に即して読み解くことである。対象時期としては、「協調主義」が模索された第一次世界大戦後から、「大東亜共栄圏」構想が提唱された一九四〇年代までとする。その際、次の三人を取り上げたい。小村欣一《こむらきんいち》（一八八三〜一九三〇）、幣原喜重郎《しではらきじゅうろう》（一八七二〜一九五一）、重光葵《しげみつまもる》（一八八七〜一九五七）である。では、なぜ、この三人なのか。

小村寿太《じゅた》郎《ろう》の長男欣一は、第一次世界大戦後の日本外交を対米協調へと政務局第一課長の立場から導いた人物である。幣原は「幣原外交」の名で知られるように、一九二〇年代から三〇年代初頭にかけ二度にわたって外相を務め日本の外交を主導したものの、満洲事変を収拾しきれず外交の第一線から退いた。重光は、幣原退任後の日本外交を一九三〇年代から四〇年代にわたって、次官、外相の立場から支えた人物である。要は、この三名に即して公文書を

（重光については私文書も併用して）読み解けば、一九一〇〜三〇年代の日本外交に胚胎《はいたい》した外交思想を掘り起こせると期待できるからである。これにより、「協調主義」から「大東亜共栄圏」にいたる思想の変容を読み解きたい。

ところで、外交思想を扱った研究の蓄積は厚く、枚挙に遑《いとま》がない。最近の成果としては、酒井哲哉編『日本の外交　第三巻　外交思想』が挙げられる。時代に即した三部構成で、政策や事件さらには外交のあり方を規定した概念を個々に取り上げ、そこに胚胎される思想性を析出するという方法に依拠した論集である。近現代日本の国際秩序や対外認識に関する思想・言説を、政治的文脈と理論的構成の両面から炙り出そうという試みであった。

これと対照的な手法で近代日本の外交思想を正面から取り上げた研究に、松浦正孝『「大東亜戦争」はなぜ起きたのか』がある。同書は、「大東亜戦争」の思想的源流に「汎アジア主義」を据え、それがアジアを支配する論理へどのように変化し適用されていったのかを解明しようとした。本講で言及する幣原喜重郎については、第一次外相期（一九二四〜二七年）を中心に、「協調」の具体的中身が明らかにされた（西田敏宏「第一次幣原外交における満蒙政策の展開」、同「幣原喜重郎と国際協調」）。いずれも意義深い成果である。これらの成果を充分に認めたうえで、公文書を素材に外交思想を析出しようとするなら、どのような点に留意し、どのように思想を読み解く必要があるだろうか。

多義的な情報を引き出す

公文書を読むとき、誰しもがそこに書かれた内容をまずは読み取ろうとするだろう。同時に、文書の発出（施行、場合によっては作成）年月日や発受者も確認するはずだ。史料の外的批判をこのように行いながら公文書を読み始めるのは、ごく当然の作法である。これに加え、本講では、外務省外交史料館所蔵の公文書の原本（原文書）に意思決定過程（文書処理過程）に関する情報が多く記載されていることを重視したい。大正十四年（一九二五）六月五日に発せられた幣原喜重郎外相から在英国林権助《はやしごんすけ》公使宛の電報（図1）を事例に、この点をみてみよう。

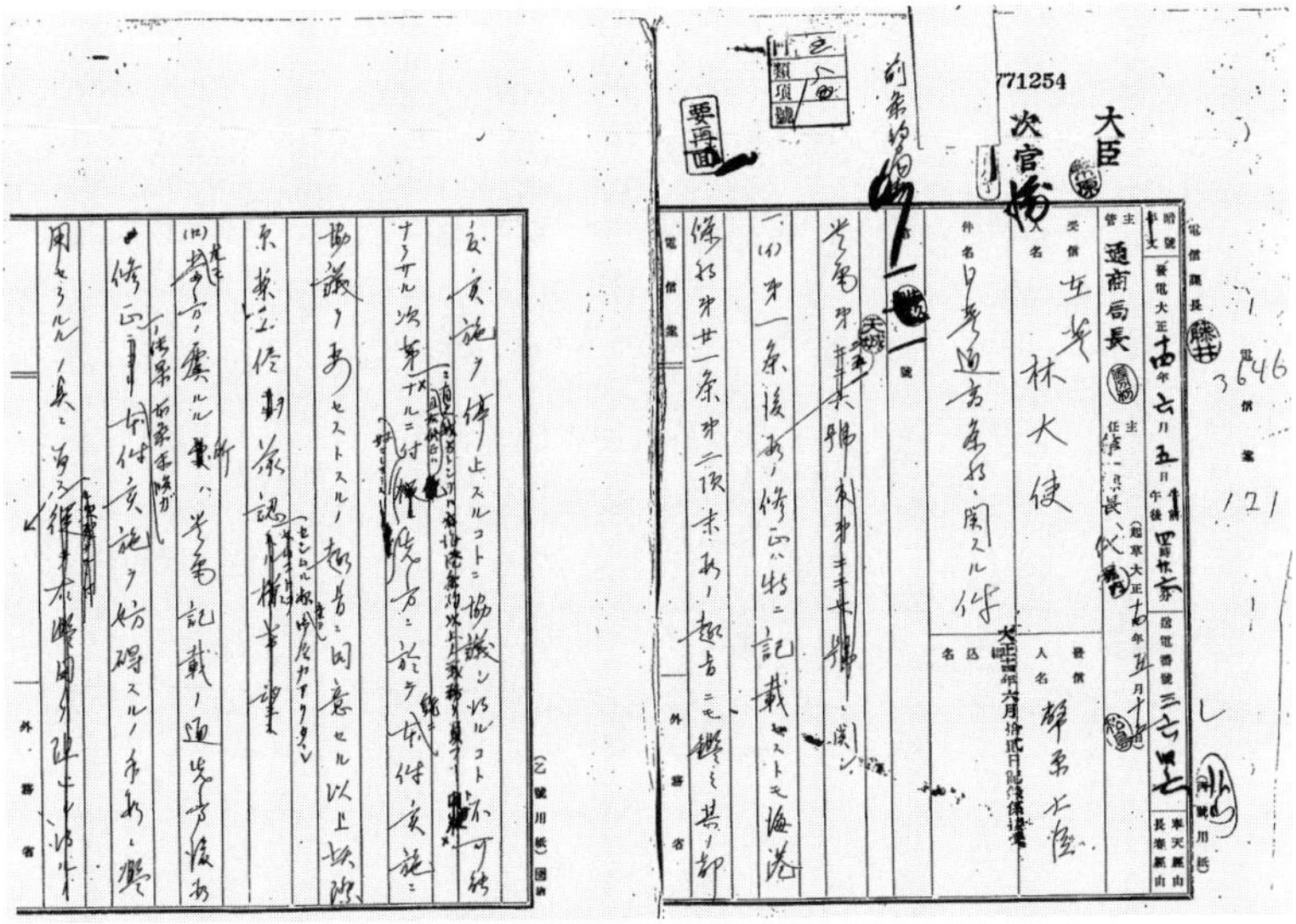

図1　原本（往電原議）からうかがえる意思決定過程

①通商局第一課課員の松島鹿夫《まつしましかお》が起案（大正十四年五月十五日）
②同課課長代理の堀内干城《ほりうちたてき》が閲読
③同局長の佐分利《さぶり》貞男《さだお》が閲読
④前条約局長の山川瑞夫《やまかわただお》が閲読
⑤次官の出淵勝次《でぶちかつじ》が閲読
⑥大臣の幣原喜重郎が閲読・決裁（以上が文書の「処理」過程）
⑦電信課へ回付され同課から発電（大正十四年六月五日）（以上が文書の「施行」過程）
⑧発電後に原課へ再回
⑨記録係へ移管（大正十四年六月十二日）
⑩分類番号（編綴《へんてつ》ファイル番号）として「2門5類1項」を指定（以上が文書の「保存」過程）

このように、訓令や交渉方針を伝える往電（東京の本省から海外の在外公館へ発信された電報）や往信（右の要領にて発送される公信）には、省内での意思決定過程の痕跡が残されており重要である。一方の、在外公館から東京に寄せられた来電や来信も、その重要性は劣らない。なぜなら、第一面に本省内の回付先を示す情報が記載されているからである。要は、本省で来電や来信を接受した後、それらをどのような手順で省内へ回付し、どの部署間で情報を共有したのかという点がうかがい知れるのである。

さらに、案件を主管した部署において作成される覚書や、省内外へ提出された意見書も、重要な素材である。これらには修正やコメントが加筆されている場合があり、そこから政策や理念に対する見解の相違や合議のあり方を読み取ることができる。

同時に、当該期外務省の機構面における特徴に留意することも重要である。本講が扱う大正から昭和戦前・戦時にかけての時期は、明治期に比べるとセクショナリズムが浸透しており、決裁のレベルが従来の大臣や次官から局長や課長へ次第に移行していった（むろん、図1のように、大臣が決裁するケースもある）。局長や課長レベルでの専決事項が増えつつあったのである。そうした状況では、大臣や次官といえども十全にリーダーシップを発揮できる環境になかったと考えられる。となれば、閣員としての外相や事務方トップとしての次官といった個人の思想に加え、外務省の組織的対応からうかがい知れる思想性を炙り出す必要がある。公文書から思想を読み解く意義は、この点にあるといえよう。本講では、環境変動に伴って生起・変化・後退した政策や理念を事例に、そこに底流する対外観や秩序観、それらを規定した外交観を掘り起こすことによって、公文書（外交文書）から外交思想を読み解いてみたい。

二　「協調主義」の選択

「二四ヵ条」と〝小村ファイル〟

一九一八年一月八日、ウィルソン（Thomas Woodrow Wilson）米国大統領が議会演説を行った。「一四ヵ条」とただちに呼ばれたその演説は、全一四条のうち、第六～一三条がヨーロッパ各地に民族自決の原則を適用した講和条件で占められていた。よって日本は、残りの第一～五条と第一四条からウィルソンの意図する戦後国際秩序構想を東アジアの状況に照らしつつ読み取って、新たな外交戦略を描くことを強いられた。このような経験は、日本の外交当局にとって初めてのことであった。

外務省は、「一四ヵ条」へどう対応しようとしたのだろうか。外務省外交史料館所蔵記録（以下、外務省記録と略記）から、そのあり方をうかがい知ることができる。分類番号1門（政治）・1類（帝国外交）・2項（亜細亜）・77号、件名「支那政見雑纂」（全三巻）という簿冊がある。この簿冊の編綴文書は、同門の他簿冊のそれらとは様相を異にしている。通常の簿冊であれば、起案→処理→施行→保存という過程を経て残された来往電や来往信を中心とした往復文書が、記録保存部局により歴史的文書として編綴・成冊される。ところが、この簿冊には、覚書や意見書しか編綴されていないのである。これは、どういうことだろうか。

結論を先取りしていうと、これ（とくに第三巻）は、小村欣一が政務局第一課長時代に手許に保管していた文書を、第二次世界大戦後、外務省の記録課員が一件体としてファイリングした簿冊なのである（以下、〝小村ファイル〟と略記）。第三巻の中表紙には「本綴ハ昭和三十四年五月旧記録書庫ニ堆積セル引継記録中ニ見出シタルモノデアル（記録班）」と書き込まれている。〝小村ファイル〟は、小村自身もしくは課員が構想・起案したり第一課で接受したりした記録文書によって構成されているといえよう。小村がこれら文書を本来の規則で定められた手続に従って記録保存部局に移管しなかったのは、執務参考として手許に保管し続けておく必要があったからである。〝小村ファイル〟に編綴された文書は、小村にとってそれほど重要だった。試みに、第三巻の編綴文書を書き出すと、表の通りである。

興味深い件名が並んでいるが、ここでは意見書「講和ノ基礎条件ノ東洋ニ於ケル帝国ノ地位ニ及ホス影響ニ就《つい》テ」（作成年月日不詳、ただし、文面から大正七年十月頃の作成と推測。第一面に「政務局長へ提出済」と書き込みあり、表No.18）に注目したい。そのなかで小村は、「一、経済上均等及通商制限撤廃問題」「二、弱国保護主義」「三、国際聯盟」を、三つの論点として挙げている。小村がとくに重視し危惧したのは次の二点であった。一つは、いわゆる勢力範囲が撤廃されることへの危惧である。もう一つは、日本の中国における「特殊地位」への了解が不安定なものになりつつあった点である。小村は、米国が今や日本の対中国政策遂行における障壁であると同時に、米国が「一四ヵ条」を基調とした新たな国際社会の構築を企図していることを読み取り、新たな時代状況に適応しうる対中国政策を構想するよう説いたのである。小村は、大戦中に獲得した在中権益をいかに確保するかという課題を「一四ヵ条」演説から導き出したのだった（熊本史雄『大戦間期の対中国文化外交』第一章）。

新四国借款団と「満蒙供出」論

「新外交」理念を受容した小村にとって最初の試金石となったのが、新四国借款団設置問題への対応だった。新四国借款団とは、米国政府の右の提議をきっかけに、米・英・日・仏の四国の銀行団が一九二〇年十月に結成した対中国投資団のことである。大正七年（一九一八）七月十日、日本外務省は、米国が新四国借款団設置を提議したとの報に接した。その提議において米国は、各列国が中国政府と取り交わしてきた従来の実業借款やオプション（仮契約）に伴う「優先権」を解消すること、解消されたそれら優先権は新借款団の共同事業範囲に含まれるべきことを主張した（以下、「米国案」と略記）。それは、「帝国主義的協調外交」によって「勢力範囲」を設定しそれを互いに承認してきた列国はもとより、満洲地域の権益を確保してきた日本にとっても、少なからぬショッキングな提案だった。この問題に、日本外務省はどのように対応したのだろうか。

表　外務省記録 1.1.2.77「支那政見雑纂」(第 3 巻) 所収文書一覧

No.	文　書　名
1	時局関係対支諸施設綱目
2	支那ニ於ケル通運権獲得問題
3	膠州湾処分ニ就テ
4	青島上海間青島芝罘間海底電信線ニ関スル件
5	支那人教育ニ関スル欧米諸国及本邦ノ事業現況概要
6	支那人本邦留学情況改善案
7	借款団組織ニ関スル米国政府提議ニ就テ
8	支那ニ於ケル治安維持法撤廃ノ必要並帝国ニ及ホス利益及右撤廃ニ関スル措置
9	支那ニ於ケル勢力範囲撤廃ニ就テ
10	林公使ニ対スル内訓覚書
11	支那時局対策(南北調停ノ必要)
12	〔差出人不明意見書〕
13	西比利亜鉄道及東支鉄道管理問題ニ関スル件
14	〔大正七年九月二十六日浄書大臣へ提出〕
15	〔大正七年二月二十二日在京林公使ノ依頼ニヨリ起草　寺内首相本野外相へ提出ノ筈〕
16	支那南北妥協及条件実行方法
17	米国提議対支新借款団一件方針案
18	講和ノ基礎条件ノ東洋ニ於ケル帝国ノ地位ニ及ホス影響ニ就テ
19	講和ニ際シ支那其他ニ於ケル排外的施設撤廃ニ関スル件
20	講和会議ノ大勢カ日本ノ将来ニ及ホス影響及之ニ処スルノ方策
21	支那南北両派調停論ノ利害得失
22	支那問題ニ関スル講和全権ヘノ回訓急速取運ノ件
23	講和ニ際シ支那其他ニ於ケル排外的施設撤廃ニ関スル件
24	〔赤塚総領事発内田外務大臣宛公電〕
25	支那時局対策(南北調停ノ必要)
26	支那南北妥協及条件実行方法
27	松井大使ヘノ回訓　参考並追加トシテ政務局長へ提出
28	国際聯盟案ニ対スル帝国ノ態度
29	〔中村錠太郎発芳沢謙吉宛文書〕
30	対支借款問題ニ関スル件
31	意見書
32	支那時局卑見
33	支那問題ヲ中心トシテ観タル日米関係処分
34	日支親善ト日支経済的提携ニ関スルノ方策施設概要

新四国借款団関係の外務省記録は、分類番号1門（政治）・7類（国際企業）・2項（合弁）・23号およびその下層（枝番号23号―1〜3）に編綴された、計二八冊によって構成されている。いずれの簿冊も浩瀚《こうかん》で、外務省がこの問題を重視していた点が表れている。借款団設立問題が持ち上がると、日本外務省は、共同事業範囲からの満蒙除外を他列国ことに英米両国から取り付けるため、二つの方針を模索しはじめた。一つは「概括主義」、もう一つは「列挙主義」である。前者は、満蒙地域と日本との特殊性に鑑みて一律に満蒙権益の除外を求める考え方で、後者は、権益を個別に列挙しそれらについてのみ除外を求める考え方だった。この問題に対し外務省は、次官の幣原、政務局長の埴原正《はにはらまさ》直《なお》、同第一課長の小村の間で情報を共有する体制を整えた（外相の内田《うちだ》康哉《こうさい》は来往電をほとんど閲読しなかった）。

同問題への外務省の対応は、次の四つの画期によって段階的に推移したといえる。すなわち、①「米国案」の接受（大正七年七月十日）、②英国政府による「米国案」賛成情報の接到（大正八年三月二十七日）、③両論併記ながら「列挙主義」に基づく外務省独自の準備推進方針を省内で調整（同年六月十五日）、④「概括主義」を見切り「列挙主義」へ本格的に転換（同年八月一日）、である。問題が持ち上がった当初、小村は、満蒙を新四国借款団に供出する（満蒙鉄道権益以外の、中国本土と満蒙を加えた「支那全土」を「開放スルノ主義ニテ進ム」）ことを想定していた（以下、「満蒙供出」論という）。埴原も「広大ナル見地ヨリ考察ヲ要スヘシ」と、小村に同調した。政務局は思い切った「開放」路線に基づき、省内はもとより政府内でも類をみない独自の協調策を唱えたのである。

小村が思い切った「開放」路線に基づく「満蒙供出」論を説いたのには、彼なりの目算と、来るべき新たな環境変動に対する見通しがあったからだった。小村は、満蒙を供出することにより米国との資本提携を実現させ、中国本土への経済的進出とりわけ鉄道への投資を拡大しようと構想したのである。満蒙すら共同事業範囲の対象として供出することで、米国との関係強化をめざしたのである。注目すべきは、それと同時に、米国との経済的提携のさらなる意義を、「戦後支那ニ於ケル英国ノ活動ニ具《そな》フルニ資スルコト」（「米国提議ノ対中国新借款団組織案ニ対スル外務省方針案」）に求めた点である。米国との資本提携を背景に、英国の中国本土での活動を牽制することまで視野に入れたのだった。政務局長の埴原も、これと同様の見解だったと思われる（熊本「大戦間期日本外務省の情報管理と意思決定」）。

文書回付にみる幣原のリーダーシップ

こうした事態に、幣原はどのように対処したのだろうか。幣原は、同問題に関する文書を、省外の各機関へ臨機応変に回付した。一つの事例として、大正八年（一九一九）七月二十三日に本省に到着した在中国小幡西吉《おばたゆうきち》公使から内田康哉外相宛の電報（図2）をご覧いただきたい。来電第一面の左側に、省外機関への回付先を指示した書き込みがなされている。この場合、「枢総陸海蔵参軍老伊」と判読できる。これは、順に、枢密院、総理、陸軍省、海軍省、大蔵省、参謀本部、軍令部、元老、伊《い》東巳代治《とうみよじ》、を意味しており（以下、「九機関」と略記）、次官の幣原が書き込んだものである。これに注目すると、どの文書を回付し（情報を共有し）、どれを回付しなかったのか（情報を制限し

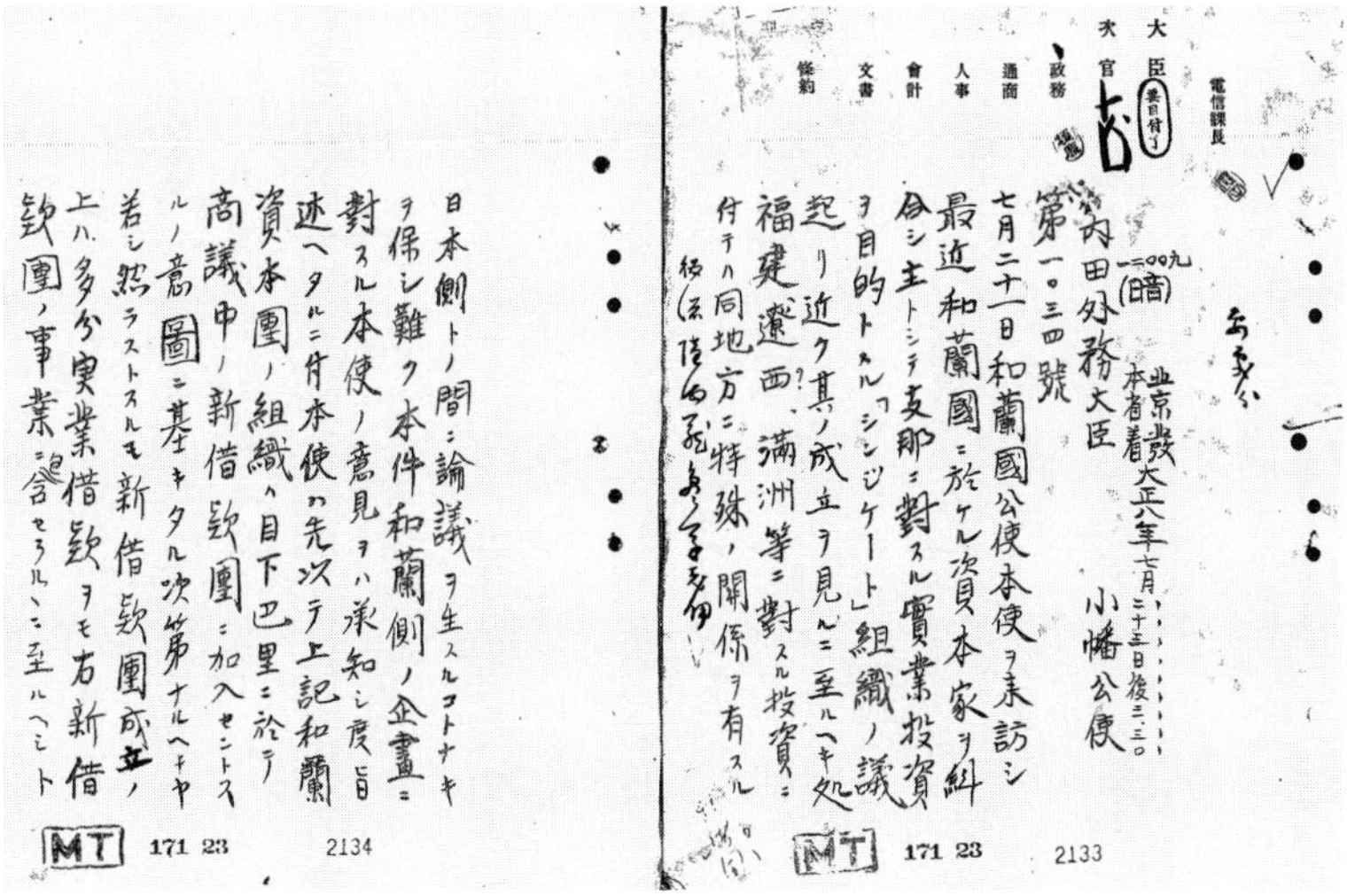
大臣 次官 政務 通商 人事 会計 文書 條約 電信課長

一二〇〇九（暗）北京發 大正八年七月二十三日後二・三〇 本省着

内田外務大臣 小幡公使

第一〇三四號

七月二十一日和蘭國公使本使ヲ来訪シ最近和蘭國ニ於ケル資本家ヲ糾合シ主トシテ支那ニ對スル實業投資ヲ目的トスル「シンジケート」組織ノ議起リ近ク其ノ成立ヲ見ルニ至ルヘキ処福建、廣西、滿洲等ニ對スル投資ニ付テハ同地方ニ特殊ノ関係ヲ有スル日本側トノ間ニ論議ヲ生スルコトナキヲ保シ難ク本件和蘭側ノ企畫ニ對スル本使ノ意見ヲ承知シ度旨述ヘタルニ付本使ハ先ツ以テ上記和蘭資本團ノ組織ハ目下巴里ニ於テ商議中ノ新借款團ニ加入セントスルノ意圖ニ基キタル次第ナルヘキヤ若シ然ラストスルモ新借款團成立ノ上ハ多分實業借款ヲモ右新借款團ノ事業ニ包含セラルルニ至ルヘシト

MT 171 23 2133　MT 171 23 2134

図2　原本（来電）の余白に書き込まれた「九機関」の回付先

たのか)、さらには計量的に分析すると、回付が集中した時期までもみえてくる。では、文書回付にみる幣原の臨機応変ぶりとは、どのようなものだったのか。右で述べた四つの画期に即して確認しておこう。

①の段階では「九機関」に等しく回付した。「米国案」の内容を広く知らせるとともに、同案への外務省の対応についても逐次了解を得るためだった。ただし、②の段階では、その回付方法に変化が訪れる。在仏国松井《まつい》慶四郎《けいしろう》大使からの来電を集中的に大蔵省に回付しはじめた。これは、未だ「米国案」への賛否を表明していない仏国が、賛意を示した英国に引きずられることを恐れた幣原が、その対応を大蔵省とりわけ高橋是清蔵相と協議するために同省へ集中的に回付しはじめたためである。

③の段階になると、再び回付方法が変化する。在英国珍田《ちんだ》捨己《すてみ》大使からの電報を大蔵省へ回付しはじめたのである。これは、幣原がこの段階で「列挙主義」による満蒙除外を国策として選択すべく、そのための作業を省内に指示した時期と重なる。「列挙主義」を選択するからには、「列挙」した個別利権への承認を英米両国から得る必要がむろんあるのだが、実は日本外務省は英国が「米国案」に賛成した理由をこのとき把握できていなかった。それゆえ、在英国大使からの来電を大蔵省に回付し、両省間で対策を練ることにしたのである。

ところが④の段階になると、幣原は回付方法をみたび変更する。在米国出淵勝次臨時大使からの電報を「九機関」に回付しはじめたのだった。このとき幣原は、それまでの政府方針だった「概括主義」を完全に切り捨て、「列挙主義」による対米協調路線を政府方針として選択することを決意したのである。それゆえ、協調先の米国の情報を「九機関」で広く共有せねばならなかった。

その過程で幣原が配慮したのが、伊東巳代治（外交調査会）への対応だった。「概括主義」にこだわる伊東は、再三にわたり「列挙主義」を修正するよう幣原に迫ったが、幣原はそれを周到に排除した。伊東による電報案を幣原なりに書き改めて訓令電報とし、実施レベルにまで高めたのである。このように、省外機関と情報を共有（一方では情報を制限）した幣原は、高橋是清蔵相との連携を深め、満蒙除外を日本単独で行うのではなく複数国で協調して行うべきという高橋の見解を重視した。小村も高橋の見解の妥当性を認め、「満蒙供出」論を撤回するにいたった。これにより、中国本土への経済進出を視野に入れた小村による日米提携論は退けられ、代わって「列挙主義」による満蒙除外を米国から取り付けその延長線上に日米の安定的関係を構築するという、より現実主義的な対米協調のあり方が幣原によって示されたのである。対米協調の質的転換が図られたと評価できる（熊本前掲論文）。

このように、省外機関へ文書を弾力的に回付――回付したりし控えたり――することによって、幣原は日本の戦後外交を対米協調に導いたのである。そこには、第一次世界大戦後の東アジア秩序は、米国の対中政策に拘束されるという彼なりの見立てがあった。幣原によって確立された英米協調のあり方は、以後、日本の対中国外交方針の基調となっていった。すなわち、中国本土と満蒙に対する外交のあり方を個別に設定し、満蒙については日本の権利に関する了承を列国とりわけ英米両国から得ながら、両国との協調路線を模索するという方針だった。だが、こうした「協調主義」は、満洲事変期に危機に陥る。次節でみてみよう。

三　「協調主義」の挫折

満洲事変と関連記録

幣原が二度目の外相にあった昭和六年（一九三一）九月十八日、柳条湖事件が関東軍によって引き起こされた。事件はわずか三日間で満洲全土へと拡大し（満洲事変の勃発）、幣原はその収束に失敗したのである。その原因は、どこにあったのか。それを明らかにするとともに、そこに生起した外交思想を併せてさぐってみよう。

その前に、満洲事変に関する外務省記録と外務省の機構について、それぞれの特徴を述べておく必要がある。満洲事変関係の記録文書は、A門（政治、外交）・1類（帝国外交）・1項（対支那国）・0目（一）・21号に編纂されている。重要なのは、〝親ファイル〟と呼ぶべきA.1.1.0.21「満州事変」（全四巻）が、原本（原文書）ではなく「写《うつし》」が編綴された簿冊だということである。「写」文書からは、電報や公信の文面（情報）を知り得ても、その処理過程をうかがい知ることはできない。こうした残存状況だが、少数ながらも原本も残存している。以下では、事変収拾にあたるうえでの重要な局面の電報（原本）を取り上げ、そこでの意思決定過程を検証することで右の課題に応えたい。

同時に、亜細亜局各課の所掌事項も確認しておきたい。満洲事変を主管したのは、暹羅《シャム》、香港、澳門《マカオ》を含め、中国・満洲地域を担当した亜細亜局だった。このとき亜細亜局は、第一課・第二課から成る二課体制を敷いていた。第一課は同地域における「一般外交政策ニ関スル事項／財政、借款、鉄道、鉱山及通信ニ関スル事項」を、第二課は「居留民ノ保護取締ニ関スル事項／満洲及蒙古ニ関スル地方的事項」を所掌した。ほかに、「支那、香港、澳門及暹羅ニ関スル情報ニ関スル事務」を所掌する情報部第一課、「国際聯盟ニ関スル事項、国際労働ニ関スル事項、独逸《ドイツ》国等トノ平和条約ノ実施ニ関スル事項」を所掌する条約局第三課も、後述するように事変処理に関わった。

文書処理の特徴

満洲事変への対応として、外務省は国際連盟への対応にとりわけ注力した。別稿（熊本「満洲事変における幣原喜重郎外相のリーダーシップ」）で指摘したように、邦人保護や輿論《よろん》啓発（在中メディアの対日輿論の善導）も重要な案件だったが、国際社会との協調を掲げる「幣原外交」にとって連盟理事会への対応はさらに重要だった。日本の主張が国際社会において認められるか否かは、理事会での議決にかかっていたからである。では、この問題に対し、外務省はどのように組織的に対応したのだろうか。

連盟対応に関する来電の多くは、次官、亜細亜局長、同局第一課によって処理された。これに、情報部長と条約局長、同局第三課が加わった。とりわけ、条約局長と「国際聯盟ニ関スル事項」を所掌する同局第三課が加わり、そこへ情報を集約させた点が特徴的である。幣原は、来電・来信を自ら閲読することはなかったものの、亜細亜局長、同局第一課長、さらには情報部長あたりから、本件の情報を得ていたと思われる。

注目すべきは、往電の処理方法である。亜細亜局第一課は、先の二案件（邦人保護と輿論啓発）に関する来電処理では中心的な役割を果たし情報を集約させていた一方で、往電の起案を担当することはなかった（邦人保護は亜細亜局第二課、輿論啓発は情報部第一・二課がそれぞれ担当）。だが、本件においては、亜細亜局第一課が起案を担当し、決裁過程で情報部、条約局と合議をするという方法を採用した。とりわけ、条約局を取り込んで合議をした点が重要である。これは、いわゆる「五大綱目」（昭和六年〈一九三一〉十月九日閣議決定、満洲からの撤兵条件として提示された五綱目）に盛り込まれた第五項（鉄道問題の解決）が連盟規約第一〇条に抵触するおそれがあり、その対応が求められたからである。加えて、幣原が決裁に関わった件数が多い点も特徴的である。全七五通のうち、幣原は一八通を決裁した。率にして二四%だが、これは数字としては大きい。幣原は、邦人保護と輿論啓発に関する来電にはいっさい目を通していないし、決裁もほとんどしていない。連盟対応に関する往電のみ、積極的に閲覧・決裁したのである。文書処理から、幣原にとっての事変対応とは連盟対応に等しかった点が浮かび上がってくる。

リーダーシップを発揮しない幣原

ただし、幣原が連盟対応においてリーダーシップを発揮したかというと、必ずしもそうではない。この問題への対応を省内で主導したのは、亜細亜局長の谷正之《たにまさゆき》だった。谷は、アジアとりわけ満洲における日本権益の特殊性と正当性を主張する「亜細亜派」に列していた。加えて、一九三〇年に本格化した国民政府による革命外交に対して、前局長であった有田《ありた》八郎《はちろう》の方針を引き継いで国民政府内の「穏健派」を窓口に交渉を担ってきており、陸軍と通じていた人物としても知られる。その点で谷は、英米との協調を根幹に据えた外交政策を志向する「欧米派」の筆頭と目された幣原とは、原理上、政策構想や理念を異にしたはずである。

ところが実際の対応は、そうともいえなかった。「五大綱目」発出後、日本側が示す撤兵条件はさらにつり上げられていったが、その過程における重要な訓令として、再開理事会への対応策を示す電報がある（昭和六年十一月十五日発幣原より在パリ沢田《さわだ》廉三《れんぞう》連盟事務局長宛電報第一九四号。以下、第一九四号電と略記）。第一九四号電は、次のように処理された。起案…守島《もりしま》伍郎《ごろう》（亜細亜局第一課長）、処理…谷正之（亜細亜局長）→松田《まつだ》道一《みちかず》（条約局長）→情報部長（白鳥敏《しらとりとし》夫《お》）→永井《ながい》松三《まつぞう》（次官）、決裁…幣原喜重郎（外相）。注目すべきは、電報の全般にわたって施された修正である。とくに大幅に修正されたのは、第一パラグラフの冒頭、第二パラグラフの前半、第四パラグラフの前半、の三ヵ所であった。

では、いったい誰が修正を施したのだろうか。結論からいえば谷であった。まず、修正文の筆跡が、谷のものである。加えて、当時の谷の対満蒙政策観との関連が指摘できる。それをうかがい知れるものとして「満蒙問題解決方策の大綱」が挙げられる。これは、永田《ながた》鉄山《てつざん》の強い影響下に、昭和六年六月十九日に陸軍省と参謀本部の五課長によって決定された方策である。八項目から成る同文書の要点は、「満洲問題の解決」には内外世論の支持と理解が不可欠であり、それを得るには約一年間を要するので、満洲での実力行使（武力発動）をそれまで起こさぬよう関東軍に自重を促す、というものだった。実は、谷は「満蒙問題解決方策の大綱」の作成に関与し、強く同調していた。事変期の谷は、陸軍中堅層と日頃より頻繁に情報を遣り取りする関係にあったのである。この点をふまえて、第一九四号電の修正内容をみてみよう。

各修正の要点は、ⓐ日中不可侵及領土保全は日本から中国への「恩恵」であり、他の項目は当然の要求である（第一パラグラフ）、ⓑ南京政府もしくは地方政権との交渉は不可能であり、日支の直接交渉へ連盟が介入することは拒否する（第二パラグラフ）、ⓒ現地の事態進展をうけ、地方治安維持会の責任（日本側の「自主的認定」）において撤兵する（第四パラグラフ）、というものだった。この修正箇所ⓐⓑⓒを、「満蒙問題解決方策の大綱」の八項目と重ね合わせると、次のような見解が浮かび上がってくる。すなわち、やむを得ない場合の「軍事行動」が発動されたからには、連盟による直接交渉への介入（「不当な反対圧迫」）を拒否する、という見解である。第一九四号電は「満蒙問題解決方策の大綱」の趣旨を下敷きにして修正されたと解釈できる。こうした見解に馴染《なじ》んでいたのは、谷だった（修正前の第一九四号電の内容や論証の詳細に関しては、熊本前掲「満洲事変における幣原喜重郎外相のリーダーシップ」）。

要するに幣原は、谷による修正をそのまま了承し決裁した、ということになる。「欧米派」の幣原は、「亜細亜派」である谷の政策に同調し、リーダーシップを十全に発揮しなかった。換言すれば、「亜細亜派」と「欧米派」の両政策派閥間の懸隔はこのときある程度解消され、従来ほど鋭く対立しなくなっていたのである。なぜなら、幣原自身「満鉄第一主義」を掲げており、満蒙権益の確保を政策課題の第一に掲げていたからである。政策派閥が「亜細亜派」に一元化される状況が生起しつつあったとみるべきだろう。

重要電報の処理過程の分析から明らかになったのは、陸軍と協調的な谷に押し切られ、積極的に決裁に関与しない幣原像である。「協調外交」挫折の一因は、この点にあった。

四 「大東亜共栄圏」の提唱へ

重光の次官就任

幣原が外相を辞任し外交の第一線から身を引いた後、替わって外務省を主導したのは重光葵だった。昭和八年（一九三三）三月二十七日、内田康哉外相は連盟脱退通告文を連盟事務総長に通達した。同時に注目したいのは、同日に渙発された脱退に関する「詔書」である。「詔書」の冒頭には、次のようにあった。

満州国ノ新興ニ当リ、帝国ハ其ノ独立ヲ尊重シ健全ナル発達ヲ促スヲ以テ、東亜ノ禍根ヲ除キ、世界ノ平和ヲ保ツノ基ナリト為ス、然ルニ、不幸ニシテ聯明《れんめい》ノ所見之ト背馳《はいち》スルモノアリ、朕乃《すなわ》チ政府ヲシテ慎重審議遂ニ聯盟ヲ離脱スルノ措置ヲ採ラシムルニ至レリ、

「東亜ノ禍根」とは聞き慣れないが、これについては「通告文」が左のように説明している。

然ルニ、過去十七箇月間聯盟ニ於ケル審議ノ経過ニ徴スルニ、多数聯盟国ハ東洋ニ於ケル現実ノ事態ヲ把握セサルカ、又ハ之ニ直面シテ正当ナル考慮ヲ払ハサルノミナラス、聯盟規約其ノ他ノ諸条約及国際法ノ諸原則ノ適用、殊ニ其ノ解釈ニ付帝国ト之等聯盟国トノ間ニ屡《しばしば》重大ナル意見ノ相違アルコト明カトナレリ（『日本外交年表竝主要文書』下巻）

「通告文」も「詔書」も、作成を担当したのは谷正之局長時代の外務省亜細亜局である。この二ヵ月後、有田八郎の後を襲って次官に就任したのが重光だった。

重光は、右の「通告文」と「詔書」で示された路線をさらに発展させていった。この点を検討するうえで重要なの

が、昭和九年四月十七日に天羽英二《あもうえいじ》外務省情報部長によって表明されたいわゆる天羽声明である。天羽声明とは、天羽情報部長が定期記者会見で述べた非公式談話のことで、その内容は次の三点に要約できる。①日本は「東亜ニ於ケル平和秩序ヲ維持スヘキ使命」を負っている、②列国による中国への共同動作はその名目が財政的であれ技術的であれ、結果的に政治的意味を包含し中国の統一および秩序回復を阻害することになるので、日本はこれに反対する、③各国個別の経済活動であっても、「東亜ノ平和又ハ秩序ヲ攪乱《かくらん》スル（中略）政治借款ヲ起スカ如キ事」に対しては反対せざるを得ない。以上の三点のうち重要なのは、諸列国の対中国投資事業が「東洋ノ平和又ハ秩序ヲ攪乱スル」に当たるのか否かの判断は、独り日本にのみ帰せられるとする、排他的な中国経営論を展開した点である。日本がいわば判定権なる権利を有するという、アジア・モンロー主義的な発想に基づく主張だった。

決裁電報にみる「東亜」

実は、天羽声明は、重光葵次官がイニシアティブを発揮して起案・発電された電報（昭和九年四月十三日発広田弘毅《ひろたこうき》外相より在中国有吉明《ありよしあきら》公使宛電報第一〇九号。以下、第一〇九号電と略記）を基底としていた。第一〇九号電の一部（第五項）を除いてほぼそのまま読み上げたのが天羽声明である。同電報の発信者は広田外相であるが、しかし、その実質的な作成者は重光であった。この時期の外務省は、広田は対欧米外交には関与する余地があったものの、こと対中国外交に関しては重光の裁量でほぼ決められる状況であり、重光がイニシアティブを発揮したという。同電報の作成に携わった亜細亜局第一課長の守島伍郎の回想録には、その時の様子が示されている。

守島は「私は重光次官に呼び出された。次官室に行くと重光氏は、こういう意味の電信案を書いて呉《く》れ給えと云って、相当詳しくその趣旨を述べられた。私はこの考え方を聞くのは、前記の通り初めてであったし、またどうも納得のいかぬような気持ちもあったので、私の作った電信案は次官の気に入らず、シカラレ、シカラレ二度も書き直したのが、四月十三日附広田外相発、有吉公使宛電報第一〇九号である。（中略）（広田―引用者注）大臣は変な顔をされたが、兎《と》に角《かく》サインを得た」（守島康彦編『昭和の動乱と守島伍郎の生涯』葦書房、一九八五年）と回想している。ここには、次官に本来期待された政策調整者としての役割を果たそうとする重光の姿は認められない。むしろ、独自に対中国外交を押し進める姿である。

重光のこうした対中国政策の路線は、その後、どう影響したのだろうか。そのことを示すのが、同年五月十八日に広田が斎藤実《さいとうまこと》に宛てた訓令だった。これは、天羽声明を受け、四月十九日にグルー（Joseph Clark Grew）在日米国大使が九ヵ国条約尊重を日本側に注意喚起した覚書に対する回答であり、ハル（Cordell Hull）国務長官へ口頭で申し入れるよう斎藤に伝えられたものである。そこには、「華府《ワシントン》会議以来東亜ノ事態ハ支那問題ヲ中心トシテ変化」し「支那問題ヲ解決セントセル企図カ完全ニ失敗ニ帰シタ」にもかかわらず、「満洲事件発生以来列国カ日本ノ主張ヲ無視」し続けたことが「帝国ヲシテ連盟脱退ヲ決意スルノ余儀ナカラシムニ至レル事情」であるのに、米国側はそれを無視しているとも述べられていた。要するに、日本が連盟を脱退したのは、未だ統一国家ではない中国を取り巻く「国内事情及国際関係」には「変則、例外ノ特異性」があるにもかかわらず、国際社会がそれを認めないことに原因がある、というのである。重光のアジア観が色濃く映し出されている。

重光にとっての「東亜」すなわちアジア観は、中国を主権国家とみなさず、東アジア地域における日本の特殊的地位の正当性が認められることで東アジアの秩序が保たれるというものだった。幣原引退後の、とりわけ昭和八〜九年頃の外務省において、こうしたアジア観が重光を中心に急速に形成されたのである。

東亜局の文書処理

重光が主導して形成したアジア観は、当該期の省内の機構改編と文書処理にも反映され、その後の日本側の対中国外交を規定・拘束していった。

昭和九年（一九三四）六月一日に東亜局が新設された。人員や対中国本土に関する文書処理にも特徴がみられるが（熊本前掲書）、ここでは対満蒙関係文書の処理について言及したい。対満蒙関係の案件は、規程上では東亜局第三課の担当事項だったが、実際には第一課が主管した。注目すべきは、東亜局第一課による調査部への文書回覧である。これは、対中国本土関係文書にはみられなかった処理方法である。調査部は昭和九年一月六日に設置され、初代部長は事務取扱として任命された重光次官だった。約三ヵ月後の三月三十一日に堀内謙介《ほりうちけんすけ》に部長を譲ったとはいえ、「東亜」のあり方を打ち出した重光が事務取扱ながら初代部長を務めたことは、彼のアジア観を政策に反映させることと「調査」とが無関係ではなかったことをうかがわせる。これを裏付けるかのように、東亜局から調査部への回覧文書は、すべて「満洲国及支那国ニ関スル政治外交通商経済ノ調査ノ事務」を所掌する同部第三課に宛てられていた。第三課へ文書の回覧が集中的に行われたのは、東亜局第一課が対中国外交を展開するうえで、満洲国を「外交」の対象のみならず「調査」の対象とみなし、重視したことの表れである。すなわち、東亜局第一課は、対中国・満蒙政策を展開する前提として、これら地域における調査を重視したのである。重光のアジア観を現実の外交政策上で反映させるためには、その前提として調査事業が重要と認識されたのだった。

「東亜」から「大東亜」へ

昭和十二年（一九三七）七月七日の盧溝橋《ろこうきょう》事件に端を発した日中両軍の衝突は、やがて日中全面戦争へと発展した。翌十三年一月十六日に「国民政府ヲ対手トセス」とする「第一次近衛声明」を発して日中間の外交チャンネルを失ってしまうと、日本は中国国民政府との関係修復を期して、同年十一月三日に「東亜新秩序」の建設を謳《うた》った「第二次近衛声明」を発する。アジア・モンロー主義的な外交観を実現するために行き着いたのが、「東亜新秩序」建設の声明だったといえよう。

「大東亜共栄圏」は、さらにその果てに構想された思想だった。「大東亜共栄圏」ということばを最初に用いたのは、第二次近衛内閣（昭和十五年七月～翌十六年七月）で外相に就任した松岡洋右《まつおかようすけ》だとされる。松岡は、昭和十五年八月一日に、日本の外交は、「皇道の大精神」に則り、「日満支をその一環とする大東亜共栄圏の確立を図る」ことをめざす方針で進むとし、その範囲は、仏印、蘭印、その他を包含すると記者団に説明した。北部仏印進駐が開始された日（同年八月一日）のことだった。

「大東亜共栄圏」構想の特徴は、それまで公文上ではいっさい語られてこなかった、汎アジア主義と一大アウタルキー圏構想を基底としている点である。第一次世界大戦後から昭和戦前・戦時期の日本外務省は、中国とどう向き合うか、さらには中国を場として列国とりわけ英米とどう向き合うのかという課題をもとに「協調主義」を選択し、その挫折後には「東亜」というアジア観、「東亜新秩序」を生みだした。その一方で、汎アジア主義や一大アウタルキー圏構想を、そこに介在させてこなかったのである。この新しい思想は、中国および英米と向き合うことを外務省そして日本が放棄したとき、はじめて登場する。要するに、「大東亜共栄圏」が提唱される北部仏印進駐の前後で、日本の外交思想は、その質を大きく違えたのである。このことは、満洲事変、日中戦争と、その後に起こったアジア・太平洋戦争とは、外交思想のレベルでは単線的につながらないことを示している。

重光に即していえば、「大東亜」は単なるアウタルキー圏ではなかった。外相の任にあった昭和十八年（一九四三）十一月五、六日、重光は大東亜会議を開催した。開催三週間前の十月十一日、重光は「我当面ノ外交問題」という覚書を記し、次のように述べている。

今度開カレル大東亜会議ハ日本カ東亜ニ於ケル民族国家ヲ衷心ヨリ引キ付ケ得ルカ否カ、英米ノ蘇《ソ》聯関係ヨリス

ル大ナル弱点ヲ利用シ得ルカ否カ、又彼等ノ亜細亜差別観念ニ対スル憤激ヲ新ニシテ世界ニ義憤ヲ感ゼシメ得ル
カ否カノ分レ目デアル

重光にとって「大東亜」は、「義憤」を喚起する場でもあった。ただしそれは、「大東亜戦争」遂行のために各国から協力を得るうえでの前提であり、精神的紐帯《ちゅうたい》を求めるものだった。大東亜会議の精神が戦後のアジア秩序の原型になったと積極的に評価する向きもあるが、「東亜」というアジア観を根抵にもつ重光にしてみれば、「大東亜」はアジアの連帯を志向するとともに、その実践をとおして対英米戦争を戦い抜く政策的・思想的基盤でなければならなかったのである。

参考文献

酒井哲哉編著『日本の外交　第三巻　外交思想』（岩波書店、二〇一三年）
武田知己『重光葵と戦後政治』（吉川弘文館、二〇〇二年）
同監修『重光葵・外交意見集』第二・三巻（現代資料出版、二〇〇七・〇八年）
中谷直司『強いアメリカと弱いアメリカの狭間で』（千倉書房、二〇一六年）
西田敏宏「第一次幣原外交における満蒙政策の展開」（『日本史研究』第五一四号、二〇〇五年）
同「幣原喜重郎と国際協調」（伊藤之雄・中西寛編『日本政治史の中のリーダーたち』京都大学学術出版会、二〇一八年）
服部龍二『幣原喜重郎と二十世紀の日本』（有斐閣、二〇〇六年。再刊『増補版　幣原喜重郎』吉田書店、二〇一七年）
松浦正孝『「大東亜戦争」はなぜ起きたのか』（名古屋大学出版会、二〇一〇年）
熊本史雄『大戦間期の対中国文化外交』（吉川弘文館、二〇一三年）
同「満洲事変における幣原喜重郎外相のリーダーシップ」（佐藤元英・服部龍二編『日本外交のアーカイブズ学的研究』Ⅱ、中央

大学出版部、二〇一六年）
同「大戦間期外務省の情報管理と意思決定」（『日本史研究』第六五三号、二〇一七年）

歴史教科書の思想史

竹田進吾

一　思想史料としての教科書

海後宗臣の歴史教育史研究

はじめに、古典的教科書史研究を思想史研究として再考する。具体的には、近代日本の歴史教科書に関する教育史研究を対象とする。

日本教育史研究者であった海後《かいご》宗臣《ときおみ》（一九〇一～八七）は、『歴史教育の歴史』において、小学校の歴史教科書を「日本人の思想を形成する基本」と叙述している。またその「思想」は「歴史思想」とも表現されている。この認識のもと、「明治後期から大正・昭和初期にかけての四〇年間（国定教科書制度の時期―引用者注）、時代の動きを反映して歴史教科書の修正が何度か行われ、国民思想形成に大きな役割を果たしていた」と位置づけた。

海後の文章からすれば、歴史教科書内容の総体が国民思想の根本ということになる。すなわち彼は、歴史教科書の内容自体を重要な思想史料と考えていたことになる。ただし、同書はあくまで近現代日本の小学校歴史教育・歴史教科書の動向史に関する概説であり、この著作が教科書の思想史研究として成立しているわけではない。

しかし、海後が歴史教科書の思想史を軽視していたわけではなく、重要視していたこともわかる。たとえば、『歴史教育の歴史』本文には「思想」という用語が多く出てくる。これらの文脈から、海後が教科書内容の前提として存在している制度・動向だけではなく、教科書内容変遷の背景や基盤となっている意識を重視していたことが理解できるのである。教科書内容変遷の背景や基盤を構成している意識の分析こそが、教科書の思想史研究と称することのできる核心ではないだろうか。

敗戦後日本社会において、海後が歴史教科書に注目して同書を叙述した理由は、以下の文章に明らかである。

学校教材に史実とは考えられない建国神話などを掲げて教えてきたことが、国民思想をどのように形成し、それがどのような結末となったかについてはわれわれの記憶に深く刻まれていることである。

このように海後は、アジア・太平洋戦争敗戦を深く受けとめ、その結果と小学校歴史教科書内容を関連させてこの書を執筆したのである。ただし右の文章を読むと、戦争に勝てばよいのかという気はする。もちろん海後もそのようには考えてはいなかったであろう。それほどまでにアジア・太平洋戦争敗戦にいたる近代日本の歴史教育の動向を深刻に受け止めていたということだろう。

山住正己の教科書研究

教育学者であった山住正己《やまずみまさみ》（一九三一〜二〇〇三）は、『教科書』において、近現代日本の教科書史を概観したうえで、昭和四十五年（一九七〇）当時の検定教科書内容に対する厳しい批判を展開しながら、教科書問題に関して問題提起している。ただし同書は、あくまで近現代日本の教科書史を総体として理解したうえで、当該期の教科書問題に対応したいという思いから執筆されたものであり、この著作において教科書の思想史研究が成立しているわけではない。

山住がなぜ教科書に注目したのかは、以下の文章に明らかである。「教育を支配しようとする政治的権力は、教科書の内容を思いのままに変更しようとする。そして、それにもっとも適した制度が、教科書国定制度であり、その制度のもとでは、国は、政策実現に有利な材料を、自由に教科書にもりこむことができるのである」。「文部省の指導要領があることによって、編者が学問的良心をもって自由に教科書を編集できないという、教科書の死活にかかわる問題が、ここに提出されていた」。「教科書検定は、修正要求という方法をとることによって、特定の思想を教科書にもちこむ検閲となる。この事実が、教科書検定を違憲・違法とする訴訟を、多くの教師や父母が支持する客観的な根拠となっている」。「私たちは明治期と第二次大戦後の二回にわたって教科書の統制をうけるというにがい経験をあじわってきた」。

このように山住は、教科書国定制度、学習指導要領、教科書検定制度による教科書内容の統制に対して、批判的に対峙したうえで教科書史研究に従事したのである。

しかも山住は以下の叙述から理解できるように、近代日本の教科書内容をアジア・太平洋戦争敗戦に帰結したということだけではなく、良心的な教育学者として、当該期である戦後教科書検定期の子どもの学力保障という面からも教科書内容に注目している。

「知的自由を保障することが国民の能力をたかめるための不可欠の前提」。「戦前の教育が批判されなければならなかったのは、それが敗戦直後にいわれたように軍国主義的・超国家主義的な内容であったから、というにとどまらない。そこでつかわれていた教科書が子どもたちの学力に差をつけるようなものであったからだ」。「形式的な平等ではなく、実質的に教育をうける機会を平等にし、その内容を充実していくうえで、教科書は重要な位置をしめている」。

唐澤富太郎の教科書の歴史研究

日本教育史研究者であった唐澤富太郎《からさわとみたろう》（一九一一〜二〇〇四）は、『教科書の歴史―教科書と日本人の形成―』において、「教科書の歴史こそは、小学校の歴史であり、庶民の教育史であり、国民の形成史である」と断言している。同書は副題にある通り教科書の内容分析により、日本人がどのように形成されてきたかを歴史的に把握したものである。各時代の主要な教科書が意図した理想的人間像の変遷分析により、日本人のパーソナリティの特質が明らかになると主張している。

ただし、分析対象の中心は修身・国語教科書であり、歴史教科書ではない。修身・国語教科書の分析にしても、あくまで基本的動向をふまえた概説的内容変遷史である。同書も教科書の思想史として成立しているとはいえない。この点、唐澤自身の以下の文章を読むと理解できるであろう。

本書はわずかに自分自身に対する一里塚として、教科書の歴史を概観し得たにすぎないものであって、今後の課題として、この教科書自体の内部的な発展と、さらには諸外国の外的影響とがどのように絡み合っていたか、そしてそれらを動かして教科書を一定の方向に決定づけている基本的な力はどのようなものであったかという教科書の歩みへの真の歴史学的な解明に進みたいと思っている。

しかし同書は、近現代日本の教科書総体を検討対象とした大著であり、教育史研究上の価値がきわめて高いことに現在も変わりはない。また、引用部分が教科書の思想史の重要性と関わっているように思う。

唐澤も海後、山住同様に、アジア・太平洋戦争敗戦に帰結した理由を学校教育、すなわち教科書内容に求めていく中で、教科書史研究を展開していたといえる。「昭和に至って遂《つい》に日本を悲劇のどん底に陥れたのも教科書であったと言って過言ではないであろう」と明記されているし、以下の叙述にも明らかである。

日本人が明治以後いかなる歩みを続けてきたか、また誤った教育がいかなる結果を招いたか、このことへの偽らない大胆な反省を通すことなくしては、今後の正しい行き方は考えられないであろう。本書はまさにこのような観点から、幕藩体制下の教科書を背景として、それ以後八〇年の教科書の歴史をたどったものである。

このように、海後、唐澤は、教科書の思想史の重要性を理解していたように思うが、それが実現できていたとは言い難いのである。

二 ナショナル・ヒストリーをめぐって

明治国定期以前の歴史教科書

唐澤は、「教科書を研究するに当たって、現在のわれわれの最も大きな関心事」を三つ挙げている。二つ目として「日本人は教科書を通していかなる人間を理想的人間像として描いたか」、三つ目として「今後いかなる人間を理想的人間像として」掲げるべきであるかを挙げているのであるが、一つ目として出てくるのが「神話的教材がいつから取り入れられたか、そして神国観念がどのようにして日本人の心に刻み込まれたか」なのである。この点、海後も『歴史教育の歴史』で「学校教材に史実とは考えられない建国神話などを掲げて教えてきたこと」を記していた。

右のように、学問と教育の分離の歴史、いいかえれば神国思想と近代教科書の関係史という近代日本教育史上、重要な研究課題が浮上してくるのである。つまり、明治期以降の小学校歴史教科書の中の「神代《かみよ》」叙述の分析に焦点化して検討していく必要があるといえる。

この小学校日本史教科書が、日本列島住民の国民化に機能したことは疑えないところである。そして小学校日本史教科書群の展開過程において画期となるのは国定歴史教科書の登場である。国定歴史教科書の登場により、近代日本におけるナショナル・ヒストリーは成立したと位置づけられる。

とはいえ、初期の小学校国定歴史教科書内容の基調は、遅くとも明治検定制の後期（明治三十三年公布の第三次小学校令と同年制定の「小学校令施行規則」以降、同三十六年勅令第七四号公布による小学校教科書国定化決定までの時期）にはすでに確立していると考えられている。最初の国定歴史教科書は、検定期後期の小学校日本史教科書を参考にして執筆されたと考えられているからである。

先行研究では、基本的には帝国憲法・教育勅語のもと、検定制度（明治十九年〜）と第二次小学校令（同二十三年）に準じた「小学校教則大綱」（同二十四年）という二つの具体的施策により、遅くとも検定期後期には小学校日本史教科書群の内容の基調が確立していると理解されている。筆者も、基本的にこの理解に間違いはないと考える。

しかしこの考え方は、「小学校教則大綱」の条文内容の検討と、小学校日本史教科書内容の分析から推測しているだけである。検定制と「小学校教則大綱」の何がどのように小学校日本史教科書内容の基調の確立と関係しているのかは、明らかではなかった。検定制における小学校日本史教科書統制の実態が分析されたうえで、検定制が歴史的に位置づけられているわけでもなかった。

また、検定制と「小学校教則大綱」を基本的枠組みとしながらも、検定期に小学校日本史教科書群が内容的に変容しつつ均一化傾向を示していく複雑な過程は、総合的に検討し直す必要があった。その場合、政府・文部省の施策と教員・子どものあいだに存在して教科書を刊行した民間の立場にある教科書出版社と教科書執筆者の動向に、背景として注目する必要が出てくるのである。

在京有力教科書出版社の動向に注目した先行研究としては、梶山雅史《かじやままさふみ》の教科書制度史研究が重要である。ただし梶山の教科書制度史研究は、個別教科書出版社の分析には踏み込めていない。教科書出版社は執筆者とともに、教科書作成主体といえる。個別教科書出版社の動向をふまえることにより、教科書作成主体に踏み込んだ分析が初めて可能となってくるのである。政府・文部省の施策・統制に関する分析は重要なのではあるが、それだけではなく文部省を含めた、教育社会における諸勢力によるせめぎあい（関係性）のなかで教科書史を解明していく必要がある。教科書史研究において、教科書出版社、執筆者の分析が求められてきているといえる（ただし、これらの課題に対する筆者の総合的な解答は、竹田進吾「近代日本歴史教科書史研究」を参照していただきたい）。

文明史観と歴史教科書

以下本講では、この明治国定教科書期以前の小学校歴史教科書史のなかで、文明史観と小学校日本史教科書との関係性に焦点化して、思想史の脈絡を重視して考察する。具体的には、文明史観の主張者のなかから三宅米吉《みやけよねきち》（一八六〇～一九二九）を取り上げる。三宅は日本史研究者であるが、歴史教育との関係も深い人物であり、明治検定期を代表する有力教科書出版社金港堂と密接な関係をもっている。

検定期の明治二十年代においては、小学校日本史教科書群が総体として内容的に変容している。とくに明治十年代から二十年代初頭にかけては、歴史研究の展開と連動した動向を認めることができる。この動向を主導した思想的潮流が文明史観なのである。

福沢諭吉『文明論之概略』（一八七五年）、田口卯吉《たぐちうきち》『日本開化小史』（一八七七～八二年）、三宅米吉『日本史学提要』第一編「気候人種古物」（一八八六年）等の文明史観による著作物が、明治前半期における知識人社会の動向に多大な影響を与えたことは、著明な事実である。

三宅は明治十九年（一八八六）四月、金港堂編輯所評議役・取締主務となり、同年七月金港堂から教育事業視察として欧米に出立、在英中に『小学歴史編纂法』（金港堂、一八八七年）を刊行している。明治二十一年一月に帰国して、金港堂編輯所長となり、雑誌『文《ぶん》』を主宰した。明治二十八年三月には、金港堂書籍株式会社取締役および編輯所長を退任している。三宅に注目することにより、三宅の影響を受けた金港堂の歴史教科書内容を、三宅の歴史教育論の観点から分析することが可能となってくる。

とくに、三宅が金港堂幹部のまま、官の世界との関係性を深めていく時期に注目することにより、三宅と金港堂の関係、三宅の歴史教育論の変容、金港堂版小学校日本史教科書の変容を思想史の脈絡を重視して考察する。

三　教科書史と思想史との結節点

三宅米吉の歴史教育論

雑誌『文』に関して重要なのは、創刊号（一八八八年七月）から継続していた『文』の編輯人を、三宅が第四巻第一号（一八九〇年一月）から降りているという事実である。本講では略するが、三宅の退任は発行部数減少を受けてのものであると判断できる。つまり、『文』を使った三宅の学問・教育に関する啓蒙活動は、当該期の教育社会に広く受容され続けることはなかったのである。それが明治二十二年（一八八九）後半期には明確になっている。

三宅は『文』編輯人を退任した後、翌二十三年一月には帝国博物館列品取調嘱託《しょくたく》、同年十二月には高等師範学校の当学期中日本歴史講義嘱託、同二十四年五月には高等師範学校歴史教授を嘱託されている。同二十八年一月には帝国博物館学芸委員に就任する。このように三宅は、同二十三年以降、金港堂幹部のまま官の世界との関係を深めている。さらに同二十八年三月に金港堂を退社すると、翌月の四月には高等師範学校教授となり、同月考古学会を創設している。この過程から、三宅と金港堂の関係にとって、同二十二年末が画期となっていると位置づけることができる。

三宅は『文』編輯人の時期、ナショナリストとして欧米列強の世界侵略への危機意識をもっていた。たとえば、パナマ運河・ニカラグア運河・シベリア鉄道建設という「世界ノ大工事」の影響に最も厳しくさらされるのが日本であるという危機意識を示し、「是レ実ニ欧米百万ノ軍相率ヒテ我ガ国ニ押シ寄セ来ルニモ比スベシ」とたとえている。この状況に日本人が受動的にしか対応できなければ、「日本ノ将来甚覚束《おぼつか》ない」ことになる。これが「世界ノ大勢」なのだと三宅はいう（『文』第一巻第三号、一八八八年十一月）。

しかしその危機意識は、あくまで欧化（近代化）を「欧州開化ハ終ニ世界ノ開化トナルベキモノ」（『文』第一巻第八号、同年四月）と必然的・普遍的なものとみたうえで、主体的に「欧州人」の観点を内在化することにより、近代国民国家を志向する性質をもっていた。

歴史学・歴史教育に関しては、日本を「文明国」に位置づけるために文明史観の影響下、「欧米」基準のナショナル・ヒストリーとして日本歴史を構想しようとした。

現今欧米に於て歴史編纂の大眼目とする所は、乃《すなわ》ち開化の進退是なり。故に開化を進むるもの之を遏《とど》むるもの、皆残さずして之を挙げ、且又各事実の軽重は其《その》開化に関係する軽重を以て之を定む。是以世態《せたい》人情の変遷文学技芸政治宗教等の変遷を主として論じ、戦争の事王室の記の如きは余り有用とせず。要之に欧米の歴史は事々皆互に相関係し皆開化なる一大事実の下に統べらるゝなり。顧て本邦の歴史を見れば、其叙記する所も眼目とするものなきを以て、事々皆相離れて互に関係する所少し。加之《しかのみならず》開化の進退に着意せざるを以て事蹟を択《えら》むこと大に欧米と異なり、上帝王の紀を主とするは好しと雖も、所謂《いわゆる》忠臣賢者の言行、争乱軍事等を以て大部分を塞ぎ政治法律宗教文学技芸等の事は殆んど不載之。況《いわん》や人民一般の風俗人情の如きに至ては、全く之を度外に置くが如し。（『小学歴史編纂法』）

このように、「欧米の歴史」が「開化の進退」を軸に編纂されているのに対し、「本邦の歴史」はその観点がなく、君主・英雄・豪傑中心の政争史・戦争史でしかなく、「政治法律宗教文学技芸等」、なかでも「人民一般の風俗人情」が欠如していると批判されている。

注意が必要なのは、傍線部分に顕著なように、徹底して「欧米」の視線が内在化されていることである。ナショナル・ヒストリーを形成するためには、日本歴史に「欧米」基準の存在価値をもたせなければならず、「開化の進退」（社会の進歩）という観点が必要とされてくるのである。

そのため、「欧米」基準の「科学」の成果である考古学的認識を重視することになり、「神代」事象を歴史事実として叙述することを否定した。「所詮開闢《かいびゃく》の事ハ古伝によりて知るべきにあらざれば姑《しば》らく之を通常歴史より逐ひ出して、別に諸学の理論により、又地質天文等の実物研究によりて穿鑿《せんさく》すべきのみ」と断言する。ただし研究が進んでいない以上、考古学的成果による叙述も難しいと、「現在の所にてハ今日までに世に確知せられたる貝塚の事、土蜘蛛《つちぐも》の事、蝦夷《えみし》の事等に就《つい》て可成《なるべく》其事実のみを記るし。敢《あえ》て学文世界の論場に立入らざるやう注意ありたし」（『小学歴史編纂法』）という。

ここでも注意が必要なのは、「世界万国いづれはあれど神代記《じんだいき》のなき国はなし然れども其国の歴史中に其国の神代記を載せて児童に教ふる所は、文明国と云ふべき国にはなし」（『小学歴史編纂法』）とあるように、「神代」を歴史として子どもに教えることは「文明国」では見られないから、「神代」を歴史に載せるべきではないとしていることである。すなわち、三宅にとって「神代」を日本歴史から削除することは、日本を「文明国」に位置づけるうえで必要なことなのである。つまり、ナショナリズムの観点から必要とされているのである。ここでも「欧米」の視線の内在化が見られる。

しかし、すでに明治十七年（一八八四）において、「神代」事象をめぐる「科学」と「国体」（「皇室の尊厳」）の衝突を自覚しており、衝突回避の意向を示していた。

蓋《けだ》しこれらの事蹟（「天地開闢」「神祇の伝」―引用者注）の中道理にあて又実地に由りて決あるまじきことは退け得べきも、道理には随分適《かな》へども実地には疑はしきなど云ふ事に至りてはこれは虚偽なりとも言ひ棄《す》て難ければ、すべて神世の事は論ぜざる方宜しかるべし。殊に小学にては猶更《なおさら》これらの事は省かれたし（『小学歴史編纂法』初出は一八八四年）

重要なのは「道理には随分適へども実地には疑はしきなど云ふ事」を、歴史教科書執筆者等が「虚偽」とはいいにくいとしていることである。「神代」事象で「道理」には適っているが「実地」には疑わしいことを、「虚偽」としている。「道理」とは教訓的な話として筋が通っていることを意味していると理解できる。「実地」の方は、教育現場でも実証的な歴史研究の場でも意味は通る。おそらくは教育現場をさしているだろうが、教育現場的な疑義であっても、その疑義が実証的な歴史研究へとつながると考えれば、究極的にこの「実地」は、実証的な歴史研究を意味していることになる。

小学校歴史教育において「神代」叙述が存在した場合、「これは虚偽なりとも言ひ棄て難」い局面が存在することを、明治十七年の時点で指摘している。「神代」叙述が存在することにより、「科学」の成果としての日本古代史を教授すること、つまり「神代」事象は歴史事実ではないということと、「尊王愛国ノ志気ヲ養成」（「小学校教則綱領」一八八一年）することが、学校教育の現場で矛盾する局面が出てくると、すでに想定されていることになる。だからこそ「神代」は削除すべきという脈絡なのである。

三宅と金港堂の関係では、前述したように明治二十二年（一八八九）末の動向が重要である。翌年以降、官の世界との関係が深まっていくなか、明治二十三年末に書かれたと推測できる「史学ノ本義」において、「文明史」の役割が軽視されていた。この三宅の民間から官への移行期ともいうべき時期において、小学校歴史教育論でも三宅は以前のような積極性を示さなくなるが、同二十四年という段階においては、小学校教育で文明史観的な歴史教育論を強調する必要はなくなったという判断であろう。

おそらく三宅にとって高等師範学校に関わっていくことは、より実証主義歴史学に専心できることを意味していたのであろう。結局、三宅は単著としてナショナル・ヒストリー（小学校日本史教科書）を刊行しなかったのであり、明治二十一年の時点においても、小学校日本史教科書執筆より、臨時全国宝物取調に同伴することを優先していたのである。

矢面に立つ新保磐次

三宅の影響を強く受けながら小学校日本史教科書執筆に従事したのは、三宅の盟友ともいうべき新保《しんぼ》磐次《いわじ》（一八五六～一九三二）である（新保に関しては、竹田「新保磐次と歴史教科書」を参照）。文明史観の影響を受けた三宅の歴史教育論の特質は、明治二十一年（一八八八）、明治二十二年刊行の新保著『小学日本史』第一～六には濃厚に存在していた。しかしその特質は、明治二十五年刊行の金港堂編輯所編『小学史談』（同書が新保著作であることは、竹田「三宅米吉の歴史教育論と金港堂の歴史教科書」を参照）において、「神代」叙述が存在しないことを除くと、かなり影響力を失っている。『小学史談』により、国定期以前における金港堂版高等小学校第一・二学年用日本史教科書の基本的な体裁と内容が成立したのである。

この後、金港堂版高等小学校第一・二学年用日本史教科書として重要なのは、金港堂書籍株式会社編輯所編『小学校用日本歴史』前編第一〜三巻（供給本、一八九四年）である。これは「小学校教則大綱」に準じた教科書が使用された時期に流布している。同書は、体裁・内容とも『小学史談』と酷似している。ただし、『小学史談』が全二五章なのに対し、『小学校用日本歴史』前編は全二三章と、江戸時代史を中心に増補・改訂されている。同書は、内容的に新保の著作である『小学史談』を基に改訂されたと推測できるが、新保自身、自分の著作と明言している。

『小学校用日本歴史』前編にも、「神代」叙述はないのだが、この点、その後の金港堂版高等小学校第一・二学年用日本史教科書にどう受け継がれたのだろうか。

金港堂書籍株式会社編輯所編『小学日本歴史』前編第一〜三巻（供給本、一八九五年）、同『小学日本歴史』前編第一〜三巻（供給本、一八九六年）は、新保著作と記されていないが、実はこれらの『小学日本歴史』前編は、『小学校用日本歴史』前編と基本的に同じ内容なのである。大きな違いはただ一つ、『小学校用日本歴史』前編（供給本、一八九四年）の「第一章。緒言。」が、二種類の『小学日本歴史』前編では「第一章。瓊《に》瓊杵尊《にぎのみこと》。」に変わっていることである。つまり、「神代」が増補されたのである。

この改訂は、『小学日本歴史』前編の初版本（検定申請本、一八九四年十二月二十二日発行）で、すでになされている。つまり、検定申請本に対する文部省検定での指摘を受けての改訂ではない。

実際、明治二十七年（一八九四）以降に検定を通過している斎藤斐章《さいとうひしょう》編輯、教育学館校定『新体日本歴史初歩』上・下巻（一八九六年八月九日訂正発行、同年十月七日文部省検定済）は、高等小学校第一・二学年用であるが、「神代」叙述はない。明治二十九年十月段階でも、高等小学校第一・二学年用日本史教科書において「神代」事象は、文部省から強制されていないのである。

『小学校用日本歴史』前編（供給本、一八九四年）は、同年一月三日訂正再版、一月十六日文部省検定済なので、明

治二十七年に、金港堂内部で「神代」増補が決定されたことになる。

この「神代」増補に関して重要なのは、新保の論説（「小学国史の体《たい》に付て。」）である。この論説は明治二十六年十二月に掲載されたのだが、前年の久米邦武《くめくにたけ》事件が二ヵ所言及されている。一つは、神社叙述重視を主張する脈絡なのだが、もう一つが「神代」問題なのである。新保自身が小学校日本史教科書に「神代」事象を歴史事実として叙述していないことを、自己弁護するところで久米事件に言及している。

「祭天古俗の説（久米邦武「神道は祭天の古俗」―引用者注）は荒唐不稽《こうとうふけい》の説にもせよ、反対者が之を以て皇室の尊厳を汚す者となし、学問外の運動に訴へて」攻撃したことを批判している。「神代」を歴史事実として叙述しないということは、「神代」事象に実証的な問題があることを指摘することであり、それは「皇室の尊厳」を損なうことだと考える者の「学問外の運動」を警戒して、自主規制としての「神代」増補が決定されたと理解できる。

実際、久米事件を受けて岩下方平《いわしたまさひら》は、編年史編纂委員全体の責任を追及しながら、ついに教科書問題を浮上させていたのである。

> 彼の編纂委員中、教科書編纂に従事するものありと。危いかな此事や。夫《そ》れ教科書は将来の国民を鋳造する所の模型なり。其《そ》の善悪によりて、将来の国民は忠誠《ちゅうせい》楠公《なんこう》の如きものともなり、凶賊尊氏《きょうぞくたかうじ》が如きものともなるべし。彼の編纂委員は博学自許せば、其の作為する所或《あるい》は世間一般のものに超ゆることあるべしと雖《いえど》も、従来の所為已《すで》に掩《おお》ふべからず。帝国紀年を短縮せんとせり、忠臣孝子の事蹟を抹殺せんとせり。其の模型によりて鋳造せられたる国民は、楠公の如きか、将《はた》尊氏の如きか、予や将来を俟《まつ》て之を験せん。（「編年史編纂委員を如何せん」一八九二年、田中・宮地『歴史認識』）

引用部分は、直接的には三宅が『文』で組織した「日本上古年代考」論争に、久米と星野恒《ほしのひさし》が那珂通世《なかみちよ》論文に好意的な立場から参入してきたことをさしている。しかし久米事件当時も、那珂論文が「帝国紀年を短縮せんとせり」と非難の対象になっていたのである。同じ論説の別のところでは、「二三年前狂者出て、帝国紀年を短縮し、耶蘇《やそ》紀元と同じからしめんとする邪説を唱道」したと、那珂は「狂者」と罵《ののし》られていた。

三宅米吉の思想と行動

三宅の場合、ナショナリストとして欧化（近代化）を基本的に重視する姿勢は、生涯変わらなかったと考えられる。しかし、小学校歴史教育に関して文明史観的側面を強調しなくなる傾向は劇的に表れている。これは、教育社会を取り巻く状況の変容を受けたものであると考えられる。なぜなら、文明史観が教育社会で支持された時期は、森有礼《もりありのり》文政期と重なるからである。

つまり、教育勅語の影響を受けた「小学校教則大綱」の出現は、教育社会における文明史観の位置の変容に意味をもったと想定できるのである。この三宅の変容と連動して、金港堂版小学校日本史教科書も変容していったと位置づけられる。両者の変容はともに明治二十年代に起きている。

三宅はナショナリストとして日本を「文明国」に位置づけるために「神代」削除を主張していた以上、「国体」、「皇室の尊厳」が声高に叫ばれていく社会状況のなかで、ナショナル・ヒストリー作成主体から撤退していくことになるのは当然であったといえる。なぜなら明治二十年代を通して、眼前の日本は「文明国」に「進歩」、「発達」していたからである。

三宅は明治二十一年（一八八八）の時点で、来るべき「府県、郡村、市町ノ制度」改革、帝国憲法公布・施行、帝国議会開設に期待していたし（『文』第一巻第二五号、一八八八年十二月）、帝国憲法の解説をした後で「嗚呼《ああ》君主独裁ノ政ココニ全ク改マリテ、立憲政治ノ本体ヲナセリ」（『文』第二巻第三号、一八八九年二月）と帝国憲法を称賛していた。

帝国憲法公布・施行、帝国議会開設という展開に、「国家ノ発達」(「史学ノ本義」)を見て取っていたと考えられる。三宅が金港堂を辞めて、高等師範学校教授となった同二十八年四月には、日清戦争講和条約が調印されている。前年七月には条約改正に進展をみせた日英通商航海条約が調印されてもいた。

三宅の中で、日本が「文明国」に「進歩」、「発達」しているという認識があるからこそ、「修正国定教科書に就て」(明治四十五年)、「小学歴史教科書に就ての私見」(大正四年)、「小学歴史教授の五大眼目」(大正十年)にみられるように、「小学歴史教授法」(明治二十四年か)、「歴史教授談」(同二十五年)から約二〇年の空白を経た小学校歴史教育に関する論説で、「体制内学者」(家永三郎「序　ある明治の教育者の気骨」、森田俊男『開闢ノコトハ通常歴史ヨリ逐イダスベシ若き日の三宅米吉』)として再登場できたと考えられる。

以上、教科書の思想史を近代日本の小学校歴史教科書の内容変遷を例に検討してみた。具体的には三宅米吉の思想と行動を中心にして、比較的開明的と位置づけられる金港堂版小学校日本史教科書の内容変遷を思想史の脈絡を重視して考察した。

最後になるが、教科書内容史研究を成立させるために必須の考え方を示しておきたい。基本的に研究史料の教科書は、原本もしくはなんらかの原本複写物相当を対象として欲しいということである。筆者自身、過去の研究はすべて原本・原本複写物を対象としてきた。参考文献にも示した教科書活字本も存在するが、明治国定期以前の膨大な教科書群のほんの一部が収録されているに過ぎない。研究上、原本・原本複写物を使用することは、近代日本における教科書世界の全体像を理解するために必要な手続きと考える。

教育史というものは、たとえば教育事象を「教育」に限定した史料群から分析するのでは元来実現不可能なのであり、できうる限り広い視界を必要とする。しかし、いくら広い視野が開けていても、眼前の教科書が活字本では、教科書の思想史には到達できないのではないだろうか。もとより教科書の思想史は多様な研究が構想可能であろう。たとえば教科書受容の思想史といった研究もありうるだろう。本講では教科書の思想史の一つを示してみた。

参考文献
海後宗臣・仲新編『日本教科書大系』近代編第一八〜二〇巻歴史（一）〜（三）（講談社、一九六二〜六三年）
海後宗臣『歴史教育の歴史』（東京大学出版会、一九六九年）
梶山雅史『近代日本教科書史研究』（ミネルヴァ書房、一九八八年）
唐澤富太郎『唐澤富太郎著作集第六巻・第七巻　教科書の歴史』上・下（ぎょうせい、一九八九・九〇年）
田中彰・宮地正人校注『日本近代思想大系一三　歴史認識』（岩波書店、一九九一年）
中内敏夫『軍国美談と教科書』（岩波書店、一九八八年）
中村紀久二『教科書の社会史』（岩波書店、一九九二年）
三宅米吉『小学歴史編纂法』（金港堂、一八八七年）
文学博士三宅米吉著述集刊行会編纂兼発行『文学博士三宅米吉著述集』上・下（一九二九年）
森田俊男『開闢ノコトハ通常歴史ヨリ逐イダスベシ　若き日の三宅米吉』（民衆社、一九八一年）
山住正己『教科書』（岩波書店、一九七〇年）
同『教育内容と日本文化』（青木書店、一九七七年）
竹田進吾「三宅米吉の歴史教育論と金港堂の歴史教科書」（『日本教育史研究』第二六号、二〇〇七年）
同「三宅米吉と雑誌『文』」（阿部猛・田村貞雄編『明治期日本の光と影』同成社、二〇〇八年）
同「国光社と歴史教科書」（『歴史評論』第七一一号、二〇〇九年）
同「近代日本歴史教科書史研究」（東北大学大学院教育学研究科、博士論文、二〇一〇年）
同「新保磐次と歴史教科書」（『近代史料研究』第一一号、二〇一一年）

第9講　書物

明治国学者の蔵書形成

大沼宜規

一　蔵書研究の可能性

蔵書研究の歴史

学者や思想家と書物はいうまでもなく切っても切れない関係にある。なかでも蔵書は、おのずからその学問・思想のもととなる知見があらわれる。その意味では蔵書は所蔵者の学問・思想を映す鏡といえる。だがそれは間接的なものにすぎない。所蔵することと読書することは異なるし、まして所蔵することと、読書した内容を内在化して自らの学問・思想を組み立てることは、異なる営為だからである。学問・思想を文章で表現することを業とする学者・思想家を取り上げる場合、著作に軸をおいて研究することが「正攻法」であって、蔵書研究はかなり迂遠な方法といえる。その迂遠な方法を用いようとするならば、少なくとも適切な対象を選び、方法を自覚することが求められる。書物研究には出版・流通・享受など多様な研究視角があるが、本講においては明治国学者の蔵書に着目したい。

蔵書研究は、川瀬一馬や小野則秋などにより書誌学や図書館学の一端として、あるいは森銑三など在野の研究者によって取り上げられることはあったものの、日本史学の立場から関心がもたれるようになったのは近年のことに属する。

研究の進展がみられるのは近世史である。文学・書誌学などとともに、それぞれの枠組をこえて、一九九〇年代にはじまり二〇〇〇年代以降盛り上がりをみせている書籍・書物研究の一部をなしており、橘川俊忠、若尾政希、横田冬彦、高橋章則、高倉一紀、工藤航平などをはじめとする多くの研究者によって進められてきた。個別に論及する余裕はないが、地域社会における知識層や地方文人を中心に教育や思想、社会基盤を検討するうえで有効な視角として取り上げられてきた。一方で、禁裏《きんり》・公家文庫についても特色ある資料の検討がなされるとともに松澤克行、佐竹朋子などにより、蔵書のもつ社会的意義が指摘されている。日本思想史学会も、二〇〇二年度大会パネルセッション「思想の学と書物の学と」、二〇〇三年度大会シンポジウム「思想を語るメディア」において蔵書についても取り上げている（『日本思想史学』第三五号・第三六号）。

近代史においても、さまざまなメディアや史料への関心は高まりをみせている。たとえば、近年では日本思想史学会において二〇一六年度大会シンポジウム「思想史のなかの雑誌メディア」が開催された（『日本思想史学』第四九号）。だが、こと蔵書研究に関しては文庫や特筆すべき書籍の紹介を除き、顧みられることはほぼなかったといってよい。近世から近代初期の書籍・書物研究に関する基本的な文献目録である鈴木俊幸編『増補改訂近世書籍研究文献目録』、同編『近世・近代初期書籍研究文献目録』（『書籍文化史』第一六号以降に補遺）をひもといても、近代の蔵書研究はほとんどみられない。

文学者に関する蔵書研究は除くとして、学者・思想家に関するもので管見に入ったものとしては、民俗学者櫻井徳太郎旧蔵の柳田国男著作を手がかりに柳田受容の過程をさぐった、矢野敬一「戦前における柳田国男著作の受容」や、成瀬《なるせ》仁蔵《じんぞう》旧蔵書中のカタログ・シラバスなどに着目し日本女子大学のカリキュラム構想への影響を検討した小林陽子「成瀬仁蔵の蔵書調査（第2報）」といった個別的な研究がある。また、高橋智は、安井《やすい》滄州《そうしゅう》・息軒《そくけん》・朴堂《ぼくどう》三代の蔵書について詳細に書誌学的検討を加え、三人の生涯に即して解説を加えた労作「安井家の蔵書について」を記している。少し視点を広げれば、明治期の資料を中心に村落社会の蔵書を取り上げた磯部敦「蔵書研究の現在」、近代地方商人の「知」の様相を分析した、武田穂波「近代地方商人の教養と趣味の蔵書」もある。

筆者も、幕末から明治時代にかけて文献考証を盛んに行ったいわゆる考証派国学者の蔵書について検討したことがある。自筆本や書入本は購入した書物とはかけられた労力が異なることに着目し、小杉榲邨《こすぎすぎむら》（一八三四〜一九一一）旧蔵書中の識語を分析し、蔵書形成過程に学問の重層的な広がりを見出せることを指摘した（大沼宜規「小杉榲邨の蔵書形成と学問」）。また、蔵書の復元と分析を通じて木村正辞《きむらまさこと》（一八二七〜一九一三）の学問を明らかにしようと試みたことがある（大沼「岩崎文庫所蔵木村正辞旧蔵本について」、同「木村正辞旧蔵本の考証と復元」、同「旧蔵書の識語にみる木村正辞」、同「木村正辞と旧蔵本の特徴」）。

考証派国学者と蔵書研究の有効性

筆者が取り上げた小杉や木村が生きた江戸時代後期から明治時代は、そもそも多くの蔵書家が登場する時代である。地域を江戸・東京に限っても、江戸時代の毛利《もうり》高標《たかすえ》・市橋《いちはし》長昭《ながあき》・新見《しんみ》正路《まさみち》・屋代《やしろ》弘賢《ひろかた》・小山田《おやまだ》与清《ともきよ》・狩谷《かりや》棭斎《えきさい》など、明治時代の中村正直《なかむらまさなお》・重野《しげの》安繹《やすつぐ》・島田重礼《しまだちょうれい》・伊藤圭介《いとうけいすけ》、小中村清矩《こなかむらきよのり》、木村正辞、黒川《くろかわ》真頼《まより》、井上頼圀《いのうえよりくに》、小杉榲邨、榊原芳野《さかきばらよしの》、谷森善臣《たにもりよしおみ》など、枚挙にいとまがない。彼らのなかには学者も収集家もいるが、学者に着目するならば考証派国学者が多いことに気づかされる。このことは偶然ではなく、彼らが文献学的志向を強くもっていたことと関係するものであろう。そのことを明らかにするためには、彼らの研究活動を跡づけるなかで蔵書形成の必然性を考えていかねばならないだろう。

ところで、蔵書研究には総体としての蔵書群と個別書とのいずれに着目するかという論点があり、個別書研究は文学研究や書誌学研究の担務とする考え方もある。総体としての蔵書傾向を捉えることは不可欠であるが、学問・思想が基本的には個人から生み出されることを考えれば、学者・思想家を対象にする場合、自筆本や書入本などを中心に個別書の検討も避けては通れないであろう。

蔵書が散逸せずに伝存することと表裏の関係ともいえるが、所蔵者が代を重ねることで個人蔵書と家の蔵書が混然一体となり、個人蔵書を把握できなくなるという問題もある。この点については、考証派国学者の場合は若干状況が異なる。右の人々を通覧しても、多くは一代で学問とともに蔵書を形成してきた人物である。しかも皮肉なことにあまり後継者が育たなかった結果、後継者の蔵書と一体化することが少ない。散逸したものも多いが、部分的にまとまって資料保存機関に伝存し、蔵書目録や筆跡・蔵書印などにより行方を追うことができる場合も少なくない。つまり、復元の労力はかかるものの考証派国学者は、個人の蔵書形成を検討することが可能な対象なのである。

しかも彼らの場合、微細な考証に注力する結果、著作からは研究の全体像が把握しにくかったり、著作や見解が活字化されずに手稿や書入れのみで伝わったりすることが少なくない。そのため、著作からは読み取ることができない世界を蔵書からさぐりうる可能性がある。冒頭に掲げた迂遠な方法をとらざるをえない必然性がある。

本講においては、右の考え方をふまえ、木村正辞を中心に考証派国学者を取り上げ、主に蔵書目録と現存する蔵書、とくに自筆本や書入本に着目して、その蔵書と学問の特徴を検討するとともに、彼らの蔵書形成の意味を考えてみたい。

二　木村正辞とその蔵書——蔵書目録をもとに——

木村正辞小伝

木村は、文政十年（一八二七）四月六日、清宮仁助の子として下総国埴生《はぶ》郡成田町（現千葉県成田市）に生まれた。天保十四年（一八四三）、妙法院一品《みょうほういんいっぽん》親王家臣であった木村孝之助の養子となって江戸に移り、漢学を寺門静軒《てらかどせいけん》に、和歌・国学を伊能穎則《いのうひでのり》に学び、さらに狩谷棭斎の学統を継ぎ考証研究に長じた岡本保孝《おかもとやすたか》の門に入った。文久二年（一八六二）、和学講談所の会頭助となり、慶応三年（一八六七）には水戸藩邸駒込文庫に出仕した。明治維新後は、明治二年（一八六九）に、「六国史《りっこくし》校正」「支那国通信」「語箋《ごせん》」の取調御用を命ぜられ、大学校少博士となる。同三年以降は神祇官、文部省、司法省などに出仕し、「語彙」の編纂、師範学校教則の取調べ、教科書編纂や民法編纂に携わった。明治十三年以降は東京大学・帝国大学、高等師範学校、国学院、早稲田大学などで日本古代法や万葉集を講じている。明治三十四年に文学博士の学位を授与された。大正二年（一九一三）四月十一日に八七歳で死去した（「木村正辞伝」『東京学士会院雑誌』第一五号第七編、一八九三年、「木村正辞」昭和女子大学近代文学研究室『近代文学研究叢書』、大沼前掲論文等参照）。

彼の研究活動は古代全般に及ぶが、その中心は万葉研究にあった。国文学者久松潜一は、木村の万葉研究について、「書史的本文批評的注釈的研究に力をそそがれてあり、その方面で画期的な業績をなして居る」と述べ（久松潜一『万葉研究史』）、「近世と近代との境に立つ」人物と評価している（同「万葉研究史に於ける三人」）。

木村旧蔵書の特徴

木村の蔵書は四万冊を超えたといわれるが、没後、子孫が東京を離れている間に親族が処分したと伝わる（前掲「木村正辞」）。ただ、幸いなことに東洋文庫におよそ六〇〇件（タイトル数）、大東急記念文庫におよそ四〇〇件の所蔵がある。これらは古書肆に売りに出ていたところを鉱物学者で書物にも通じていた和田《わだ》維四郎《つなしろう》（雲邨《うんそん》）が見出したもので、資金を出した岩崎久弥《いわさきひさや》と久原房之助《くはらふさのすけ》に購入した蔵書を分割して渡したため、二機関が分蔵することになった。このほか天理大学附属天理図書館、石川武美《いしかわたけよし》記念図書館（旧お茶の水図書館）、東京大学法学部研究室図書室、宮内庁書陵部などにも旧蔵本が所蔵されている。蔵書は「木村正辞図書」「木正辞章」などの蔵書印で判別できるほか、識語の筆跡などで確認できるものも少なくない。煙草の葉を防虫葉として多用するなどの特徴もみられる（蔵書印・筆跡の図版や特徴の説明は、前掲「木村正辞と旧蔵本の特徴」参照）。

筆者が現在確認できる四種の木村の旧蔵書目録を突合し、さらに未著録の現存書籍を補遺したところ、著作稿本を含めて二二〇〇件弱を確認できたが（前掲「木村正辞旧蔵書の考証と復元」）、網羅したとは考えられず、補遺の分野的偏りも予想される。木村が作成した目録では、『大八洲』第二巻三号（一九一三年）に掲載されている「欟斎《つきのや》蔵書目録」が最も整ったもので、一三一六件を著録している。「現今の活板物なども交じ」る続編が伝わっていない難点はあるものの、それほど珍しくはない江戸時代後期の版本類などまで著録されており、木村自ら分類し注を付していることから、ここでは同目録を中心にその蔵書について考えていきたい。

「欟斎蔵書目録」の分類と件数は表1の通りであるが、ここでは特徴的な分類についてみていきたい。史書は「正史」「雑史」が多く、「正史」三

図　木村正辞（国立国会図書館所蔵）

表1 「欟斎蔵書目録」の分類と件数

乾（和書）	件数		
神書	58	雑歌	2
正史	37	楽曲	7
雑史	25	詩	1
偽史	1	狂歌	1
記録	1	随脳	17
編年	23	語釈	25
律令	21	活語	23
公事	33	係辞	8
装束	13	物語	32
伝記	33	日記	6
氏族	17	紀行	2
職官	18	文章	12
政書	8	医書	7
礼儀	4	本草	8
地理	60	譜録	18
目録	30	釈書	13
言詞	10	釈書目録	1
字書	20	卜家	2
訓詁	19	数量	7
金石	37	教訓	2
往来	1	書画	3
法帖	4	図録	9
韻鏡	56	雑家	90
万葉	64	小説	2
勅撰	11	類書	3
総集	17	学則	6
別集	19	合戦	3
詩歌	5	索引	34
歌合	9	群書類従	2
百首	4	総計	1017
歌仙	13		

坤（漢籍）		件数			
経	易	4		地理	5
	書	5		目録	39
	詩	4	子	儒家	4
	礼	5		兵家	1
	学庸	2		法家	1
	春秋	3		医家	7
	孝経	14		芸術	8
	論語	9		譜録	1
	経説	25		雑家	24
	訓詁	19		陰陽家	1
	字書	39		類書	10
	韻書	17		小説家	3
	金石	6		釈家	0
	正史	6		道家	3
史	編年	2	集	別集	4
	職官	2		総集	4
	政書	3		詩文	6
	伝記	0		詞曲	1
	史鈔	0		索引	9
	天文	3		総計	299

七件には『古事記』『日本書紀』に複数のテキストがあるほか、同書に関する書物九件など『古事記』『日本書紀』に手厚い。一方「偽史類」「記録類」は各一件にすぎず、『日本外史』『皇朝史略』といった江戸時代の史論は含まれていない。「律令」は、『令集解』『令義解』『延喜式』『類聚三代格《るいじゅうさんだいきゃく》』といった古代の文献をはじめ、『逸令《いつりょう》』『律疏《りつそ》残《ざん》篇《へん》』のような逸文、河村秀根《かわむらひでね》『講令備考《こうりょうびこう》』などの江戸時代の律令研究も含まれている。「万葉」は七〇件あり、『万葉集』テキストや註釈、江戸時代の万葉研究書も多く含まれている。「物語」は三二件あるが上古・中古の物語に限られる。「地理」は六〇件のうち二三件が各国の「風土記」であり、『豊後国図田帳《ぶんごのくにずでんちょう》』『但馬国太田文《たじまのくにおおたぶみ》』など中世の資料も所蔵する。江戸時代の地誌はわずかである。「索引」三四件には、「六国史」に関する索引一二件のほか、「姓氏録《しょうじろく》」「吾妻鏡」「万葉集」「本草和名」「日本霊異記《にほんりょういき》」「新撰字鏡《しんせんじきょう》」など古代文献に関する索引がほとんどである。このほか、言語関係は和書の「言詞《げんし》」「字書《じしょ》」「韻鏡《いんきょう》」「語釈」「活語《かつご》」「係辞《けいじ》」漢籍の「字書」「韻書」などに分かれているが、すべて合算すると一九八件にのぼる。

木村の蔵書に万葉関係が充実しているのは当然ともいえるが、言語関係の文献、古代文献とその関連書が多く、江戸時代のオリジナル作品は少ないという特徴がある。

注記にみる質的側面

「欟斎蔵書目録」には「古鈔本《こしょうほん》」などの注が添えられ木村が特色を見出していたものを知ることができる（なお、注はなくとも現物は該当するものもある）。

古写本は長禄鈔本『伊勢物語』、大永鈔本『論語』など三〇種（以下書名は目録のまま。倭姫命世記《やまとひめのみことせいき》、神令、古事記、釈日本紀、簾中抄《れんちゅうしょう》、愚管抄、王代提要《おうだいていよう》、元秘抄《げんぴしょう》、改元勘文部類、代始和抄《だいはじめわしょう》、御成敗式目注、公事《くじ》根元《こんげん》、聖徳太子伝暦、御年譜、年中常礼之記、万葉集、万葉集註釈、万葉集字要、代々巻頭歌、伊勢物語、古今著聞集、三教指帰《さんごうしいき》、東斎随筆《とうさいずいひつ》、鄭注礼記《ていちゅうらいき》《じょうちゅうらいき》、孝経直解《こうきょうちょっかい》、論語集解《ろんごしっかい》、論語皇疏《ろんごこうそ》、纂図附音増康古注千字文《さんずふおんぞうこうこちゅうせんじもん》、通鑑要説《つがんようせつ》、六韜《りくとう》）、古版本は宋版『御註孝経《ぎょちゅうこうきょう》』、元版『五音集韻《ごおんしゅういん》《ごいんしゅういん》』や天文版『論語』など一八種所蔵していた（和漢年契《わかんねんけい》、御成敗式目注、節用集零本《せつようしゅうれいほん》〈二種〉、韻鏡、禅林類聚《ぜんりんるいじゅ》、古文孝経孔子伝《こぶんこうきょうこうしでん》、御注孝経、論語、論語集解〈二種〉、埤雅《ひが》、五音集韻、直音篇、戦国策、大唐六典《だいとうりくてん》、初学記《しょがくき》、勧学文《かんがくぶん》。「古版本」などとあるもの。年号のある場合は慶長以前の版と分かるものを挙げた。なお、注には江戸前期の版を示す語もある）。

名家による自筆本・書入本なども四二件確認できる。なかでも、師の師にあたる狩谷棭斎に関しては一三件を所蔵しており珍重していたことがわかる（外宮儀式帳私考《げくうぎしきちょうしこう》、群書類従《ぐんしょるいじゅう》第六十四、霊異記攷証《こうしょう》、地名字音転用例、大江千里集《おおえのちさとしゅう》、詞《ことばの》八衢《やちまた》、竹取物語、さころも、本朝度量攷附録、割圜図解《かつえんずかい》、御注孝経、説文斠詮《せつもんこうせん》、集古録）。ほかに小山田与清《おやまだともきよ》、黒川春村《くろかわはるむら》、伴《ばん》信友《のぶとも》、屋代弘賢《やしろひろかた》など考証派国学者の名がみられる。

特徴的なのは、古書のままに版刻または影写した摸刻本・覆刻本・影写本が多いことである。摸刻本・覆刻本は二二件（神代記、倭名鈔《わみょうしょう》、石川朝臣年足《としたり》墓志、仏足石歌《ぶっそくせきか》、道澄寺鐘銘《どうちょうじしょうめい》、薬師寺檫銘《やくしじさつめい》、万葉集三巻、源重之《みなもとのしげゆき》集、順次往生講式、口遊《くちずさみ》、将門記《しょうもんき》、大塔物語《おおとうものがたり》、古文孝経孔子伝〈二種〉、御注孝経〈二種〉、論語集解零本、古今韻会《ここんいんかい》、韓非子《かんぴし》、真本千金方零本《しんぽんせんきんほうれいほん》、群玉韻府《ぐんぎょくいんぷ》、文選六臣注《もんぜんりくしんちゅう》）、影写本は五六件を所蔵していた（日本書紀〈二種〉、古事記零本、日本書紀私紀〈二種〉、掌中歴、円珍和尚奏《えんちんおしょうそう》状太政官牒《じょうたじょうかんちょう》、日中行事、御湯殿上日記残本《おゆどののうえのにっきざんぼん》、雲図鈔《うんずしょう》、上宮聖徳法王帝説《じょうぐうしょうとくほうおうていせつ》、日本書紀竟宴和歌題《きょうえんわかだい》、日本国現報善悪霊異記《げんほうぜんあくりょういき》、日本感《にほんかん》《にほんかん》霊《れい》録《ろく》《りょうろく》零本、常陸国作田勘文、本朝書籍目録、真本新撰字鏡、類聚名義抄〈二種〉、字鏡集《じきょうしゅう》、金光明最勝王経音義《こんこうみょうさいしょうおうきょうおんぎ》、妙心寺鐘銘、法隆寺立像釈迦如来後背銘《ほうりゅうじりゅうぞうしやかにょらいこうはいめい》、仮字格《かなかく》、雑帖、韻鏡、諺文字母反切《おんもんじぼはんせつ》、元暦校本《げんりゃくこうほん》万葉集、大治本万葉集零本、日本紀竟宴和歌、重之の子集、壬二《みに》詠草、頼実集、倭漢朗詠集《わかんろうえいしゅう》、別本催馬楽譜《さいばらふ》、頼朝卿自筆日記、本草倭名《ほんぞうわみょう》、香要抄《こうようしょう》、俊通香薬鈔《としみちこうやくしょう》、多度寺《たどじ》資材帳、十六羅漢講式、東大寺要録零本、藤原経房《ふじわらのつねふさ》卿文書、色川文書、周易正義《しゅうえきせいぎ》零本、古文尚書《こぶんしょうしょ》某氏伝零本、春秋正義零本、古文孝経孔子伝〈二種〉、孝経直解、真本玉篇《ぎょくへん》零本、五経文字《ごきょうもんじ》、九経字様《きょうけいじよう》、新集蔵経音義随函録零本、玉燭宝典《ぎょくしょくほうてん》、文館詞林《ぶんかんしりん》零本）。原本を確認する

と、摸刻本や影写本には「木村正辞図書」印ではなく、「木正辞章」印を用いていることが多く、木村自身も通常の書物とは異なるものと認識していたことがわかる。

後述する「万葉集」をはじめ、先学である伴信友や狩谷棭斎の校訂を補遺した各国の「風土記」（二三件）「韻鏡」（六件）「日本書紀」（五件）「古事記」（三件）「日本霊異記」（三件）など、同一書の異本収集も多い。また、「校本」と注記が付された書物も四四件ある（神代記、外宮儀式帳私考、古事記、金石年表《きんせきねんぴょう》、逸号《いつごう》年表、令集解序校本、令集解序表、雅《まさ》亮装束抄《すけしょうぞくしょう》、群書類従第六十四、霊異記攷証、常陸風土記〈二件〉、播磨風土記、紫の一本、倭名鈔、新猿楽記、地名字音転用例、梵唐千字文《ぼんとうせんじもん》、万葉集〈二件〉、万葉集長歌短歌説、万時、万葉集註釈、詞林采葉鈔《しりんさいようしょう》、古今集顕昭注《こきんしゅうけんしょうちゅう》、大江千里集、和歌童蒙抄《わかどうもうしょう》、詞八衢〈二件〉、竹取物語、堤中納言物語、さころも、落くほ物語、大同類聚方、本草倭名、康頼本草倭名、拾芥抄《しゅうがいしょう》、御注孝経、正平板論語《しょうへいばんろんご》集解札記《しっかいさつき》、経典釈文、説文斠詮、佩觿《はいけい》集古録、漢書。校訂版本・校訂書入本とも）。この四四件は木村による校本は含まない（木村の筆写本・書入本は一三〇件以上あり、校本〈書写させた時の誤写修正も含む〉が半数以上である）。

このように木村は古版本・古写本、名家自筆・書入本といったいわゆる善本に加え、摸刻本・覆刻本・影写本、校合本など善本の内容を記録した本も多く所蔵していた（本講では、以後、両者をあわせて〈善本〉と呼ぶことにする）。そして〈善本〉であれば、分野を問わず収集対象としていた。木村の孫正巳は「古本珍本蒐集」が木村の趣味であったと述べているが（前掲「木村正辞」）、木村は単なる稀覯本コレクターであったのだろうか。そうした面を否定するわけではないが、〈善本〉収集の学問的な意味を無視すべきではないだろう。そのことを考えるため、つぎに木村の研究手法についてみていきたい。

三　木村正辞の研究手法——現存蔵書をもとに——

万葉研究（一）情報の集積と整理

木村の研究手法について、その主要なテーマである万葉研究をもとに考えてみたい。木村の場合、刊行された研究は一部にすぎないので、蔵書中の稿本などを含めて検討を進めることとする（以下、刊行された著作以外に基づく場合、東洋文庫所蔵資料には「x」、大東急記念文庫所蔵資料には「**」を付す）。

（一）文献目録の作成…木村が初めて刊行した版本は『万葉集書目』である。万葉集の諸本、註釈書、研究などの文献目録であり、書名の下に割書で簡単な解説が付されている。さらに、詳細な文献解題『万葉集書目提要』も刊行している。

（二）諸本研究…木村は『万葉集』一一件を所蔵していた。これらは『万葉集書目提要』で解題され、木村の校合作業にも用いられた。その成果がまとめられたのが、宝永六年版の『万葉集』*である。同書は諸本や「万葉代《だい》匠記《しょうき》」「万葉集略解」など総計二〇本を対校し、朱・藍・代赭《たいしゃ》などの墨を利用して字句の相違などを詳細に書入れている。さらに、「異体及通用字之類」「用転音者」「据旁訓当証字音者（旁訓によりまさに字音を証すべきもの。筆者注。以下同）」「誤字」「可攷訓義者（訓義を攷うべきもの）」「据旁訓当正本文者（旁訓によりまさに本文を正すべきもの）」について、字の傍らに記号を付して目印としている（巻一による）。

（三）覚の作成…木村は覚を多数残している。たとえば「翁〔万十八四十六〕くさまくらたひのおきなとおもほしてはりそたまへるぬハんものもか、我ことを翁といへり」（第四一二八首）、「吾妹子　吾妻ならても吾妹子といへる事万十三下十五にミえたり」など（『雑記』*）。このようなメモは、考証のもとになるものであったといえよう。

（四）索引の編集…木村はさまざまな索引も作成していた。『万葉諷字画索《まんようかじかくさく》』*は帳面に「便作使　六十四ウ 十一ウ」などと諷字（誤字）の出現箇所に付箋を貼付したものである。『万葉助辞例』*は助辞について「発語」「引声　助字」「与に通」などと用例をまとめている。また、『万葉集読例』*は「字音を二かたにつかひたる例」「同じき文字を音と訓とにつかひたる例」などの用例を、『万葉語例』*は、「助辞を語の中らにおける事」「野をノといへる例」などの用例を抽出したものである。考証の根拠を検索するツールを整備していた。

（五）先行研究の検討…木村は、先行研究を対校の対象とするとともに、内容の検討も欠かさなかった。後述する通り「水薦野薦攷」で「万葉代匠記」の内容を批判し、橘千蔭《たちばなちかげ》『万葉集略解』については、『万葉集略解補正』*を作成している。これは、万延元年（一八六〇）六月十三日から慶応四年（一八六八）六月十三日まで小中村清矩、横山《よこやま》由清《よしきよ》、間《ま》宮永好《みやながよし》、久米《くめ》幹文《もとぶみ》らと、多い時で半月に一度のペースで『万葉集略解』を会読した成果である。鹿持雅澄《かもちまさずみ》『万葉集古義』に対しては、疑問点に考証を加えた『万葉集古義存疑』*をまとめている。田中道麿《たなかみちまろ》『万葉集東語《あずまことばの》栞《しおり》』*には黒川春村の説が、橘守部《もりべ》『万葉集檜枛《ひのつまで》』*には、狩谷棭斎の説のほか木村自身の考察も書き入れられている。

万葉研究（二）考証と体系化

（六）さまざまな考証…たとえば、「水薦野薦攷」（『欟斎別集』）は、『万葉集』巻二（第九六首）の歌にある「水《ミ》薦《ス》苅《カル》信濃《シナノ》」（現在の訓は「みこもかるしなの」）という言葉の字と訓について検討したものである。木村によれば、当時「薦」は「篶」（訓は「美須」）の誤りとする荷田春満《かだのあずままろ》説が通説となっており、賀茂真淵もこの説を踏襲していた。これに対し木村は、訓は通説に従ったが字は通説を誤りと考えた。その理由は、①「篶」に作るものは『万葉集』諸本になく、

②「篤」字の字書における初出は金代の字書『五音篇海《ごおんへんかい》』（金代の『四声篇海』の改作）であることから、『万葉集』とは時代があわないこと、であった。木村は『万葉集』諸本や漢籍の字書類を広く確認していたことになる。

「於乃」（『万葉集雑攷』*）は『万葉集』巻十八（第四一二三首）の「於乃」とある部分について『新撰字鏡』の「吁」の項目から、「オノ」と訓み「疑ひ怪しみ又ハ驚く意」と主張した。本文二一行の短い論考のなかで『書経』『以呂波字類抄』『類聚名義抄』『説文解字』『玉篇』など多様な文献を引用している。「榛蓁萩芽訓義攷」（『櫟斎別集』）は、「榛」「蓁」「萩」「芽」の漢字の訓と意味を検討した論考である。内容は省略するが、長くない論考ながら、古代の和書や漢籍の韻書など一七件（延喜式、広雅《こうが》、古事記、新撰字鏡、新撰万葉集、日本書紀〈神代紀〉、播磨国風土記、本草倭名、万葉集、万葉集註釈引、倭名類聚鈔、類聚名義抄、琉球志略、広韻、爾雅《じが》、詩経、唐韻）が引用されている。木村の研究手法は根拠となるさまざまな用例を探しだし言語学的検討を加えるものであった。

（七）代表的著作「万葉集三（字音・文字・訓義）弁証」…『万葉集字音弁証』は、特殊な訓の文字と用例を挙げ説明を加えたものである。現在では受け容れられていない訓も多いが、たとえば、「為」を「ヲ」と訓み「乎為流」が「ヲヲル」となることを示し、「意」に「オ」の訓があるのと同様の転訛であると説明する。『万葉集文字弁証』は、文字を通用させる事例を挙げその理由を研究したものである。たとえば、隋代の韻書『切韻』を根拠に「丘」は本来、高山の意味であるとして、「岳」を「丘」に「山」を加えた俗字と判断している。『万葉集訓義弁証』は文字の訓とその理由を用例をあげて研究したものである。たとえば「冬木成」は用例をあげて「フユゴモリ」という訓であることを示し、その根拠として『易経』『詩経』『春秋左氏伝』などに「盛」と「成」を通用させている例があることをあげる。それゆえに「成」を「モリ」と読むのであると理由を考証した。

木村が、こうした検討を経てまとめた総合的な解釈書が『万葉集美夫君志《みふぐし》』であった。

文献の「復旧」

木村が「万葉集」一一本を所蔵し二〇本に及ぶ校合をしていたことは前述した通りだが、「注記にみる蔵書の質」からもうかがえるように、〈善本〉を収集して良質な文献（筆跡や虫損などまで忠実に再現する場合とテキストに限る場合の両面がある）を求め、資料を検討していたことは、「万葉集」に限らない。

たとえば、京都の学者鈴鹿《すずか》連胤《つらたね》が三〇年以上をかけて発見した天治本『新撰字鏡』（平安時代の漢和辞典）については、黒川春村書写本をもとに安政六年（一八五九）に影写し、『新撰字鏡考異』*『新撰字鏡攷証』*『新撰字鏡偏旁画索』*『訂正古本新撰字鏡攷証提要』*で情報を整理し、小論「天治本の新撰字鏡」（『大八洲』第一三九号）を記している。『日本霊異記』は、校定本を作成した狩谷棭斎に底本を貸した屋代弘賢の旧蔵本**を所蔵し、自ら索引『霊異記訓釈字類』*『霊異記訓釈分音』*を作成し、棭斎校定本である群書類従本**中巻におよそ三〇〇ヵ所にのぼる頭注を加えていた（なお、小泉道「大東急記念文庫所蔵群書類従本日本霊異記の書入れについて」は、群書類従本の書入れを棭斎自筆とするが、言偏やさんずいなどの筆跡から筆者は木村自筆と考えている）。そのほか、「応永鈔本」「真福寺本《しんぷくじぼん》」など五本と校合した『古事記』*、木村が岡本保孝による二度の校合を伝写し、頭注《とうちゅう》を施し、自らも二度校合した『干禄字書《かんろくじしょ》』**などをあげることができる。木村は和書・漢籍をとわず、〈善本〉を収集し、校合を進めていた。

『万葉集』以外の諸書を校合し研究対象とした理由は、平安時代によく読まれたという『遊仙窟《ゆうせんくつ》』**の識語を手がかりに考えることができる。

> 此書漢籍にハあれとそれか倭訓ハしもいとふるきつたへにてこれによって古言としるへきもすくなからす、さるを今本の訓にハいかにそやおほゆるふしもうちましりたるにつきてとかくいひあへる人もありけるれと、そは伝写の誤リなることをよくも正さゝるからのことなり、

『遊仙窟』には不審点があるが伝写の誤りによるものと考え、本来の本文に戻すことで古言を考える材料にしようとしたのである。このような考えにより、木村は大須宝生院《おおすほうしょういん》所蔵本と校合を行った。

こうした木村の研究姿勢は晩年まで一貫している。高山寺《こうざんじ》本の写しにあたる『日本感霊録』を所蔵していた木村は、明治二十六年（一八九三）十一月、京都のコレクター田中教忠が所蔵していた高山寺本原本を借用し校合した。このとき木村は「（前略）余懇請借覧、一一比校以悉復旧、実是田中氏之賜也」と記している（国立国会図書館所蔵。以下、「国会蔵」と略記）。この「復旧」という考え方を木村は重視した。木村は次のように記している。

凡古書を校合するにハ多く異本をあつめて此と彼と互に見くらへて、さて其よろしきを採用ゐる事、常のことなれと、それにつきて心得おくへきことあり、そはいつれの書にも後人のさかしらに改易したるかをり〳〵うちましりていとまきらはしけれは、そをよく考へ正して取捨すへきわさなり、そも〳〵古書を校するハよくもあしくも作者の旧色に復すを要とハすることなり、しかるを近き世の人に校合せる書ハ、おほくハたゝ此と彼との是非を考へて其よろしきにつくハ是に似て非なるもの也、たとひ誤りありとも作者のもとより誤れらむハいかゝハせん、かつおのれあしとおもへるも彼またよろしとおほゆるかあるへきもしるへからねハ、かた〳〵ミたりにハ改かふましきこと也（後略）（「古書を校合するに心得ある事」『欟斎雑攷』稿本＊収載）

木村は、校合にあたり、後人が改めた部分を正して「旧色に復す」ることを主張し、文意を推測して私意を加えることを強く否定したのである。「水薦野薦攷」において、『万葉集』諸本に用いられていない「篶」に改めることを否定したことが想起されるであろう。

木村の手法は、ひとつひとつの語について文献の用例を集め、文献学的・言語学的な検討を重ね、考証を加えた成果を『万葉集』をはじめとする研究対象に適用していくものであった。このような緻密な考証作業には本来の本文が不可欠である。専門とする『万葉集』だけではなく、さまざまな文献を「復旧」する必要があった。木村の蔵書に校合本や〈善本〉が多くみられるのは、学問的な必要性があってのことであった。

四　蔵書形成の背景と意義

「復旧」をめぐるネットワークと共有化

〈善本〉を求め「復旧」を志したのは木村のみではない。前述した天治本『新撰字鏡』**に鈴鹿連胤は「於是此書初全得復天治之旧観、嗚呼亦奇矣」と「旧観」に復した喜びを記し、木村旧蔵の『日本感霊録』異本**中で栗田寛《くりたひろし》は「惜蠹食難読《としよくなんどくをおしむ》、然以其古色可愛《しかれどもそのこしよくをもつてあいすべし》」と「古色」を尊重する識語を残している。木村が田中本『日本感霊録』を借覧した翌月には、小杉榲邨も田中本を借覧・校合し、木村同様「（前略）余懇請借覧、一一比校以悉復旧、実是田中氏之賜也」と記している（国会蔵）。

こころみに国立国会図書館で所蔵する小杉（榲邨）文庫を確認すると、一五〇件に満たない文庫中には、朱数種に加え代赭・緑・藍の墨で膨大な書入れが施された『栄花物語』など（政事要略、東大寺《とうだいじ》奴《ぬ》婢籍帳《ひせきちょう》及《および》古牒《こちょう》）の校合本、一〇件の摸写・影写本や絵画の写し（栄花物語目録、小野随心院所蔵文書、弘仁二年九月官物勘録、雑物出入帳、襍物出入継文《さつもつしゅつにゅうけいもん》、神鳳鈔《じんぽうしょう》、二中歴、暴涼帳《ばくりょうちょう》、奈良正倉院保存鳥毛立女屏風絵、法隆寺所蔵玉蟲厨子図《たまむしのずしず》）が残されている（大沼「国立国会図書館所蔵小杉文庫について」）。同館所蔵の横山由清旧蔵本も同様の傾向が確認できる（大沼「国立国会図書館所蔵横山由清旧蔵本について」）。

〈善本〉を捜索し文献を「復旧」することは、考証派国学者に共通の課題であった。そのため、〈善本〉の所在に関

表 2　木村正辞による写本作成，校合作業年表

年次	月　　日	資　料　名	内容	備考（／の前は底本所有者）
1854	1 月 9 日	『仮字拾要』	写	岡本保孝／瀬名貞固書写本
	8 月 15 日	『撥韻仮字攷存疑』	写	岡本保孝／同書に関する岡本保孝の発言を記録
	8 月 21 日	『万葉集玉の小琴』	写	岡本保孝／
	11 月 25 日	『新撰字鏡』	校	岡本保孝／狩谷棭斎旧蔵校本
	12 月 15 日	『万葉問答』	抄録	
1855	3 月	『御国詞活用抄』	校	／鈴木朗，植松茂岳による補筆部分
	7 月 10 日	『元暦校本万葉集』巻 9	写	
	7 月	『干禄字書』	写	岡本保孝／狩谷棭斎所蔵本，周履靖夷門広牘本による岡本保孝校合本
	この年	『墨水鈔』	写	
1856	4 月 26 日	『元暦校本万葉集』巻 10	写	
1857	4 月 29 日	『元暦校本万葉集』巻 12	写	
	9 月 28 日	『全斎読例』	写	黒川春村／
	11 月 23 日	『駁全斎読例』	写	岡本保孝／岡本保孝著
1859	2 月	『袖中抄』	写	黒川春村／
	8 月 1 日	『新撰字鏡』	写	黒川春村／天治本．安政 5 年黒川書写（鈴鹿蓮胤所蔵）本
	立冬	『清輔袋双紙』	写	岡本保孝／清水浜臣校本
1860	2 月 13 日	『仮字拾要』	校	岡本保孝／清水浜臣旧蔵本
	閏 3 月	『新撰万葉集』謄写	写	／旧刻本，塙本，林本による校合本
	6 月	『上宮聖徳法王帝説』	写	黒川春村／伴信友，黒川春村の本奥書あり
1861	6 月 11 日	「稲葉通邦令ノ説」	写	小中村清矩／
	6 月 20 日	『感応録残篇』	写	久米幹文／底本は栗田寛（彰考館）本
	6 月	『音徴不尽』	写	岡本保孝／岡本自筆写本
	6 月	『令見聞記』	校	
	9 月	『播磨風土記』	写	
	10 月	『令見聞記』	校(補正)	／狩谷棭斎本
	10 月	『新抄格勅符』	写	小中村清矩／栗田寛所蔵本（彰考館本）の写本
	—	「六合叢談」	写	小中村清矩／
1862	2 月 29 日	『長歌短歌古今相違帖』	校	／彰考館本
	12 月 2 日	『本草和名』	校	／「医心方」諸薬和名部と校．
	12 月 26 日	『論語集解』	入手	／大永 4 年写本．藤原貞幹，狩谷棭斎旧蔵

1863	2月上旬	『本草和名』	写・校	森立之／
	3月27日	『桂川地蔵記』	校	／小山田与清本
	3月下旬	『播磨国風土記』	写・校	平田氏・黒川春村／平田氏所蔵影古鈔本を模写，黒川春村本の写本（鈴鹿連胤校本）と校
	3月	『楓山秘府書目』	写	森立之／
	4月4日～4月23日	『元暦校本万葉集』巻2	写	
	5月4日～6月2日	『元暦校本万葉集』巻4	写	
	5月上旬	『丹後国風土記』	写	／鈴鹿重胤本
	5月24日	『令抄』首巻	写	鈴木真香／
	7月	『袖中抄』	校	岡本保孝／影古鈔本『無名抄』（狩谷棭斎旧蔵本）・別本により校
	7月4日～8月2日	『元暦校本万葉集』巻1	写	
	8月4日～10月12日	『元暦校本万葉集』巻6	写	
	9月4日～9月29日	『元暦校本万葉集』巻19	写	
	9月4日～10月29日	『元暦校本万葉集巻』巻14	写	
	10月4日～12月8日	『元暦校本万葉集』巻7	写	
	10月	『日本感霊録零本』	校	／温故堂本，水府本
	11月12日	『元暦校本万葉集巻』巻14	校	
	11月24日	『元暦校本万葉集巻』巻19	校	
	12月～元治元年3月	『元暦校本万葉集』巻18	写	
1864	3月2日～4月28日	『元暦校本万葉集』巻4	写	
	3月27日	『出雲風土記』	校	／今井似閑「万葉緯」と校
	5月3日	「随函録」	写	森立之／底本は小嶋五一雑記
	6月21日	『万葉集』巻1	校	／於和学講談所
	6月21日	『万葉集』巻2	校	
	7月11日	『万葉集』巻3	校	／昌平坂学問所本と校
	7月22日	『元暦校本万葉集』巻18	校	／温故堂本と校
	7月28日	『元暦校本万葉集』巻4	校	／温故堂本と校
	8月24日	『元暦校本万葉集』巻7	校	／温故堂本と校
	8月25日	『元暦校本万葉集』巻9	校	／温故堂本と校
	8月26日	『元暦校本万葉集』巻6	校	／温故堂本と校
	8月晦日	『元暦校本万葉集』巻20	校	／温故堂本と校
	9月13日	『元暦校本万葉集』巻12	校	／温故堂本と校
	10月1日	『万葉集』巻5	校	昌平坂学問所／同所本と校
	10月7日	『万葉集』巻7	校	昌平坂学問所／同所本と校
	10月9日	『万葉集』巻19	校	昌平坂学問所／同所本と校
	10月10日	『万葉集』巻20	校	昌平坂学問所／同所本と校
	10月11日	『万葉集』巻8	校	昌平坂学問所／同所本と校
	10月12日	『万葉集』巻17	校	昌平坂学問所／同所本と校
	10月14日	『万葉集』巻18	校	昌平坂学問所／同所本と校
	10月17日	『万葉集』巻9	校	昌平坂学問所／同所本と校
	10月17日	『万葉集』巻15	校	昌平坂学問所／同所本と校
	10月18日	『万葉集』巻16	校	昌平坂学問所／同所本と校

	10月21日 10月23日 10月23日 10月25日	『万葉集』巻10 『万葉集』巻11 『万葉集』巻12 『元暦校本万葉集』巻10	校 校 校 校	昌平坂学問所／同所本と校 昌平坂学問所／同所本と校 昌平坂学問所／同所本と校 ／温故堂本と校
1865	1月1日 9月	『御注孝経』 『干禄字書』	校(補正) 写	／影鈔本により補．底本は屋代弘賢摸刻本 ／陸徳明『経典釈文』・畢沅『経典文字弁証』の標記
1866	4月5日 4月20日 10月 11月11日	『足利学校書目』 『万葉考』 『和名抄引書目録』 『和名本草』	校 写 校(補正) 写	森立之／ 岡本保孝／ 岡本保孝／
1867	1月2日 2月 3月20日	『和名本草』 『令集解目録』 『古事記』	校 校 写校	森立之／ 木村正辞／ 温故堂／応永31年写本の影写
1868	6月20日 12月22日	官版『干禄字書』 『律疏』「賊盗」	校 校	／説郛本と校
1869	2月9日	『豊後風土記』	校	官庫本／
1870	2月11日 5月24日 9月28日 9月	『肥前国風土記』 『歌会次第』 『明法道校本忌服令』 『孫子祠堂書目』	校 譲受 写 校	大学本・官庫本／ 岡本保孝／清水浜臣旧蔵本 温故堂／ ／狩谷棭斎旧蔵本（脱葉の疑いについて検討）
1871	4月26日	『漢書食貨志』影鈔本	入手	
1872	9月6日 11月24日	『文館詞林』 『万葉集』官本の影鈔本20巻	校 入手	塙氏／影刻本
1876	6月頃 7月22日頃	「日本全国ノ地積」『地理寮森林報告』第1号 「欧州各国蔵書ノ数」『東京日日新聞』(7月22日付)	写 写	
1879	1月18日	万葉集	閲覧	／於浅草文庫
1886	4月16・19日頃	「各国暦年考」『官報』	抄録	
1889	11月6日	『万葉解通釈并釈例』	入手	／賀茂真淵自筆
1893	11月	『日本感霊録』	校	田中教忠／高山寺本

大沼「旧蔵書の識語にみる木村正辞」をもとに作成．

する情報は学者同士のネットワークのなかでもたらされた。現存する木村の蔵書から書写・校正などに関する識語のうち年代の分かるもののみを抽出したのが表2である。底本の持ち主をあげると、黒川春村、岡本保孝、小中村清矩、久米幹文、森立之、昌平坂学問所・和学講談所・浅草文庫、田中教忠などである。つまり、学者間のネットワークにより〈善本〉の内容は共有されていったのである。

そうした様子がよくわかるのは、前述した『日本感霊録』の写本形成の過程である。高山寺本から次のような系統を経て考証派国学者の間で写本が作成されていった（原口行造「『日本感霊録』の基礎的考察一」をもとに作成）。

・彰考館→栗田寛→久米幹文→木村正辞

・稲山行教→中山信名→伴直方

　　　　　中山信名→長沢伴雄→伴信友

・長沢伴雄→伴信友→黒川春村→横山由清→小中村清矩

　　　　　伴信友→木村正辞・小杉榲邨

　　　　　伴信友→小山田与清

〈善本〉の内容だけではない。校合した書入れ自体も共有された。榊原芳野は明治六年（一八七三）火災により蔵書を失うが、その後没する同十四年までに多くの蔵書を集積した（一四八七件を国会蔵）。そのなかの『日本三代実録』には「安政二乙卯《いつぼう》《きのとう》年秋七月廿六日以岡本氏攷文校訂了　小中村清矩／安政六年六月廿九日以内藤氏校本再訂　丹鶴《たんかく》本此巻校欠」「応榊原芳野君之嘱以小中村氏本対校之／明治十二年九月　羽鳥富三」（第五〇巻巻末）などの書入れが残され、本文に校合が施されている。急ぎ蔵書を再構築するなか、榊原は羽鳥富三なる人物に委嘱し小中村の校合を書写させていた。

校訂から校定本刊行へ

榊原旧蔵「日本三代実録」の底本は、小中村清矩（一八二一〜九五）旧蔵「六国史」＊に収められている。塙保己一《はなわほきいち》校訂版本である『日本後紀』を除き、小中村による詳細な校注が書入れられているが、なかでも最も作業が進捗していた『日本文徳天皇実録』には、安政二年（一八五五）から慶応二年（一八六六）までの間に、直接・間接に尾張徳川家本・水戸徳川家本・丹鶴叢書本の内容や狩谷棭斎・岡本保孝、内藤広前《ないとうひろさき》、黒川春村、山崎知雄《やまざきともお》などの所蔵本の校合が伝写されている。幕末の江戸における考証派国学者による本文の検討が集積されていたといってよい（大沼「小中村清矩旧蔵「六国史」の史学史的位置づけについて」）。小中村がここまで本文の検討を重ねた理由は、『文徳天皇実録攷異』（国会蔵）に付された、小中村の建言書によりあきらかになる。

六国史は皇朝之大典ニ御座候処、御当代ニ相成、訪（坊）間にて刊行致候本は其始校訂甚麁漏ニ致候故、誤脱等数多《あまた》御座候に付、学者は先古写本を以数度校合之労手数甚相懸り、初心之書生は読分難く難渋至極致候義ニ御座候、（中略）諸家にて和漢之書籍数部御蔵板に出来致候内、雲州家《うんしゅうけ》之延喜式・仙石家《せんごくけ》之類聚国史《るいじゅうこくし》等は訂正も甚宜敷、実に昇代之盛事ニ御座候、然処六国史は大部之義にも御座候間、未タ善本刊行無之候（後略）

「六国史」は日本の重要な文献であり、江戸時代に入ってからは民間刊行の本もあるが、校訂がはなはだ「麁漏」で誤脱などが多く、学者はまず古写本で数度校合する必要があり、初心者は読解できずに学習に難渋している。そこで、松江藩主松平斉恒《まつだいらなりつね》による雲州版『延喜式』や旗本仙石政和《せんごくまさかず》校本『類聚国史』のような校定本を刊行することをめざし、出仕していた紀伊藩古学館《こがくかん》の事業とするように建言したのである。

優れた校定本がない当時、本文の校訂は研究の前提作業であった。この前提をかけば、考証にあたり議論が成立しない。校訂した内容を学者同士で共有することで共通の研究の基盤を作っていたのである。しかし、その作業は大きな負担を伴うものであり、諸本の閲読も容易ではない。校定本刊行の欲求が強まるのは当然のことであろう。

小中村が例にあげた『延喜式』『類聚国史』だけではなく、江戸時代後期には、和学講談所の『日本後紀』『令義解』『百練抄《ひゃくれんしょう》』『元暦本《げんりゃくぼん》万葉集』や「群書類従」、丹鶴書院の「丹鶴叢書」なども刊行されている。だが、校定本刊行の必要性は明治時代になっても変わらなかった。木村は以下のように主張する。

近き頃は、活版の業盛になりたるを以て、是迄《これまで》写本のみにて伝はりたるものも、多く印刷せられ、板本のものも更に活版にて印刷する事多く流行す、然れども其校合に至りては、甚た疎なるものゝみ多くして、之をものに引用せんとする時は、猶《なお》旧本旧版に拠らざるを得ず、（「古書を訂正する方法を論す」『東京学士会院雑誌』第一五巻第一号、一八九三年）

逆に落合直文《おちあいなおぶみ》（一八六一〜一九〇三）は、明治二十五年（一八九二）「国文学書院設立の必要」を記し、「国文学書院」の目的を「国文学に関する書籍の出版、および国文学に関する一切の書籍を蒐集」と記した。さらに、書店が出版するのは「時好に投する書」「売るゝ書」のみであるが、むしろ売れない書物こそ価値があるとし、次のように続けた。

我国文学に関する書には、写本おほかり。（中略）これ等を出版せむとするには、国文学者挙りて、国文学書院を設立し、以てその出版に従事せざるべからず（『国文学』第三巻第一号、一八九二年）。

木村が「近頃皇国の古書の多く世に出現せるハまたく皇国学の盛なるか故なり」（「書籍の存亡」『欟斎雑攷』稿本＊収載）と記す通り、本居宣長《もとおりのりなが》が「玉かつま」で校合や刊行の重要性を指摘した時代に比べれば、文献をめぐる状況は改善されていたであろう。だが、校合や刊行は、変わらず考証派国学者の課題であったのである。明治時代になり「史籍集覧」「群書類従」「国史大系」など活版の叢書が陸続と刊行されるようになったのは、そうした課題に対応するも

表3　明治以降，30年頃までに刊行された主な叢書

書　　名	編者・校者	出版年	出版者	点　　数
我自刊我書	甫喜山景雄	1880～84	甫喜山景雄	27種122冊
存採叢書	近藤圭造	1880～88	近藤圭造	57種132冊
史籍集覧	近藤瓶城	1881～85	近藤瓶城	364種468冊
やまと叢誌		1889～91	養徳会	51種15冊
百家説林	今泉定介・畠山健	1890～92	吉川半七	52種10冊
日本文学全書	萩野由之・落合直文・池辺義象	1890～92	博文館	38種24冊
校正補註国文全書	小田清雄	1890	国文館	10種4冊
日本歌学全書	佐々木弘綱・信綱	1890～91	博文館	39種12冊
支那文学全書		1890～93	博文館	23種24冊
少年必読日本文庫	岸上操・内藤恥叟	1891～92	博文館	93種12冊
近古文芸温知叢書	岸上操	1891～92	博文館	78種12冊
百万塔	中根淑	1892～	金港堂	42種22冊
蛍雪軒叢書	近藤南洲	1892～96	青木嵩山堂	59種10冊
日本古代法典	萩野由之	1892	博文館	12種1冊
群書類従		1893～94	経済雑誌社	1276種19冊
続史籍集覧	近藤瓶城	1893～98	近藤活版所	57種70冊
帝国文庫	博文館編輯局	1893～97	博文館	382種50冊
神道叢書	中島博光・大宮兵馬	1896～97	神宮教院	30種5冊
続日本歌学全書		1898～1900	博文館	146種12冊
続帝国文庫	博文館編輯局	1899～1903	博文館	702種50冊（俗曲21種を除く）
故実叢書	今泉定介	1899～1906	吉川半七	34種128冊12帖
国史大系	黒板勝美	1900～01	経済雑誌社	36種17冊
改定史籍集覧	近藤瓶城	1900～03	近藤出版部	465種33冊

浜野知三郎編『日本叢書目録』（六合館，1927年）による．加藤友康・由井正臣『日本史文献解題辞典』（吉川弘文館，2000年）を参照した．

のであった（表3）。〈善本〉を捜索し、文献を「復旧」するという課題は、伝写による共有という段階を経て、校定本刊行という課題へと結びついていた。この時代にあっては、資料の整備こそが学問的課題であったといえる。

集積の思想と蔵書研究の課題

考証派国学が発展した江戸時代後期から明治時代にかけて、緻密な文献考証のために良質な本文が必要とされたことから、文献を「復旧」し共有することが彼らの学問にとって必要な作業となった。それゆえにこそ、競って〈善本〉を収集し、校合を重ね、「復旧」した文献をもとに索引や覚を作り、さらに校定本刊行をめざした。彼らにとっては、資料を集積し、整備すること自体が重要な作業であったのである。

このように資料の集積が重視されたのは、考証派国学者の間だけではない。重野安繹ら日本史学の形成を担った漢学系の考証学者が、明治十八年以降、史料採訪につとめていったことはよく知られている。吉見百穴《よしみひやくあな》《ひやっけつ》の保存に私財を投じたことで知られる好古家根岸武香《ねぎしたけか》は、明治維新以降発見されても破却されていた埴輪など考古遺物を収集し、膨大なコレクションを学者の研究に供していた。彼の学問的著作は考古資料の紹介を超えるものはないが、死去時には『人類学雑誌』に特集号が出るなど学会でも重要人物と扱われている。コレクション自体の学問的意味は現代のそれに比べて大きく、学者もまたコレクターたらざるを得なかったのである。近代的な学問の草創期であるこの時代、資料の集積という行為自体、思想史的意義が小さくなかったといえる。

最後に本講で対象にできなかった蔵書に関する論点についても若干記しておきたい。本講では国学者の蔵書を取り上げたが、一方で、この時代は西洋の学問が流入してくる時代でもある。たとえば本書第2講で取り上げられた新潟県の漢学塾長善館《ちょうぜんかん》では、三代目館主鈴木鹿之介の時代に西洋の学問に関する書物を収集している（新潟県立文書館所蔵『鹿之介購求書目』）。研究と教育というレベルが異なる話ではあるものの、そうした収集した書物の変化は時代の変化を考えるうえで、有効性をもつ可能性があるだろう。

さらに、近代活字印刷の広がりは、単なる技術的変化にとどまらず、安価でコンパクトな書物を容易に入手することができる時代に突入することを意味する。歴史学者辻善之助（一八七七〜一九五五）は「国史大系」が刊行された際のことについて、「国史大系本が出て、自分の手許にいつでもあるといふので、洵《まこと》に昭代文運の隆昌を祝したい気持になつた」（辻善之助「思ひ出づるまゝ　黒板勝美君」）と記している。容易に手許に書物を所蔵することができるようになれば、蔵書の質・量に、そして蔵書家による資料の扱い自体に劇的な変化をもたらすであろう。そのとき蔵書研究は有効な方法といえるのだろうか。少なくとも、今回こころみたような蔵書目録や自筆本や書入本などの現存する蔵書に着目する方法とは異なる方法が必要になるだろう。日本近代史研究における蔵書研究の課題は、方法の模索も含め少なくないものと思われる。

参考文献

磯部　敦「蔵書研究の現在」（『中央大学国文』第四六号、二〇〇三年）
小泉　道「大東急記念文庫所蔵群書類従本日本霊異記の書入れについて」（『かがみ』第三号、一九六〇年）
小林陽子「成瀬仁蔵の蔵書調査（第2報）」（『地域学論集』第三巻三号、二〇〇七年）
昭和女子大学近代文学研究室『近代文学研究叢書』第一三冊（昭和女子大学光葉会、一九五九年）
鈴木俊幸編『増補改訂近世書籍研究文献目録』（ぺりかん社、二〇〇七年）
同編『近世・近代初期書籍研究文献目録』（勉誠出版、二〇一四年）
高橋　智「安井家の蔵書について」（『斯道文庫論集』第三五・三六・三七号、二〇〇〇〜〇二年）
武田穂波「近代地方商人の教養と趣味の読書」（『アルケイアー記録・情報・歴史』第六号、二〇一二年）
辻善之助「思ひ出づるまゝ　黒板勝美君」（『明治文学全集七八　明治史論集』二、筑摩書房、一九七六年）

原口行造「「日本感霊録」の基礎的考察―研究史・諸本概説及び系統論」（『金沢大学教育学部紀要』人文科学・社会科学編、二六号、一九七八年）
久松潜一『万葉研究史』（要書房、一九四八年）
同「万葉研究史に於ける三人」（『久松潜一著作集一二　万葉集の研究』三補編（至文堂、一九六九年）
矢野敬一「戦前における柳田国男著作の受容」（『静岡大学教育学部研究報告』人文・社会科学篇、第五八号、二〇〇八年）
大沼宜規「小杉榲邨の蔵書形成と学問」（『近代史料研究』第一号、二〇〇一年）
同「国立国会図書館所蔵小杉文庫について」（『参考書誌研究』第五九号、二〇〇三年）
同「岩崎文庫所蔵木村正辞旧蔵資料について」上・中・下（『東洋文庫書報』第三五～三七号、二〇〇四～〇五年）
同「国立国会図書館所蔵横山由清旧蔵書について」（『参考書誌研究』第六五号、二〇〇六年）
同「木村正辞旧蔵本の考証と復元」上・下（『かがみ』第三七・三八号、二〇〇六・〇八年）
同「旧蔵書の識語にみる木村正辞」（『東洋文庫書報』第四〇号、二〇〇八年）
同「木村正辞と旧蔵本の特徴」（東洋文庫日本研究班編纂『岩崎文庫貴重書書誌解題』第六号、東洋文庫、二〇一〇年）
同「小中村清矩旧蔵「六国史」の史学史的位置づけについて」（『東洋文庫書報』第四九号、二〇一七年）

第10講　雑誌

大正期の『日本及日本人』と三宅雪嶺

中野目　徹

主筆とは

新聞や雑誌などの定期刊行物における「主筆 editor-in-chief, chief editor」と呼ばれる記者について、比較的最近刊行された『ジャーナリズム用語事典』（図書刊行会、二〇〇九年）や『現代ジャーナリズム事典』（三省堂、二〇一四年）では立項すらされていないが、本講執筆時点でも読売新聞社では渡邉恒雄が代表取締役主筆を務めているから、あながち死語というわけでもないようだ。

政論を掲載する新聞や雑誌が規制を受ける新聞紙条例（明治二十年勅令第七五号）や新聞紙法（明治四十二年法律第四一号）でも、主筆についてとくに規定されているわけではないものの、両者とも監督庁への届出が必要な編輯人を「主トシテ編輯（事務）ヲ担当スル者」と規定しており、法令上はこれが主筆に該当することになろう。

また、メディア史やジャーナリズム史が盛んに研究されるようになってきたが、そこでも参照に値するような主筆論は書かれていない。さらに、新聞や雑誌で主筆を務めた人物の伝記や評伝でも主筆としての役割についてはあまり関心が向けられていないようにみえる。

いずれにせよ主筆とは、新聞や雑誌の論説（社説）を執筆する首席の記者（それが論説委員長や編集局長である場合もあろう）、あるいは各メディアの編集権を代表する編集者、要するに新聞社や雑誌社でいわゆる筆政をつかさどる者といえるだろう。では、私たちが新聞や雑誌を思想史研究の史料として解読する際に、紙誌の論調と主筆の論調の関係をどのように捉えたらよいのだろうか。本講ではこの問題を、大正期の雑誌『日本及日本人《にほんおよびにほんじん》』における主筆三宅《みやけ》雪嶺《せつれい》を事例に検討してみたい。

近代日本の雑誌についていえば、明治七年（一八七四）三月に創刊された『明六雑誌』では、発起人の森有礼が発行元である明六社の初代社長を務めたが、誌面の論調を整えるエディターシップを発揮することはなかった。その後主筆といえる立場で雑誌編集に従事したのは、明治十二年（一八七九）一月に創刊された『東京経済雑誌』における田口卯吉《たぐちうきち》の場合が挙げられようが、一方で田口は東京府会議員や衆議院議員あるいは鉄道会社長などを務めていたため、雑誌での言論活動に専念していたわけではない。

そうした意味では、明治二十年（一八八七）二月に創刊された『国民之友《こくみんのとも》』の徳富蘇峰《とくとみそほう》、翌二十一年四月に創刊された『日本人』の志賀重昂《しがしげたか》などが雑誌における主筆として典型的な例といえよう。彼らは毎号の巻頭に論説を書きつづけ、前者は「平民主義」、後者は「国粋主義」という清新な主張を展開した。

『日本及日本人』主筆三宅雪嶺

志賀とともに『日本人』を代表する記者であったのが三宅雪嶺（一八六〇～一九四五）である。日清戦後になると、三宅は『日本人』をほぼ一人で支えるようになり、日露戦後の明治四十年（一九〇七）一月から新聞『日本』の社員たちと合同して雑誌『日本及日本人』が創刊された頃になると、同誌の主筆と見なされるようになった。雑誌の読者層を分析した永嶺重敏によると、同誌は『太陽』『中央公論』と並んで時代を代表する雑誌としてとくに知識青年層から支持を受けていたという（『雑誌と読者の近代』）。

三宅が名実ともに『日本及日本人』主筆として登場したのは、明治四十五年（一九一二）一月一日号（第五七三号）からであった。表紙の右上に「三宅雪嶺主筆」と明記されるようになるのである（図参照）。なぜこの年から「主筆」と明示することになったのかは定かではない。社員の一人、三田村鳶魚《みたむらえんぎょ》の日記の前後の時期を通覧しても政教社の組織に何らかの改編があった様子はうかがえない。同時期の政教社では、『日本』から移った丸山侃堂《まるやまかんどう》や長谷川如是閑《はせがわにょぜかん》はすでに他紙に去り、八太徳三郎と稲垣伸太郎の二人が三宅の口述筆記を担当しつつ巻頭の「東西南北」欄（雑報）を執筆し、会

図　『日本及日本人』表紙（部分）

計を井上亀六が掌理したほか、すでに他界した陸羯南《くがかつなん》とは司法省法学校以来の親友であった国分青厓《こくぶせいがい》が「評林」欄（漢文時評）を、正岡子規門下の河東碧梧桐《かわひがしへきごとう》が「日本俳句」欄を担当し、若手の執筆陣として東京帝国大学を卒業した三井甲之《みついこうし》や早稲田大学を卒業した中野正剛《なかのせいごう》も加わり、政界に進出した古島一雄《こじまかずお》や寒川鼠骨《さむかわそこつ》らも「社中」と意識されていた。

　こうした社内体制のもとで、大正期の『日本及日本人』の言論活動は展開した。たとえば、改元後最初の新年号である第五九七号（一九一三年一月一日）の論説「改元以後第一次の新年を迎ふ」で三宅は、「内に対し憲政を整へ、外に対し国威を張る」ことが基調であった明治時代は、「建国以来未曽有の盛世にして、其《そ》の時代に生存せるの幸福なれど、固《もと》より帝国発展の終結期に非ず」として、大正新時代もそのような路線をバランスよく継承・発展させることを主張する。すなわち「大権の発動といふの意義なきに非ざれど、其下に隠れて憲政を無視し、至尊をして専制君主の観あらしむが如きは、罪たるや軽からず」と述べるとともに、「憲政有終の美を済すの一日も忘るべからざると共に、列強の圧迫を抵排するの一日も忽《ゆるが》せにするを得ず」、つまり憲政の整備と国威の伸張こそが、大正期の三宅の言論活動に通底する二本の機軸であったといえよう。

　それを支える国民については、「誰か其国に生れ、其国を愛せざるべき」として「愛国の観念」を求めるとともに、「相ひ競争するの文明を進むる所以《ゆえん》なれば、列国の発展に後《おく》れず、之を凌駕《りょうが》するに務むるは、自ら守ると同時、世界人類を益する者ならずや」と述べ、愛国心の涵養《かんよう》と世界人類への貢献を同時に視野に収める議論を展開したのである。

　その後の三宅は『日本及日本人』誌上で、大正政変を藩閥批判の視点から支持するとともに、長州閥の寺内正毅内閣には不満を、本格的な政党内閣とされる原敬内閣には歓迎の意を示した。さらに吉野作造の「民本主義」に同調する論説を掲載し、大正七年（一九一八）に黎明会《れいめいかい》が結成されるとその会員に名を列ね、同九年に森戸事件が発生した際には被告側の特別弁護人を務めた。ロシア革命や国内の社会主義運動など「新しい思想問題」にも理解のある思想家という立場を獲得していたのである。

三井甲之の論調

　これに対して、明治四十一年（一九〇八）から『日本及日本人』に和歌を投じ、ほどなく選者となった三井甲之（一八八三〜一九五三）は、翌四十二年からは文芸評論も執筆するようになり、大正期を通してほぼ毎号同誌に論説を掲載することになる。後年、蓑田胸喜《みのだむねき》らの原理日本社の後ろ盾としての存在が知られる三井は、三宅主筆の下でいかなる主張を展開したのであろうか。

はじめ三井は三宅の論調を高く評価し、その継承を意識していたようにみえる。たとえば、三井が主宰する雑誌『人生と表現』第四巻第一号（一九一二年五月一日）の「三宅雪嶺翁に就《つい》て思ひ出すこと」では、「博士（三宅のこと―引用者）の評論は現代社会を批評し、表裏融会の機微を闡明《せんめい》するに、現実の不可抗力に順ずるべく弾力あり周密にして概念を遊離せしめず統一に導く文体の現文壇に唯一の権威的態度を示すを認む」と述べ、「冷静なる哲学的評論家」である三宅の評論の継承こそ現代と次代の青年が担うべき「事業」であると主張していた。

ところが、大正六年（一九一七）頃からその論調には変化がみられる。同年五月十五日発行の『日本及日本人』第七〇五号の「古神道復興論」では、ロシア革命を「世界史上未曽有の重大危機」と捉え、「われらは日本としての態度と信仰とを確立せねばならぬ」と断言する。しかしこの時点では「各人の能力が自由に発揮せらるべき民主化的思潮を摂取」する必要も説かれている。翌年の同誌第七三七号に掲載された「閥的惰性形式主義」では、「大規模の軍国主義と、祖国の運命に道徳的批判の現実的根拠を求めむとする祖国主義との外に取るべき方針は無い」と述べ、独自の「祖国主義」を主張するにいたる。

その前後の時期に三井は、吉野作造、桑木厳翼《くわきげんよく》、福田《ふくだ》徳《とく》三《ぞう》あるいは黎明会や長谷川如是閑の主宰する雑誌『我等』など、三宅が行動をともにする多くの論者を批判の標的とし、たとえば『日本及日本人』第七五一号（一九一九年三月一日）の「旧頑迷新亡国思想」では、ロシア革命や国際連盟主義だけでなく、『大阪朝日新聞』の論調や吉野作造の普選論を論敵とみなして烈しい批判を加える。筆の矛先が三宅に向かわないのが不思議なくらいである。

大正九年に発生したいわゆる尼港《にこう》事件に際して、『日本及日本人』はその第七八七号（同年七月十五日）を「尼港事件哀悼と公憤と問責」と題する特集号としたが、三宅は論説「現内閣の対尼港態度」で「虐殺は非道なるも、敵対行為を継続しつゝ敵に有道なるを望むべきや否や」と述べて、寺内・原両内閣の曖昧な政策こそ事件の原因だと断じ、後半では原内閣が退陣した場合の後任首相候補について冷静に論じている。他方、三井も「その生命と苦痛と」を寄せ、「虐殺せられたるわが同胞の悲しくをゝしき霊よ、「めさめよ」とつげよ」と被害民の霊に直接語りかける姿勢を示し、事件の原因として「当局者の無方針の過誤」と「正義、人道、デモクラシイその他の言葉に包装せられた毒薬の輸入頒布者としての流行偽新思想家」を挙げた。同じ問題に対して、異なる主張が同じ誌面上で展開されていたのである。

「関する所にあらず」

大正期の『日本及日本人』の誌面が主筆たる三宅雪嶺の論調で統一されていなかったことは確かなようである。すでに大正七年の八月に発生した『大阪朝日新聞』の記事をめぐる白虹《はっこう》事件（有山輝雄『近代日本ジャーナリズムの構造』）への対応をめぐって、同年十一月十六日に主筆としての責任を問うため東京・初台《はつだい》の三宅邸を訪れた浪人会の内田良平たちに対して、三宅は「自分は主筆なり」と答えたうえで、「主筆としての文章に就きては責任を負ふハ当然なり、其の他の記事等に就ひては関する所にあらず」と応じたという（『亜細亜時論』第二巻第一二号、一九一八年十二月十一日）。自分は主筆であるとしながら、自身の『日本及日本人』の誌面全体に対しての責任は「関する所にあらず」と放棄してしまったのである。

大正十二年（一九二三）の夏から秋にかけて、政教社は『日本及日本人』の発行をめぐって紛糾し、最終的には三宅が退社することで結末する。この事件の近因は政教社の財政問題と中野正剛が主宰する雑誌『東方時論』との合併問題であったが、筆者のみるところ本講で論じてきたような『日本及日本人』誌上の論調の不統一、それはとりもなおさず思想の不統一が、一つの結社、一つの雑誌としての存続を不可能にする段階にまで達していたという背景があったと思われる。分裂後の『日本及日本人』残留組のなかで、『我観』を創刊した三宅をその「個人主義」のゆえをもって、最も厳しく批判（口をきわめて罵倒）したのは三井であった。

参考文献

有山輝雄『近代日本ジャーナリズムの構造』（東京出版、一九九五年）
木下宏一『国文学とナショナリズム』（三元社、二〇一八年）
土屋礼子・井川充雄編著『近代日本メディア人物誌　ジャーナリスト編』（ミネルヴァ書房、二〇一八年）
永嶺重敏『雑誌と読者の近代』（日本エディタースクール出版部、一九九七年）
山本武利『新聞記者の誕生』（新曜社、一九九〇年）
中野目徹『三宅雪嶺』（吉川弘文館、近刊）

Ⅲ 〈手法〉

——思想を分析する枠組み——

第11講　文献学

村岡典嗣と日本思想史学

高橋禎雄

一　村岡と「フィロロギイ」

文献学と思想史研究

フィロロギイとしての国学が、日本思想史に最も近接せる、同時にまた基礎たる学問であるとともに、そが日本思想史としていかに完成せられねばならぬかは、今や明らかであらう。一言に約むれば、国学が史的文化学として完成された時、そこに日本思想史を見ることが出来る。

大正・昭和前期の東北帝国大学法文学部教授であった村岡典嗣《むらおかつねつぐ》（一八八四〜一九四六）は、日本思想史学の開拓者である。右に掲げたのは村岡が学問的方法論について公にした昭和九年（一九三四）の論文「日本思想史の研究法について」の一節である。「フィロロギイ」とはドイツ語の Philologie で「文献学」と訳される。文献の正確な読解に基づく内在的理解を通して主に古典古代を理解することをめざす学問であった。村岡はこの文献学を厳密に研究方法として用い、超国家主義の大日本帝国にあって、当時猛威を振るった日本精神論に傾くことなく学問的立場を堅持した、と評されてきた。

文献学とは、村岡の日本思想史研究の代名詞である。ドイツの文献学者アウグスト・ベーク（Augst Boeckh 一七八五〜一八六七、二六歳でベルリン大学正教授。講義した期間は五六年に及ぶ）の用いたドイツ語の Erkennen des Erkannten は村岡の愛用句で、これを「認識されたものの認識」とのちに村岡は訳し定着させた。そして文献学を核とした村岡の日本思想史研究の方法は現代でも通用する面がある。たとえば中野目徹『政教社の研究』「あとがき」で述べられる次の一文と重なるように筆者には思われる。

私の属する世代が歴史研究に取り組む場合、自由な課題設定が許されている代わりに、準拠すべき理論や対決を迫られるような価値観も顕在的ではないだけに、史料の精査、正確な読解と主体的な問題意識とがことさらきびしく問われることになろう。

中野目によるこの指摘は、筆者にはとりわけ印象深くかつ深刻に受けとめられるもので、現在の思想史学界に照らして、ますます重みを増している。「史料の精査、正確な読解と主体的な問題意識」とはまさしく村岡の研究方法に通ずるものがある。

経歴と著作

村岡典嗣の経歴は、次の通りである。明治十七年（一八八四）東京生まれ、早稲田大学卒業後、独逸《ドイツ》新教学校で学び、日独郵報社に勤めた。早稲田大学講師、陸軍士官学校教授、広島高等師範学校教授を経て、大正十三年（一九二四）、東北帝国大学法文学部教授文化史学第一講座担任となり、約二二年間在任した。昭和二十一年（一九四六）、停年退官後一〇日あまりののち、東北帝国大学附置抗酸菌病研究所附属病院で病没した。結核に加えて敗戦後の栄養失調が原因とされる。東北帝国大学在任中は、東京文理科大学教授を兼任し、東京帝国大学文学部・法学部講師も兼務した。主要な研究業績は、主著『本居宣長』（本講では初版明治四十四年警世社書店刊と増訂版昭和三年岩波書店刊を随時区分して表記する）をはじめ既発表論文をまとめた『日本思想史研究』（岡書院）、同書を改訂したものを含む岩波書店刊行の『増訂日本思想史研究』『続日本思想史研究』『日本思想史研究第三』『日本思想史研究第四』（第三と第四は遺稿集）、村岡の講義草稿を中心に村岡門下生によってまとめられた創文社刊行の『日本思想史研究』（Ⅰ〜Ⅴ、五冊、本講では『著作集』と略記）がある。村岡の主な論文は『新編日本思想史研究　村岡典嗣論文選』（前田勉編、平凡社東洋文庫七二六、二〇〇四年）に再録され、主著『本居宣長』も平凡社東洋文庫で再刊された（前田勉編、二巻構成、東洋文庫七四七・七四八、二〇〇六年）。これにより村岡の著作は幅広く読まれることが可能になった。加えて創文社版『著作集』に収録されなかった資料の紹介や分析の成果は、『季刊日本思想史』第七四号「村岡典嗣：新資料の紹介と展望」（ぺりかん社、二〇〇九年）や『東北大学史料館紀要』などで紹介されている。東北大学史料館に収められる原稿類についても目録が作成され公開の対象となっている。

村岡・津田・和辻

村岡の業績を研究史的に最初に位置づけた論文は、家永三郎の「日本思想史学の過去と将来」であり、村岡没後間もない状況にありながら、同論文はその後の村岡典嗣の位置づけに大きな影響を与えた。過去の思想家の内在的理解を得意とする一方で、通史では日本思想史の全体像を動態的に叙述することができなかったという評価である。同論文は形式面でも影響を与えた。日本思想史の学者として村岡を津田左右吉《つだそうきち》（一八七三〜一九六一）と並列させたことである。その後、日本思想史学会の会誌である『日本思想史学』第六号（一九七四年）では「日本思想史の方法」として村岡、津田に和辻哲郎《わつじてつろう》（一八八九〜一九六〇）が加わる。村岡・津田・和辻を並列させることは、丸山眞男の『日本政治思想史研究』「英語版への著者の序文」（一九七四年）にも現れており、日本思想史懇話会編集『季刊日本思想史』第六三号（二〇〇三年）も「特集―日本思想史学の誕生：津田・村岡・和辻」と題されている。この三人が並列される理由は、津田に顕著に見出されるとおり、弾圧されたり時局に積極的に迎合するものでなかった点、すなわち時流に距離を置いた点にある。

本講に関係する論文

畑中健二「国学と文献学」は、国体・国民性と文献学の学問的性質についてその距離の遠近を軸に、東京帝国大学教授を務めた芳賀矢一《はがやいち》（一八六七〜一九二七）と東北帝国大学法文学部教授を務めた山田孝雄《やまだよしお》（一八七三〜一九五八）と村岡を並べて比較し、「国体の探求というイデオロギー的な側面を無視し、文献学を思想の再現そのものを目指す客観的な学」として村岡は示したと『本居宣長』を主に用いて論じた。また「村岡典嗣と「天皇」」では『著作集』Ｖ「国民性の研究」を基に村岡が「日本人が日本を対象にその研究を行うことには特別の意義がある」と述べる点に「従来馴染み深かった、文献学者としての村岡像には似つかわしくない」と論じ、「科学的本質」や「学問的科学性」を高く評価する梅澤伊勢三以来共通してきた（とくに「日本思想史学の成立」）村岡像に対しても再考を迫るものとなった。他方、『著作集』Ｖ「国民性の研究」に収められるノートが通常の講義ノートとは異質な点、つまり「『人文科学研究費』という国家レベルからの研究要請と向き合いながら、研究を進めるという状況に置かれていた」ことを本村昌文は指摘した（「村岡典嗣『日本国民性ノ精神史的研究』執筆の背景」）。大学人としての活動の実態を明らかにした点で、従来の村岡像に新たな側面を加えることとなった。

研究史の概括と問題点

以上を概括するならば、村岡研究の大きな流れとしては、村岡の思想史学上の研究業績の再検討、つまり先行研究としての位置づけから、村岡その人を思想史の研究対象として捉える方向へ推移している。村岡の人物像についても

「科学的」で「厳密」な文献学を本領とした時流に阿《おもね》らない学者村岡像から、国体論の磁場からは村岡でも決して自由ではなかったと評価する方向に動きつつある。その際、用いられる史料も公刊された論文集から、講義ノートも含めた史料に移行している。以上の研究史をふまえて筆者が検討したいのは、村岡が本居宣長の本質を検討する際に引照基準としたドイツ文献学が、やがて村岡が開拓することになる日本思想史という学問領域の理論的方法論的基礎へと連接していく過程である。文献学から日本思想史学へのいわば学問的領域の方法論的拡大がいつどのようになされたのか、何が契機なのか、こうした点について、今までの研究では必ずしも明らかではなかったようである。よって本講では、この問題についても検討することにしたい。

二　著書と講義ノートにみる研究方法

『本居宣長』の初版と増訂版

『本居宣長』で村岡は国学者本居宣長（一七三〇〜一八〇一）について「吾人は、宣長学の本質的意義は、文献学であるとなすのである」（初版三六八頁、増訂版三六三頁）と述べていることが重要である。筆者はかつて村岡について論じた際、村岡が本居宣長個人の研究に留まらず、日本思想史の開拓者として研究の領域を拡大させた外発的契機として、東北帝国大学法文学部教授就任という事実に着目したことがある（高橋禎雄「村岡典嗣著増訂版『本居宣長』をめぐる二、三の問題」）。村岡の『本居宣長』には、初版・増訂版ともに「日本思想史」の語が正面に現れないことは注意を要する。

村岡は、宣長の学問についてベークの文献学と比較した。この着想については芳賀矢一の所説に示唆を得たものであったと村岡は記している（初版三五四頁、増訂版三四五頁）。村岡の本居宣長と文献学の関係については、『本居宣長』の「第二編　宣長学の研究」中の「第五章　宣長学の意義及び内在的関係」に集中的に示されている。とくに初版でも積極的に援用されたベークの文献学についての紹介が増訂版では膨大な註釈として加えられている

村岡によれば欧州の文献学と宣長の学問は全く同じではない。「宣長学は、文献学たる埒外《らちがい》を出でゝ、単に古代人の意識を理解するに止まらないで、その理解した所を、やがて、自己の学説、自己の主張として唱道するに至つてゐる」（増訂版三六五頁）ため、「宣長学の客観的意義」は「文献学では不十分であると思ふ。さらば如何なる概念を以て、之を概括すべきか。吾人は暫《しばら》く、文献学的思想の語を以て、之に充つべきを思ふ」（同右）とした。つまり「古代の客観的闡明《せんめい》がさながらに、主観的主張をなしてゐる」（同書三七〇頁）ためベークの文献学を基準とすると「一つの変態（Metamorphose）」（同書三七一頁）と捉えたのである。村岡はまた「Erkennen des Erkannten が同時に Glauben des Erkannten（認識されたものの信仰）をなしてゐる」（同書三七二頁以下、（　）内は筆者補足）と述べ、信仰の契機から宣長の学問を「文献学的思想」と指摘したのであった。

講義ノート『日本道徳思想史』

『本居宣長』出版を契機として、村岡は大正八年（一九一九）広島高等師範学校に講師として着任した。翌年には同校教授となるが、大正十一年から十三年まで欧州に留学、帰国後は東北帝国大学法文学部教授となった。広島での実質的な講義は三年間であった。

東北大学史料館所蔵の村岡典嗣文書に広島高等師範学校時代の講義ノートが保存されている。このノートについては、すでに本村昌文の論文「村岡典嗣と広島高等師範学校」があり、その概要が示されている。筆者はこのうち、大正十年度の講義ノート「日本道徳思想史」（東北大学史料館『村岡典嗣文書目録』「村岡I―四―一」）に注目したい。同ノ

ートは縦二〇・五㌢、横一六㌢、二三罫、全二七二頁。ブルーブラックのインクを主に用い、すべて横書きである。見開きの右側を本文、左側を備忘としている。このノートの目次部分の写真を掲げておく（図1）。この目次から、内容別に研究の目的、文献学の成立、国学、史的文化学、具体的研究方法という構成をとっていることがわかる。これは『本居宣長』にも、広島高等師範学校在任時の他の講義ノートにもみられないもので、組織化体系化されている点が特徴である。この構成は以後、講義で村岡が研究方法について述べる際の基本形となった。筆者がこのノートに着目する理由は、結論から述べると、文献学と歴史学の関係についてドイツの事例に則して理論的に説明している点にある。これはのちの『増訂版本居宣長』にも反映され、昭和九年（一九三四）に公にされる日本思想史学の方法論にも受け継がれることになる。

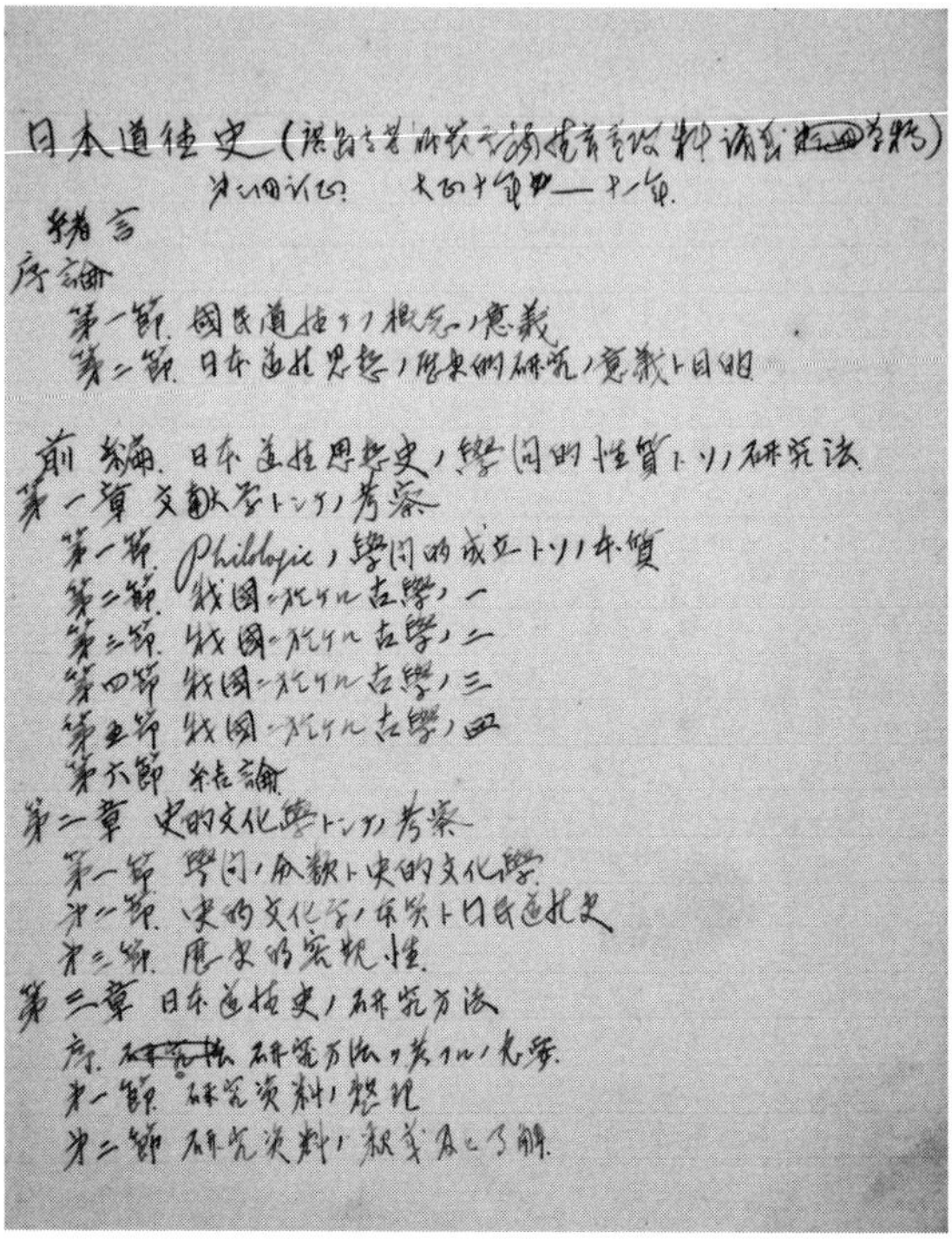

図1　村岡典嗣講義ノート（東北大学史料館所蔵）

Erkennen の訳語

この講義ノートは「日本道徳史」と題しているものの、章節では「日本道徳思想」「日本道徳思想史」「日本道徳史」と記され統一されていないが、全体を通して日本思想史の研究方法について理論的に述べている。第一章は『本居宣長』でベークに関説した部分と重なる。本章の主題と関連する部分を抽出して検討を進めることとしたい。前編第一章「文献学トシテノ考察」からであるが、次のように述べられる。

之ヲ要スルニ Boeckh ノ文献学ハ Erkennen des Erkannten ~~詳シクハ~~即チ吾人ノ意識シタ所詳シクハ知ツタコト感シタコト欲シタコトノ凡《すべ》テニ渉ツテ意識ニ写象サレタトコロヲ認識~~スルトソノ意識サレタマヽニ~~認識吾人ノ意識ニ再起スルトイフ根本~~思想~~観念を中心トシテ古代生活ノアマネキ内容ヲ帰納的認識的ニ統一シタモノ~~ト~~ニ外ナラヌ。（史料中の抹消線は村岡による、以下同）

Erkennen des Erkannten について、広島高等師範学校時代では訳語を当てていないこと、それも一旦「認識スルトソノ意識サレタマヽ、ニ認識」と訳しながらも抹消している。「知ツタコト感シタコト欲シタコトノ凡テニ渉ツテ意識ニ写象サレタトコロ」とあるのは、『本居宣長』（初版三五一頁、増訂版三四三頁）同様であるが、当時哲学の世界で注目されていた新カント派（ヘーゲル以後、「カントに帰れ」を標語にした学派）の受容のただ中にあったがゆえに慎重を期したと推察される。

カクノ如キ文献学ソノモノガ学問分化ノウチニ果シテ科学トシテノ位地ヲ保チウヘキカ~~トイフコト又彼ノイハユル再現トイフコトガイカナル意味ニ於イテ可能ナ認識論的ニ可能テアルカトノ考ハ~~ハ別ナル問題テアリ又彼ノイハユル古人ノ意識ノ再現トイフコトガハタシテイカナル意味ニ於イテ認識論的ニ可能テアルカ〔〇〕

文献学の学問的領域としての位置づけについては、すでに『初版本居宣長』で「欧洲文献学は、希臘《ギリシヤ》（羅馬《ローマ》）学である」とし、イタリアの文芸復興期では「即《すなわ》ち文献学即フマニズムス（Humanismus）と言ふのが、当時に於ける文献学の概念である。要するに、当時に於いては、殆んど学問全体が、文献学であつたのである」と述べていた（三五

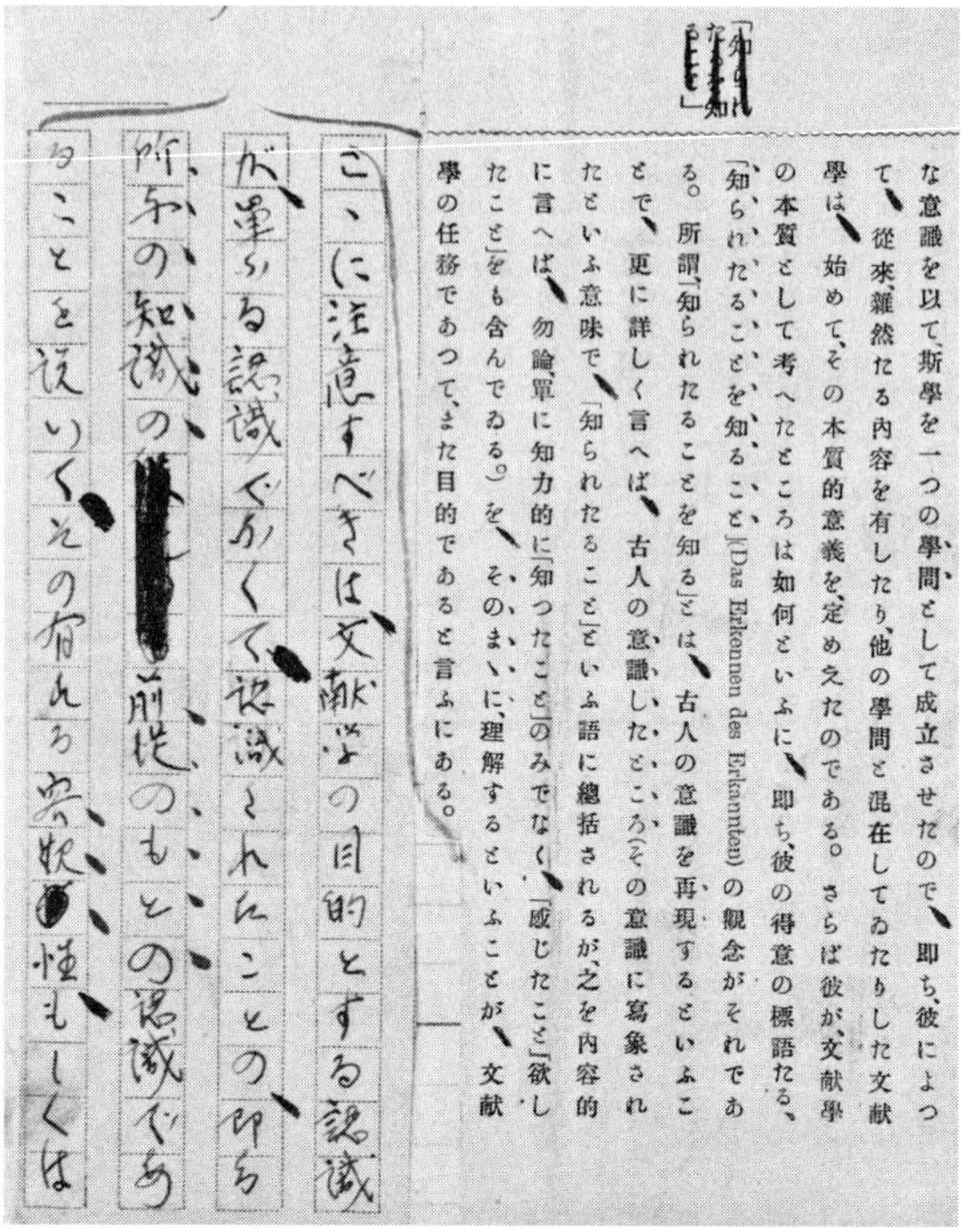
な意識を以て、斯學を一つの學問として成立させたので、即ち、彼によつて、從來、雜然たる內容を有したり、他の學問と混在してゐたりした文献學は、始めて、その本質的意義を、定め之たのである。さらば彼が、文献學の本質として考へたところは如何といふに、即ち、彼の得意の標語たる、「知られたることを知ること」(Das Erkennen des Erkannten) の觀念がそれである。所謂「知られたることを知る」とは、古人の意識を再現するといふことで、更に詳しく言へば、古人の意識したところ(その意識に寫象されたといふ意味で、「知られたること」といふ語に總括されるが、之を內容的に言へば、勿論、單に知力的に「知つたこと」のみでなく、「感じたこと」「欲したこと」をも含んでゐる。)を、そのまゝに、理解するといふことが、文献學の任務であつて、また目的であると言ふにある。

図2 「増訂版　本居宣長原稿」(東北大学史料館所蔵)

四〜三五五頁)。文献学はいわば全体学であった。しかし近代科学の発達による専門分化の進行に伴い全体学である文献学は果たして一個の学問領域として独立することが可能であるか、と問う。これに対し村岡は、「文献学モ又モトヨリコノ史的文化学ノ一科トシテ存在□□スルモノテアル」と位置づけた。「史的文化学」については後述する。また「古人ノ意識ノ再現」は可能であるとの立場から、文献学と認識の関係について次のように説明した。

~~又小東ニ反省ヲ要スヘキ問題テアルガ、ソノErkennen des Erkannten ノ根本観念ニ至ソキ小又ソノ歴史的古代人ノ意識ヲ歴史的発展的ニ見ムトスルトキ~~、ソレト歴史的発展的ノ観方トノ間ニハタシテ如何ナル関係カ存スルカ等ハ更ニ反省ヲ要スヘキ問題テアルカソノ Erkennen des Erkannten ノ根本観念ニ至ツテハ思フニ一切ノ文献学的研究ノ根本的性質ノ本質的意義ヲ明瞭ニシタモノテアル

ここにもベークの標語である Erkennen des Erkannten が繰り返し現れる。『初版本居宣長』では Erkennen des Erkannten については「彼〔ベーク〕の得意の標語たる、『知られたることを知ること』(Das Erkennen des Erkannten）の観念」（三五一頁）や「知られたることを統一的に知る」もしくは「ダス　エルケンネン　デス　エルカンテン」（三七〇頁）とカタカナ表記をしている。また「文献学はエルカントされた哲学のエルケンネンだと明言した」（同）と記して「認識」と訳していない。『増訂版本居宣長』では新たに書き加えられた部分では「認識」と明記しているため、増補版だけを見ると表現が統一されていないように見えるが、それは岩波書店で増補版を出版するに際して村岡は初版を一頁一頁切り抜いて『日本古典文庫』の原稿用紙に貼り付けて余白に注記しているからである（図2参照）。欧州留学中の村岡の成果の一つである『ぎゃどぺかどる』は『日本古典文庫』に収められているが、そのための原稿用紙がストックされていたものを流用し補訂していった痕跡なのである。

大橋容一郎「心理学的認識論と哲学的認識論」によれば、明治末のドイツ留学組（波多野精一《はたのせいいち》、朝永三十郎《ともながさんじゅうろう》、左右田《そうだ》喜《き》一郎《いちろう》など）が帰国してから新カント派の著作の翻訳が開始され、「認識論」が哲学用語として使用されはじめたという。村岡はErkennen des Erkanntenが「文献学的研究」の「本質的意義」であると『初版本居宣長』で指摘したが、明治四十四年（一九一一）にあって「認識」の訳語を当てる迷いも哲学界における右の動向を反映したものと考えられる。

ドイツ西南学派と学問分類

この文献学の位置づけに続いて「歴史的発展」が問題とされ、「史的文化学」について説かれる。この「史的文化学」の語は、講義ノートの第二章「史的文化学トシテノ考察」のうち、第一節「学問ノ分類ト歴史学ノウチニ占ムル地位」に現れるので、以下、この部分について検討することにする。

2／　シカルニ近代ニイタッテ自然科学ヤ実証主義ニ対スル反動トシテ生シタ哲学上ノ idealistic movement ハ形而上学《けいじじょうがく》ノ方面ニ於イテ Bergson ヤ Eucken ノ新理想主義ヲ生スルトトモニ方法論ノ方面ニ於イテ WindelbandヤRickertノ西南独逸派等ヲ生シ後者ニヨッテ新タナ意味ニ於ケル史的文化学ガ唱ヘラレテキタ。

ドイツでは近代に入り、自然科学に対し新理想主義が芽生えベルクソン（Henri Bergson 一八五九〜一九四一）とオイケン（Rudolf Christoph Eucken 一八四六〜一九二六）の名前が記されるが、方法論の面で村岡が注目するのは、かつて自身が翻訳を手掛けたヴィンデルバント（Wilhelm Windelband 一八四八〜一九一五）そしてヴィンデルバントの後を受け継いだリッケルト（Heinrich Rickert 一八六三〜一九三六）である。ドイツ西南学派の誕生とこの学派の特徴は「史的文化学」にある。

新タナ意味トハイヘ彼等ノ哲学カKantノ後派テアル如クソハ一面理想主義派ノ歴史観ノ後派テアル。コレ新理想主義ノ歴史哲学トヨハル、所以《ゆえん》テアル。而シテコノ派ノ歴史観カラシテ歴史学ノ性質ニツイテ学フヘキ所ハ極メテ多イカラ吾人ハ之ヲ論セネハナラヌ。彼等ノ論ハ学問ノ分類カラ始マル。

新カント派の一派であるドイツ西南学派の示す歴史観は、そもそも哲学の立場から歴史を対象として考察する歴史哲学であって歴史学の方法ではない。ただ社会学者マックス・ウェーバー（Max Weber 一八六四〜一九二〇）との論争でも有名な歴史家エドワード・マイヤー（Edward Meyer 一八五五〜一九三〇）にリッケルトが与えた影響について、昭和二年度（一九二七）の講義であるが、村岡が次のように紹介している点は注目すべきである。

たとへばEd. Meyerの如きは明かに後者〔「歴史的方法に立つ人文科学即ち史的文化学」〕を支持している。彼はその著 *Zur Theorie u. Methode der Geschichte*〔『歴史の理論と方法』〕において、この意味でRickertの研究が自分の所見と一致する事をよろこぶとなし、自分は長い歴史研究の間、いまだ歴史的法則といふものを発見しもしなかったし、またこれに遭遇しなかった事をのべ、こは史家の劣弱なる故でもなく歴史の本質そのものに原因するとなした。（『著作集』Ⅳ「日本思想史概説」）

ここで参照されるマイヤーの『歴史の理論と方法』はのちに森岡弘通訳『歴史は科学か』（みすず書房、一九六五年）にウェーバーの論文「文化科学の論理学の領域における批判的研究」とともに収められ広く知られる。ここでは歴史学の大家マイヤーでさえ歴史の本質についてリッケルトに賛意を示している点を例示し、歴史の法則性への懐疑と歴史的個性を把捉する点に共鳴する村岡の姿勢がみられ、歴史の本質についてリッケルトから摂取したことが理解される。それでは、ドイツ西南学派の特徴である学問の分類法はどのようなものであったか。

一切ノ学問ヲ規範学ト経験学トニ分類スル。前者ハ論理学、価値学、美学等ノ如キ価値判断ノ学問テ、真偽、善悪、美醜トイフカ如キ、吾人ノ規範的意識即チ Sollen ノ学問テアル。之ニ反シテ後者ハ経験的事実ノ基礎ノ上ニタツタ学問テアル。Sein ノ学問デアル。コノ二ツノ学問ノ差別ハ Sein 対 Sollen トイフ二ツノ原則ノ上ニタツモノテ明瞭デアル。

学問を規範（Sollen ゾレン・当為）と経験（Sein ザイン・存在）に大別する。これが新カント派の特徴である。この学問分類が以後の村岡の日本思想史研究の方法論を基調として貫くものである。

自然科学と史的文化学

それでは歴史は具体的にはどのように理解されるのであろうか。この問題については、講義ノート「第二節　史的文化学ノ本質ト国民道徳史」で説明されることになる。

1／　史的文化学トハ自然科学ニ対シタ称呼デアルコトハ上述ノ如クテアルガ更ニ詳シクイフト一方ノ自然（Natur）トイフ単一概念ニ対シテ文化ト歴史的トイフ二重ノ概念ガ結合シタモノデアル。自然科学ニオケル Natur トイフノハ研究ノ対象ト研究ノ方法トヲ一語テカネ言表シテモノデアルガ他ノ一群ノ sciences ニ於イテハコレニ当ルヘキ一語カナイノテ史的文化学トイフ表現ヲ用キノテアル。

規範学と切り離された経験学の中では、自然科学とは別な文化と歴史の二重概念が存在するという。けだし文化も歴史も人間の自然への働きかけ、つまり主体的営為の所産であり、これを研究対象とするのが「史的文化学」である。

即チコハ研究ノ方法ニ於イテ史的テアルトイフコトトソノ対象ガ文化価値テアルトイフコトトノ意義ヲ兼ネテヰル。而シテコノ二ツノ方面ハ学問ノ性質上必然的関係ニアルモノデ換言スレハ、学問ノ同一性質ヲ両面カラ述ヘタモノデアル。即チ文化ヲ対象スル文化学ハソノ文化学タルカキリニ於イテハ歴史学テナケレハナラズ。歴史学ハ真ノ意味ニ於イテハ文化学ニオイテ成立シウルトイフコトトナル。文化現象ヲ歴史的ナラテ自然科学的ニ研究スレハソハ文化科学テナクナルコトハ已《すで》ニ述ベタ。之トトモニ単ナル自然現象ニハ歴史ハ成立シナイ。自然界ニ於ケル因果的法則ノ行ハレル process ハ repetition テアッテ決シテ歴史的デ〔ナ〕イ　サラバ文化科学ノ為ニ本質ヲナス歴史的トイフコトハソモソモ何デアルカ。

史的文化学は自然科学に対する概念である。因果法則の過程は repetition つまり反復であるから自然現象に歴史はない。文化を対象とする文化学は、何より歴史学でなければならないのである。この説明の中で「文化価値」として「価値」の語が現れるのは注目すべき点である。この語は実は『初版本居宣長』には見られないのである。

個性化と価値

文化科学の本質は歴史的である。その歴史については以下のように説明される。

2／　歴史ハ年代記ト異リ又史料ノ蒐集ト異ル。史料ノ蒐集ヤ又年代記的排列ハ経験ノ学ナル記録テアッテ学問的意義ニ於ケル歴史テナイ。

これは記録と歴史の違いを述べたものである。学問的な意味での歴史とはこうした基礎的作業をふまえて人間の主体的営為の結果、構成されると考えているからであろう。

歴史ハ経験的事実ノ綜合統一即チ或意味ノ組織ヲ要求スル。コノ点ニ於イテハ形式上自然科学ト同シイ。シカモ歴史ノ取扱フ事象ソノモノハ個性的具体的事実テアツテ歴史ノナス綜合統一ハ自然科学的ノ一般化、法則化テハナイ。

歴史は自然科学の一般化、法則化を目的とするものとは異なり、「個性的具体的事実」の「意味ノ組織」を目的とする。自然科学は、法則定立を目的とするのに対して歴史学的方法は内面的綜合統一を求めるもので、これは人間の認識という主体的働きかけがあってこそ成り立つとも考えられる。

而シテ所謂《いわゆる》個性的事象ノ個性的事象タル意義ハ一度起ツテ繰返スコトノ出来ナイ生キタ精神生活ノ経験トイフコトニ存スル。カクノ如キ経験ノ特殊性ノ発揮カヤカテ歴史的方法ノ生命テコレ即チレキシ《〔歴史〕》ノ個性化デアル。コノ事ハ即チアル中心事実ノ価値ヲ他ノ諸々ノ事実ノ価値ノウチニ認識スル事ニヨツテ経験事実ヲ統一綜合スルトイフ事ニ外ナラヌノデカクノ如キ統一綜合ヲ時間的ニ行ツテユク時ニ発展カ存スル。而シテココニ注意スヘキハ発展トハ所謂進歩ト異ルコトデアル。而シテカクノ如キハ個々ノ事物ヲアル事物ノ個性的価値ノモトニ綜合統一スルトイフコトテコレヲ一言テイヘハ価値関係（wertbeziehung）ニ於イテ見ルトイフコトデアル。

自然科学に対して文化科学は個性的記述をめざし、価値に関係づけて認識する。これは繰り返すことはない「生キタ精神生活ノ経験」である。そのかけがえのない一回性を特殊性とし「歴史的方法の生命即チレキシ《〔歴史〕》ノ個性化デアル」とするのである。また中心事実の価値を求め、他の事実に関係づけて経験事実を統合することに時間が加わることを発展と捉える。認識という営為について、価値関係によって歴史的個性の意義づけるという文化科学の特徴が表れている。文化科学における認識する側の主体性について、積極的な意義づけがなされている。歴史の一回性と個性化に重点を置くことは通史成立の可能性に制限を与えることにつながり、村岡の思想史に大きな影響を与えることになる。

ベーク・ランケ・リッケルト

『本居宣長』には、『初版』『増訂版』ともに「日本思想史」の語が現れないことと Erkennen des Erkannten が原文のまま、あるいは訳語としてものちに有名になる「認識されたものの認識」が現れていないことについては、すでに述べた。「日本思想史」の語が現れないのは、本居宣長に絞った研究ということが理由の一つであろう。

他方、訳語については別な問題がある。Das Erkennen des Erkannten の訳語として村岡は『初版』で「知られたることを知ること」と訳し、次のように解説する。

之を内容的に言へば、勿論、単に知力的に「知つたこと」のみでなく、感じたこと（「欲したこと」を含んでゐる。）をそのまゝに理解するといふことが、文献学の任務であつて、また目的であると言ふにある（図2参照）。

「そのまゝに理解する」との表現に接して、人はかのランケ（Leopold von Ranke 一七九五～一八八六）の金言、Wie es eigentrich gewesen（「本来それはいかにあったか」）を想起しないだろうか。ヘルムート・ベルディングによれば「すでにヘルダーによって準備され、ロマン主義が極端にまでおし進めた、歴史的個性を重視する見解は、歴史事象の根源性、分析的方法による説明の不可能性や創造的自由といった根本命題をともなっていたが、この見解をランケは歴史認識の基本的前提であると言明した」（「レオポルト・フォン・ランケ」）。ロマン主義とベークの文献学、そして「ナショナリティー」との関わりについては、畑中健二が論じていたが（前掲「国学と文献学」）、ランケの所説も同様であったことがわかる。とくに学問の指向性において近似しているのである。果たして村岡はこれを見逃さなかった。

自然科学的ノ自然ソノマ、トイフコトヲ斥ケルトトモニ価値関係ニオケル統一綜合トイフコトヲ史的文化学ノ本質ト~~シオ~~ナス上記ノ考察ニ対シテ直ニ生スル問題ハサラバ~~ランケ~~Ranke、~~1795~~（1795–1886）ガ“wie es eigentlich gewesen” トイフ語デ言表シタ歴史的客観性ハ如何ニ考フヘキカトイフコトデアル。而シテコノ問題ハヤカテ吾人カ前章ニ考察シテキタ Boeckh ノ “Das Erkennen des Erkannten” トイフコトト如□ニ対スル反省トナル。Ranke カコノ説ノ意味ヤ Boeckh カ意味シタガ歴史的事象ニツイテ意味シタトコロハヤカテ Boeckh カ思想ニツイテ意味シタトコロテアル。ソノトモニ客観ノ真実ナル描写トイフコトヲ意味シテルモノテアルコトハイフマデモナイ。コノコトガ史的文化学ノ為ニ如何ニ重要ナ意義ヲ有スルカハ前章ノ考察ニヨッテ明ラカテアル。文化史□史的文化学トシテノ本質ガコレト如何ナル関係ニ於イテ存スルカコレコ、ニ考ヘムトスル所デアル。

「Ranke カコノ説ノ意味ヤ Boeckh カ意味シタガ歴史的事象ニツイテ意味シタトコロハヤカテ Boeckh カ思想ニツイテ意味シタトコロテアル」として文献学者ベークと歴史学者ランケ両者の目的が一致していることを講義ノートで指摘している。

規範学ニタイスル経験学トシテノ歴史ヲ認ルメコトガハ経験ノ客観性ノ仮定ニタッテキル。モシコレヲ比定スレハ経験学ノ成立ハ論シエナイコト、ナラウ。ソノ価値判断カラ区別シテ価値関係トヲトウ〔問う〕ノハヽヤカテ価値歴史的客観性ヲ価値関係ニ見ルモノニ外ナラヌケタシ事物ヲ価値関係ニオイテ見ルトイフコトハ事物ニ対シテ主観的価値判断ヲ下スノテナイ〔°〕コレ Ranke ガ賞賛ヤ非難ヲサシハサムヲ歴史ノ任務テナイトナスト同シテアル。而シテ又 Boeckh ガ古代人ノ如ク Philosophieren シテハナラヌトナスト同シデアル。サレハ Rickert モ Wirksal “確カニ、主観的ナ恣意カラ故意ニ事実ヲ曲解スル説明ヤ賞賛ト非難トヲ以テ物語ヲ破壊スルカ如キ叙述ニ対シテハ Ranke ノ客観性ノ要求ガ正シイモノテアル。取ワケテ任意ニ歴史ヲ構成シテユク者ニ対シテハ事実ヲ指必然的ニ尊敬セネハナラナイコトヲ示サネハナラナイ” トナシタ。

ドイツ西南学派の学問分類がここで参照され、規範学と比較して経験学として歴史の客観性を成り立たせるものは、主観的価値判断ではないとされる。ランケは過去の歴史に価値判断を下すのは歴史学の任務ではないと述べ、ベークは文献学について認識そのものを目的とするのであって古代人と同化して考察するのが目的ではないと述べる。これに続けてリッケルトがランケの客観性を求める姿勢について歴史を構成する立場から正しいとの評価を村岡は示す。つまりランケのドイツ歴史学をリッケルトは個別的記述性、個別的概念構成をめざす新カント派の立場、すなわち歴史哲学の立場から基礎づけた。ベークの文献学とランケの歴史学はリッケルトの歴史哲学を媒介にして結合した。リッケルトがランケを引きつつ「主観的ナ恣意カラ故意ニ事実ヲ曲解スル説明ヤ賞賛ト非難トヲ以テ物語ヲ破壊スルカ如キ」と述べた点は、宣長が批判対象とした宣長以前の『源氏物語』の教戒的解釈と共通する。ノートは以下のように続く。

凡《すべ》テノ価値ヲ見ウルタメニハ不知不識Das Wesentrich ノ何者カヲ解シタノテアル。ケタシコノコトナクシテハ価値関係ト凡テノ価値ハ見ルコトハ出来ヌ。又ネクレタ歴史料ヤ年代記ナラヌ真ノ歴史ハカクヲエヌノテアル。Boeckh如ガ Das Erkennen des Erkannten ニ於イテモ同様デアル。Das Erkennen ヲ新ニ了解セムカ為ニハ価値関係ニ於イテノ認識ニヨツテハシメテナシウル。而シテ本居ガ古事記ワカ国ノ文献学ニ於イテナシタ立派ナ成績モ実ニ不識不知コレヲ実行シテヰル。

かくして村岡の内部でベーク、ランケ、リッケルトそして本居宣長が方法論的次元で結びつくにいたった。

新カント派受容

以上は、広島高等師範学校時代に思想史の方法論について村岡が関説した理論的部分であるが、この講義ノートに示されたドイツ西南学派に積極的に言及する姿勢が、実は村岡の欧州留学目前にした時点で表れていることが重要である。

明治・大正期の日本人哲学者の海外留学については、先にみた通り大橋容一郎によって明らかにされつつあるが、本講との関連でいえば、大橋に先んじて著された大庭大輝による北昤吉《きたれいきち》（一八八五〜一九六一、思想家北一輝《きたいっき》の実弟）に関する論文を逃してはならない（「北昤吉における『哲学』と『政治』」および「北昤吉の哲学研究」）。

峰島旭雄らの先行研究をふまえ大庭が取り上げる北昤吉と本講で扱っている村岡は実は早稲田大学在任時、きわめて近い位置にいた。池上隆史の「村岡典嗣年譜」（三）によると、大正四年九月二十三日の「哲学研究会」発会時に両者は席を並べている。また村岡と北昤吉の学問的距離の近さは、両者が手掛けた翻訳書からもわかる。村岡はヴィンデルバントの著作 *Geschichte der neueren Philosophie*, 1878–80 を『近世哲学史（近世初期の部）』として翻訳・刊行していた（一九一四年、内田老鶴圃）。北昤吉もヴィンデルバントの著書 *Lehrbuh der Geschichte der Philosophie*, 1903 を早稲田大学教授井上忻治《いのうえきんじ》とともに大正七年（一九一八）に翻訳・刊行している（『欧州思想史』興亡史刊行会）。また北昤吉の留学（一九一八〜二二）は村岡の留学（一九二二〜二四）に先んじており、村岡に対して欧州での知識吸収に備えて大きな刺激を与えたと推測される。

大庭によれば、第一次大戦後のドイツのインフレによって日本人留学生は恵まれた環境にあった。のちに東北帝国大学に赴任することになる当時若手研究者であったオイゲン・ヘリゲル（Eugen Herrigel 一八八四〜一九五五）を北昤吉はリッケルトの紹介で家庭教師にしており、またリッケルト自身による演習はリッケルトの自宅で行われたのである。

外的契機と内的契機

本村昌文は先の論文で広島高等師範学校時代の村岡の講義ノートについて同校における徳育科設置を文理科大学への昇格を見据えた点に着目し、講義が「大学レベルに近い位置でなされていた」と紹介した。かかる制度的外発的契機に加えて筆者は個人的内面的契機を指摘したい。すなわち早稲田大学時代の波多野精一の下での研鑽、旧同僚北昤吉の先行する留学、東北帝国大学教授就任内定（大正九年八月、池上隆史「村岡典嗣年譜」（四））、その後の自身の渡欧である。ドイツ西南学派への積極的言及と理論的側面を打ち出すにいたった契機は、早稲田大学という圏域が形成した人的紐帯《ちゅうたい》にもあり、これが宣長研究から日本思想史研究へと連接する個人的内面的契機であった。広島高等師範学校時代の『日本道徳史』講義ノートは、東北帝国大学法文学部在任時の昭和九年（一九三四）に公にされる論文「日本思想史の研究法について」から振り返ると、いわば初型として位置づけられる。

三　東北帝国大学時代

昭和二年の講義ノート

村岡が担任を務めた東北帝国大学法文学部では、規程類には現れないが、文化史学第一講座が「日本思想史」、文化史学第二講座が「東洋芸術史」の専攻であった。東北帝大での村岡の日本思想史の方法論に論及した講義ノートとしては、昭和二年度（一九二七）のものが最も詳しい（原田隆吉「村岡典嗣」）。同ノートは創文社版『著作集』Ⅳ「日本思想史概説」に翻刻のうえ、収録されている。これをみると先に掲げた広島高等師範学校時代のノートと比較して、より詳細になっている。この講義ノートでまず注意すべき箇所は、「Philologie や殊にまた古学もしくは国学は、少くも歴史上に存在した既成的学問としては、そのままに完全な思想史もしくは日本思想史とはしがたい。換言すれば、主として近代的学問としての歴史学もしくは史的文化学といふ方面から、これを補正し、もしくは ergänzen〔補足〕する必要がある」（『著作集』Ⅳ、九頁）と述べている部分で、日本思想史の確立のためには歴史学と「史的文化学」＝

リッケルトの歴史哲学で補強する必要があると指摘している点である。広島高等師範学校時代の講義が反映している第三章は「Wissenschaft としての歴史」と題し「第二節　自然科学的歴史観と文化学的歴史観」は、節のタイトルからしてリッケルトの著書『文化科学と自然科学』（*Kulturwissenschaft und Naturwissenschaft*, 1898 初版）の影響下にあることがわかる。佐竹哲雄・豊川昇訳岩波文庫版は第七版（一九二六年）の翻訳で、Die historischen Kulturwissenschaften を「歴史的文化科学」と訳すが、これが村岡の「史的文化学」であることは、今や明らかであろう。

『増訂版本居宣長』

昭和二年は村岡にとって多産であった。それは講義ノートの充実ぶりだけではなく、『本居宣長』の増訂作業に見出せる。従来、この増訂作業についてには、ベークの文献学についての情報の増加、垂加神道と徂徠学派への言及などが注目されたのであるが、Erkennen des Erkannten の訳に加えて、ドイツ西南学派の影響も増訂部分を検討すると多く検出される。一例をあげておく。賀茂真淵と宣長の比較箇所である。

宣長学はその本来の任務として、古代人の世界、もしくは意識の全体を、何等の選択と価値判断となしにそのまゝに明らめるのを目的としたので、真淵の如く、初めから、古代を理想化し、もしくは古道化しておらぬ。

（増訂版四七二～四七三頁）

傍線部が増訂された部分であるが、先にみた「事物ニ対シテ主観的価値判断ヲ下スノテナイ」というリッケルトを介した見方が村岡の捉えた宣長学の特徴に付加されていることがわかる。

文献学的思想と歴史哲学

本居に見た文献学的思想を日本思想史学の方法論として捉え直す際、理論として村岡はリッケルトに依拠した。本居宣長に欠けていたのは歴史的側面と捉える村岡は、宣長の方法を発展的に継承させるという観点から歴史学としての理論をドイツ西南学派に求めたのであった。梅澤伊勢三が「熱心な理論家でもあった」(「日本思想史学者としての故村岡典嗣教授の業績」)と述べる通りである。ただし、歴史学の方法ではなく、歴史を哲学の対象として考察する歴史哲学に理論的基礎を求めたことは、東北帝大時代でも同様である。研究方法論はベークの文献学に始まり、本居宣長をはさんで、リッケルトにいたる展開は、さながら比較哲学史の観がある。また村岡が「学問に対する真の理解は、哲学的教養によつて得られる。哲学的教養の、学者の為めに必要なること、日本思想史研究者の為めにも、同様である。殊に、苟《いやし》くも思想史研究を目的とする以上、他の意味で、その欠くべからざること、また言ふまでもない」(「日本思想史の研究法について」)と説いていたことも哲学史家との印象を受講生に与える契機として作用したと思われる。

論文「日本思想史の研究法について」

現在『続日本思想史研究』と『新編日本思想史研究』に収録されるこの論文は、昭和九年(一九三四)、雑誌『日本精神文化』六月特集号(河出書房発行)に巻頭論文として掲載されたものである。この号は「日本精神史研究法号」と題されている。同論文では最初に「学問もまた個人の創作である」と断ったうえで、宣長の『初山踏《ういやまぶみ》』を引いて研究の効率化を目的とすることを述べる。題名に示されている通り「日本思想史」の語が本文中に頻出する。講義内容の骨子を公にしたものといえるだろう。後半は学術論文作成のための具体的技法とも称すべきもので、現代の我々にも参考になる部分がある。以下、この論文の要点を紹介する。

「歴史が単なる年代的記録に止まらず、史実の内面的記述に入る時、そはすでに、必ず何等かの文化的現象を取扱ふ」とは先に広島時代の講義ノートをふまえた記述である(『続日本思想史研究』二七頁。以下、頁数は煩瑣を避けるため岩波版による)。「そもそも思想史の主な研究対象といへば、いふまでもなく文献である。文献をはなれては思想は研究されない」(三一頁)。そしてベークの言葉「人間の精神から産出されたもの、即ち認識された者の認識」を目的として掲げる。「訓詁註釈的の形式的語学的研究を準備として、古文献の内容、即ち思想を認識するを任務とするので、その所謂《いわゆる》認識する思想の内容は、人間意識のあらゆる範囲に亙《わた》るにも拘らず、その認識があくまで再認識たる点に於いて、哲学やその他の学問そのものとは異る」(三二頁)、またフィロロギーを「希臘羅馬の古典学」とし、「近代的分化を来さなかつた古代思想全般」を研究対象とした点で「思想史の学的性質と一致」した。これとは別に日本で独自に発達したものが国学であり、本居宣長の学問について「古語、古文を明らめて古道を明らめる文献学」(同右)と記し、文献学と宣長学についてきわめて明快に整理している。ベークはフィロロギーの任務は古代に限定されるものではなくすべての時代に「『認識されたこと』の認識を目的とすべきを説いた」と述べる。これは昭和二年(一九二七)の「Wolf〔ヴォルフ Friedrich Augst 一七五九〜一八二四〕の Altertumswissenschaft〔古代学〕の概念を補正して Philologie を一層完全に学問として成立させたのは Boeckh である」(『著作集』Ⅳ、一六頁)との主張をふまえたものである。本講冒頭に掲げた「一言に約むれば、国学が史的文化科学として完成された時、そこに日本思想史を見ることが出来る」(三五頁)との表現からは広島高等師範時代の講義ノートで見た、ベーク・ランケ—宣長—リッケルトの軸が受け継がれていることがわかる。

再読三読と中心観念

日本思想史の学問的指向としては、「文献学的階段」と「史学的階段」があり、その「準備的工作」として資料の聚集・限定・整理がある(三五頁)。研究に際し「資料は結局取捨選択せらるべきものである。蒐集もつまり取捨選択の為めのそれである」。その際、「たえず価値づけを試みて取捨選択」することの必要性が説かれる。価値の見地から重要なものを選択する価値関係的見方が示され、リッケルトの影響が現れている。文献学的階段は、まず、真贋を分かつことを目的とする「資料の批判考証」であるが、贋作は贋作としての歴史的意義があるため無価値ではない。資料に時代的順序を与えることについては「思想的発展を明らかにするを任とする思想史研究」にとって「殆んど根本条件」とされる（三九頁）。

第二の「釈義、了解」では、「釈義」は「語句の意義の解明」であるが、これは文法的基礎によって確実となる。「了解」は、文献を思想単位と見て総合的見地から意味を理解することである。「釈義」がミクロ的分析、「了解」はマクロ的分析で、こうした作業のうえに「認識」が成り立つ。思想史研究においては難語・難句に拘わることは、かえって古典の主意を見落とす恐れがあると説くが、要するに、与えられた資料なる文献を、「正しい姿に於いて、また正しい系列に於いて、而して正しく解釈して、その文献の思想を再認識すること」が文献学的階段である（四〇〜四一頁）。

歴史的階段は、「選択」と「発展」を属性とする。「歴史家はその利用と、価値即ち意義の発見とをこそ、任務とすべきである」（四六〜四七頁）と述べられるように、「価値」は「意義の発見」として使用されている点は注意を要する。そのほか、研究を進めるうえでの注意点として、孫引きはしないこと、年代の正確を期すこと、近代学術用語の適用は慎重に行うこと、観念や思想を組織化するにあたり無理な形式化に注意すること、歴史的記述と自己の評論を混雑しないことなど注意点が述べられるが（四三頁）、まずは何より資料の精読が一切の出発点であり、書物そのものを了解することを心がけ、研究の題目の見地に立って「再読三読」し「中心観念」を捉えることが第一である（四四頁）。以上が村岡が公にした思想を把捉する具体的方法であった。同論文は村岡自身が膨大な講義内容から抽出して世に示した日本思想史研究に関する技法のエッセンスといえよう。

四　村岡研究の今後の課題――文献学の視角から――

文献学と宣長と新カント派と

本講では、村岡の日本思想史研究の核心である「文献学」を中心に日本思想史の方法論が形成されてくる過程について検討してきた。理論的な構成要素としてはロマン主義の影響下に誕生したベークの文献学とランケの歴史学、それに哲学的基礎を与えたリッケルトの歴史哲学であった。こうしたドイツの学問的到達点からみると、本居宣長の国学は古代人のようにphilosophieren（考察）したり、あるいは認識したものをglauben（信仰）している点で歴史性を欠いていた。かかる近代的学問的としては不十分であった点に鑑み、宣長学をベークの文献学とは異なる文献学的思想と捉えたのである。そしてこれを発展的に継承する観点から広島高等師範学校在任中に、価値関係に基づく個性的記述視点を導入し、日本思想史学の理論的側面を村岡は確立したのであった。原田隆吉はかつて「新カント派と本居と文献学とがどのように結びあっているかは、もっとも興味深い問題である」と述べたが、結局未解決であった（原田前掲論文）。本講はこの問題に対する筆者なりの解答でもある。

今後の課題

講義ノートに即していえば「先生の講義原稿ははじめ詳しく、年を逐《お》うて簡潔となり、極めて圧縮されたものとなり、それに新しい問題や角度が導入せられて充実を加えるのが一般的傾向である」（『著作集』Ⅳ「日本思想史概説」「後記」六一二頁）との指摘は正確に言い当てたものである。この圧縮精製、追加の過程については、村岡の思想史研究の方法論では「価値」の理解も鍵の一つとなる。村岡研究の課題としては、これに加えてのちの日本思想史学者に与えた影響の測定と、村岡の日本思想史研究の方法論に関する理論的構成へのさらに精緻な分析である。また相対的に評価の低い村岡の著した日本思想史の通史の特質について付言すれば、従来しばしば指摘されていた個別研究の完成と蓄積をまってなされると村岡が考えていた点に加えて、歴史に法則性を認めず個性的記述を重視するドイツ西南学派の歴史哲学が村岡の学問の基底にあることを見逃してはならない。そして村岡の著した通史が掲載された媒体の性質に立ち返って検討する必要もあるだろう。現在の思想史学では、研究対象にする文献史料も村岡の考えていた範囲をはるかに超えて拡大していることについてはいうまでもない。最後に東京府立開成尋常中学校以来、村岡の親友であった吹田順助《すいたじゅんすけ》（一八八三～一九六三）が、村岡の遺稿集に寄せた一文を掲げて本講を閉じることとする。

敗戦後における思想界の新方向は、君の学風に対して別種の評価をさしむけているようであるが、それに就いての対決は暫く措き、君は君としては君の時代における最善の仕事を仕上げたのであり、その功績たるや、学問上滅すべからざるものと言はねばならない。（『日本思想史研究　第四』岩波書店、一九四九年）

参考文献

家永三郎「日本思想史学の過去と将来」（一九四八年、のちに『家永三郎集』第一巻、岩波書店、一九九七年所収）

池上隆史「村岡典嗣年譜」三・四（『日本思想史研究』第三七・三八号、二〇〇五・〇六年）

梅澤伊勢三「日本思想史学者としての故村岡典嗣教授の業績」（『神道史研究』第一巻第四号、一九五三年）

同「日本思想史学の成立」（『日本思想史講座』別巻一号、雄山閣、一九七八年）

大橋容一郎「心理学的認識論と哲学的認識論」（『思想』第一一〇六号、二〇一六年）

大庭大輝「北昤吉における『哲学』と『政治』」（『社会文化史学』第四八号、二〇〇六年）

同「北昤吉の哲学研究」（『史境』第七三号、二〇一七年）

中野目徹『政教社の研究』（思文閣出版、一九九三年）
畑中健二「国学と文献学」（『日本思想史学』第三〇号、一九九八年）
同「村岡典嗣と「天皇」」（『日本思想史学』第三五号、二〇〇三年）
原田隆吉「村岡典嗣」（永原慶二・鹿野政直編著『日本の歴史家』日本評論社、一九七六年）
アウグスト・ベーク著／安酸敏眞訳『解釈学と批判』（知泉書館、二〇一四年）
ヘルムート・ベルディング「レオポルト・フォン・ランケ」（H・U・ヴェーラー編／ドイツ現代史研究会訳『ドイツの歴史家』第一巻、未来社、一九八二年）
マイヤー、ウェーバー／森岡弘通訳『歴史は科学か』（みすず書房、一九六五年）
丸山眞男『日本政治思想史研究』（新装版、東京大学出版会、一九八三年）
峰島旭雄編『近代日本思想史の群像』（北樹出版、一九九七年）
本村昌文「村岡典嗣と広島高等師範学校」（『東北大学史料館紀要』第六号、二〇一一年）
同「村岡典嗣『日本国民性ノ精神史的研究』執筆の背景」（『東北大学史料館紀要』第七号、二〇一二年）
高橋禎雄「村岡典嗣著増訂版『本居宣長』をめぐる二、三の問題」（『近代史料研究』第五号、二〇〇五年）

第12講　概念

明治期における「社会」概念

木村直恵

一　言葉の思想史は何をしてきたか

歴史・言葉・概念

本講では思想史にとって「言葉」と「概念」はどのような方法的な視点を提供することができるのか、という問いについて考えていく。「言葉」についてはおおむね共通了解が得られるだろうが、「概念」とは何か、ということになると「言葉」ほどは容易にイメージを結ばないかもしれない。しばしば「概念」は「言葉」「語」と同義、もしくは類義の言葉として用いられることがある。「概念」は「言葉」や「語」と同じものなのか、それとも別のものなのだろうか。相違があるとすればそれはどのような違いか、また「言葉」や「語」の歴史を研究することと「概念」の歴史の研究とのあいだには違いがあるのかどうか、両者の方法はどのように異なっていて、その方法を通じて見えるものはどのように異なっているのか。こうした問いからはじまる本講は、思想と現実世界とはどのような関係にあるのか、あるいは現実世界のなかのどこに思想は定位しているのかという根本的な問題へと私たちを導いていくことになるだろう。ここでは「社会」という言葉／概念を具体例として取り上げながら考えることにしたい。

思想史に限らず歴史の研究に携わろうとするとき、私たちはさまざまな言葉と出会い、また用いることになる。歴史の研究者にとって厄介なことは、歴史を記述するために用いている当の言葉そのものが歴史的なものであるという点である。「社会」という語を例にとってみるならば、この言葉が日本語の語彙に加わるのは明治初年のことである。“society”という語を翻訳するために使われはじめたこの語は、以後、頻繁に用いられて何事かを記述し表現するようになった。私たちは普段はその歴史的な来歴を意識化することは稀であり、あたかも普遍的に妥当する概念であるかのように「社会」という言葉を超歴史的に用いることに慣れている。しかしながら原語である“society”概念が現在一般的になっているような意味で用いられるようになったのは、西洋においてすらせいぜい十八〜十九世紀以降のことであり、その意味も形態も歴史を貫いて一定であったわけではない。日本語の「社会」もまた、日本語の語彙に加わって以降、この言葉がもつ意味や機能が明治前期、大正期、昭和戦前期、戦後直後、高度経済成長期、そして現在の各時期において同一であったとは考え難い。

私たちが歴史を記述するために用いる言葉はどれも、歴史的な負荷を何らかのかたちで帯びている。過去の人間が記した資料の中の言葉のそれぞれが歴史的な負荷を帯びているだけでなく、さらに私たちが記述のために用いる言葉にも負荷がかかっている。しかしながら、私たちは多かれ少なかれ歴史性をあえて無視することによってしか、言葉を分析の道具として用いることができない。歴史の記述が多かれ少なかれこうした非歴史性を埋め込まれているというのは、仕方のないことではあるが困難なパラドクスでもある。

言葉の歴史に目を向けることは、こうしたパラドクスに立ち向かうことである。しかしながら、言葉の歴史的な展開を明らかにすることは容易なことではない。それは一つには、その言葉が私たちにとって馴染《なじ》みの深いものであればあるほど、その言葉自体を対象化することが（具体的な記述作業のうえでも）困難だからであり、もう一つには何を明らかにすれば、言葉について理解できたことになるのかということ自体がけっして当たり前に了解されているわけではないからである。言葉には歴史がある。しかしその歴史として何を明らかにすれば、私たちは言葉の歴史性と向き合えたことになるのだろうか。いくつかの先行研究からそれぞれの問題意識と方法を振り返ることから始めよう。

語彙史と意味の系譜学

管見では言葉の歴史を言語学・日本語学的な関心からではなく、思想や文化に開かれた問題として捉えようとする研究は、日本では一九六〇～七〇年代から現れるようになる。その動機となったのは近代の新造語・翻訳語への関心であった。よく知られているように、幕末の開国以後、明治期にかけては「社会」に限らず数多くの翻訳語が新造され、新たに日本語の語彙に加わることになった。とりわけ、近代の学術・思想の基盤となる語彙はこの時期に形成されたものが多い。新たな開国状況ともいえる戦後の状況は、これらの新造・翻訳語を組み込んで形成されてきた近代日本の思想的・文化的な特質を改めて問う契機をもたらすことになったのである。それとあわせて、同時期の西洋諸国で進行していた人文科学における言語論的転回のインパクトも背景となっていたことを忘れてはならない。人文科学にとって、言語そのものが果たす役割の重大さは重要な前提となっていった。

こうして現れてきた言葉の歴史研究を方法的な特徴から大まかに分類すると、語彙史、意味の系譜学、翻訳語・翻訳文化論、言葉（言語象徴・シンボル）の思想史の四つに分けることができそうだ。前二者はわりあいに古典的なアプローチであり、後の二者は多かれ少なかれ言語論的転回をふまえた新たな視点を備えている。「社会」についてもこれらのそれぞれの方法で研究が行われてきた。そしてそれぞれの研究は方法において異なるだけでなく、言葉と意味との関係、そして言葉と現実世界との関係をどう考えるかという点でも興味深い対照を見せている。

まずは語彙史の例として、齋藤毅は『明治のことば』所収の「社会という語の成立」において、『社会』という語の成立に先立って社会の概念をあらわした数多くのことばを調査し、どんな経過でそれらが最終的に『社会』という語に定着したかを文献上から明らかにしてみたい」という関心から、数多くの文献のうちに「社会」という翻訳語が定着する以前に見られたさまざまな表現（「類語」）と、「社会」という言葉の用例を渉猟した。幕末から近代初期にかけての用例の実証的なデータとしては価値ある仕事であり、私たちは“society”に対して「社会」という翻訳語が作りだされ、ドミナントな地位を占める前に生み出され競合していた多様な翻訳語を知ることができる。だが、ここでは断片化されて引用された多様な用例がそれぞれどのような意味を担っているのかについては記されておらず、類語の外延も不明瞭である。

語彙史においては文献上の用例から語の変遷がたどられるのであるが、用例の蓄積はそれ自体が言葉の意味を明らかにするものではないし、また文献上に痕跡を残した言葉が発された経緯は視野の外側に置かれている。「今日使われるような意味での『社会』の誕生は遅くとも明治八年であるが、それが一般に普及しはじめたのは、明治十年頃からであったらしい」と齋藤は述べるが、この方法は、なぜ、どのようにそれが起こったのかについては明らかにするものではないのである。言葉というものはそれが発されたコンテクストの中で意味を獲得するものであると考えるなら、語彙史の方法は、言葉自体の意味、そしてそこでその言葉が用いられたことの意味を問ううえでは限界があるといえるだろう。用例をいくら積み重ねても、そこから自動的に意味が明らかになるわけではないのである。

思想史の手法として最もオーソドックスなのが、意味の系譜学のタイプであろう。これは、ある言葉に対して与えられてきたさまざまな意味の変遷の軌跡を描くものである。この系譜はほとんどの場合、特色ある思想家たちによる意味づけの推移を描くかたちで行われることになる。こうしたタイプのごく最近の例として、織田健志「社会」

(『「天皇」から「民主主義」まで』所収)がある。ここでは福地源一郎《ふくちげんいちろう》、福沢諭吉、陸羯南《くがかつなん》から丸山眞男、松下圭一といった近現代史上のいわゆる知識人・思想家たちが、これまでに「社会」という言葉にどのような意味を与えてきたかが列挙されており、その多彩な意味の系譜は近代日本の思想的営為の深さや豊かさを感じさせることだろう。

言葉と意味の対応関係をふまえつつその歴史性を理解するうえで、このタイプはきわめて有益であり、思想史研究がふまえるべき基礎作業ともいえる。だがこの作業が、特定の知識人・思想家によって産出された意味内容の系譜をテクスト内在的に汲み取ることに集中して、テクスト外的世界にじゅうぶんな注意を払わないならば、過去についてのある種の非歴史的な、デフォルメされた像を生みだす可能性をはらんでしまうように思われる。実際のところ、このようにして描きだされた意味の列伝は、きわめて深みのある興味深いものではあっても、その語の日常的用法の感覚からはしばしば程遠いものである。私たちがある言葉を用いる時、その意味は直接に特定の知識人・思想家の発想に由来することはあまりないのであり、それは往々にして人々のあいだで、出来事のあいだで生みだされてきたものなのである。知識人や思想家たちのもとにある意味と、人々の日常的用法との間を架橋するためにはまた別の方法が模索される必要があるだろう。

翻訳語・翻訳文化論と言語象徴・シンボルの思想史

言葉と意味の関係について刺激的な問題提起を行ったのが柳父章の一連の翻訳語・翻訳文化論である。柳父は翻訳という行為を透明なものと捉えるのではなく、それ自体が対象化されるべき問題であると考えた。近代日本の翻訳行為は漢字熟語の活用をその特質としているが、これは言語の非日常化のプロセスにほかならなかった。柳父は、このようにして作られた非日常的な翻訳新造語が何らかの意味内容を担う記号として以上に、むしろ意味のわからなさ、無意味さによってこそ「効果」(あるいは価値)をもっていたことに着目し、これを「カセット効果」(『翻訳とはなにか』）と名付けた。このとき「社会」は、こうしたカセット効果の代表的な事例として位置づけられることになった。

言葉が現実的な機能をもつとき、その言葉に付与されている意味の伝達によってそうする以上に、意味的には空洞であっても、その「物としての性格」（『翻訳語の論理』）によって使用価値をもつ。この点に翻訳に規定された近代日本の文化的特質をみた柳父の着眼点は、言葉が現実世界と関わる地点の所在を指し示して示唆的である。言葉はその意味をふまえなくとも、振り回し、振りかざすことによって共同性や優位性を演出することもできるし、それを使用すること自体を危険視することもできるのである。しかしながら、意味に対する独特のニヒリズムを特徴とする柳父の方法は、「社会」の無意味さを意味づけることができたものの、結局この言葉自体の意味はほぼ空白のまま残されることになった。また、柳父は物としての「社会」という言葉の使用の実態についても具体的な解明にはいたらず、言葉がどのように現実世界と関わるのか、「カセット効果」が結局のところどのような現実的帰結を生みだすのかという点には曖昧さが残ることになった。

石田雄は一九七〇年代以後、「ことば」がもつ象徴的機能に着目し、「ことば」すなわち「言語象徴」の思想史的な分析を通じて政治文化の特徴を解明することを試みてきた。石田は「人間が使うはずの言葉が人間を支配するという面がある」（『日本の政治と言葉』）という点に着目し、言葉が現実世界に対して強い規定力をもつという立場に立つ。言葉は現実世界と強いつながりをもっているがゆえに、「その社会で支配的な概念は、その社会の政治文化を凝集的に示す指標」（『日本近代思想史における法と政治』）として役立つことになるのである。こうして石田は言葉とその意味の変遷のうえに、現実世界の変遷の軌跡を読み取ろうとする。「社会」という言葉そのものを中心化して扱ったわけではないが、たとえば「各時代における人間の社会的存在様式についての支配的イメージの変遷」から日本の社会の発展と社会科学の歴史とを関連づけることを狙った著作に『日本の社会科学』がある。そこでは大日本帝国憲法体制確立期の「臣民」から明治後期の「社会」、大正期の「民衆」へと、「人間の社会的存在様式」に対して与えられた名称の推移が社会科学と現実世界の変容を映し出す手がかりとされる。同様の方法を採ったものに飯田泰三によるエポックメーキングな「社会の発見」の議論もあげられるだろう。飯田は「シンボル」（おそらくこれは石田のいう言語象徴に等しい）とある時代の「思想状況」を関連づけて理解するという立場から、「国家」と「社会」というシンボルの使い方のうちに「思想状況」の変容やその特徴を見てとった（『批判精神の航跡』）。

言語象徴とシンボルの思想史は、言葉が現実世界と緊密に結びついていることを前提としており、言葉は状況の変化を指し示す格好のインデックスとして役立つことになる。状況を理解し、説明するためにどのような言葉を選択するか、という当時の人間主体の状況認識の行為自体のうちに、その時期の特徴と歴史的な変容を読み取る手法は言葉の歴史性をふまえた方法として説得力がある。いわばこの立場は、言葉を方法的に非歴史的に用いることによって一般的・普遍的な構造を理論化して捉えようとする立場と対極にあると同時に、相互補完的な関係にあるものと理解することができるだろう。

さて、ここまで論じてきた四つの方法はいずれも、情報量や内容の精緻さに関わる水準では時とともに更新されうるものであるが、方法的水準という観点から言うならば、すでに数十年前に到達されていた後の二者、すなわち翻訳論・翻訳文化論と言語象徴・シンボルの思想史が、以後、後退してはならない水準であることは確認されてしかるべきであろう。さて、私たちはここからどのように方法的に前に踏みだすことができるだろうか。その一つの可能性として「概念」について、いくつかの具体的事例を通じて考えてみたいのである。

二 「言葉」を使う

言葉と現実

近年、日本でも「概念」を冠した思想史の成果が現れるようになった。代表的な例として、『政治概念の歴史的展開』という大きなシリーズの九巻と一〇巻が「日本の政治思想の分野における、事実上、最初の概念史の試みである」と位置づけられている。ところが残念ながら本書にはその方法的な独自性についての説明はなく（そもそも方法についての説明が一切ない）、序文や各研究においても「語」「言葉」「観念」といった言葉が「概念」と併用されており、「概念」が独自性をもつ方法としてどこまで意識されているかは明らかでない。しかしながら「概念」は言葉と現実世界、あるいは思想と現実世界との接点や相互関係について踏み込んで考える方法そのものであるという点に、その独自性があるのであり、それは明確にしておく意義があることだと思う。

「概念」をめぐって著された二十世紀の代表的な古典は、しばしばその方法に関するアイディアの源泉として哲学者のJ・L・オースティンの名前を挙げている。H・L・A・ハート『法の概念』は「初版はしがき」にオースティンの言葉を掲げているが、それは次のようなくだりから引用されたものである。「私たちが、いつ何を言うべきか、どの状況でどの言葉を使うべきかということを検討しているとき、私たちはただ単に言葉だけを（あるいはいずれにせよ「意味」だけを）あらためて見ているのではなく、その言葉を使って語りたいと思っている現実を見ているのである。私たちは言葉にたいする鋭敏な感覚によって、現象にたいする知覚を研ぎ澄ませている」（J・L・オースティン「弁解の弁、引用者訳」）。「社会」という言葉をここに代入して考えてみると、「社会」という言葉を使うという行為自体にじゅうぶん注意が払われるべきであり、そのことから発話者がどのような現実状況のなかでどのようにそれを見ていたのかについての理解に向かうことができるというアイディアを得ることができるだろう。

たとえば「社会」という言葉の初出例とされている、福地《ふくち》桜痴《おうち》による『東京日日新聞』記事について考えてみよう。

> 弁駁《べんばく》の論文は新聞紙上に多しと雖《いえ》ども、昨日（一月十三日）日新真事誌《にっしんしんじし》に登録したる、文運開明昌代《しょうだい》の幸民、安宅矯君が我新聞に記載したる本月六日の論説を批正せし論より期望を属したるはなし。吾曹《ごそう》はその全局の趣旨と全文の遺辞とを以て、此安宅君は必ず完全の教育を受け、高上なる社会《ソサイチー》に在る君子たるを卜するを得るに付き、吾曹が浅見寡識《かしき》を顧みず、再び鄙意《ひい》を述べ、謹んで教えを請わんと欲す。（『東京日日新聞』「社説」一八七五年一月十四日、傍点引用者）

このテクストはこれまで初出としてしばしば辞書や研究に引用されながら、分析されることのなかったものであるが、確かにこのテクストだけからでは「高上なる社会《ソサイチー》」の意味は不明瞭な印象しか与えないだろう。福地の使い方は、明らかに唐突であり不親切である。しかし、たとえ柳父が考えるようにこの言葉の意味が空疎なものであったとしても、発話者にはこの言葉を使う動機があったことは否定できない。そこで私たちは言葉の使い方そのものへと、この言葉がこの時この状況でどんな現実を語るために使われたのかという点に注意を向ける必要がある。なぜなら「社会」という言葉はこののち定着して今にいたるが、初めて使われた段階ではごく不安定な存在だった。誰にとっても見慣れないこの言葉が、それでも何かを伝えることができたのだとしたら（そしてそれができたからこそ、この言葉は生き延びることになったのだが）、そのこと自体が奇跡的なことだったといえるからだ。

重要なのは、この言葉自体が単独でなにかの意味をもつことではなく、この言葉でなにごとかを了解し合う関係や、そのような関係を支える制度がそこにすでにできあがっていた、もしくはまさにできあがろうとしていたという点なのである。あるいはこの言葉の発話自体が、そのような関係や制度を作り上げることをなんらかのかたちで促すものであったかもしれない。そして結局のところ、言葉がどのような意味をもつかを規定するのは、すでにできあがっていたり、あるいはまさにここで作られようとしている了解の関係と制度が織りなすコンテクストなのである。

言葉を発するための条件

具体的に考えてみよう。内在的な情報からは、「高上なる社会《ソサイチー》」という初出用例は"society"の翻訳語であることを明示するかたちで、かつ「高上なる」という形容句とともに使用されたこと、このとき「社会」はどこか限定的なものとして、つまりそこに参入する条件の一つとして教育が挙げられるようななにかとして想定されていたことが理解される。だが、なぜそのように限定的なものとして「社会」がここで語られたのだろうか。

『東京日日新聞』主筆であった福地の社説は、安宅矯という無名の人物との論争の最中で書かれたものだった。当時の最新メディアであった新聞は、この時期、読者からの投稿が活発化しており、有名記者と無名読者が入り混じっての論争もしばしば行われた。福地が「社会」の語を初めて用いた論説は、福地の論説に批判を寄せた安宅に対する反批判の文中でのことだった。現在の目からは有力紙の社説欄を用いて無名読者に反駁するというやり方は、いささか公器の私物化に過ぎるように思えるが、福地の意図はそれとは反対だった。福地は先の引用に続けて、安宅の投稿文の不作法に強く抗議してみせる。

唯《ただ》冒頭の一節の如きは蓋《けだ》し打過他的《ペルソナルアッタック》の議に係るより、吾曹は苟《いやしく》も世に公にするの新聞に於て、身上の実告《ペルソナルプロテスト》を成す可き自由を有せず。仮令《たと》い此自由を許さるるも、吾曹は勉強と経歴との援助を以て、漸く高上なる社会に加わらん事を祈望するに依り、昔日の粗鄙なる陋習《へいしゅう》を逐うて実告を為すを愧《は》じ、又之を為すに忍びず。（同右、傍点引用者）

福地は安宅の投稿文が個人攻撃の性格を帯びている点を指摘し、公器であるべき新聞メディアにおいて私的・個人的な名誉を保護するためのルールのあり方を論じているのである。福地がここで自分も参加したいという希望を述べている「高上なる社会」とは、公共の場での発話のルールをわきまえて振舞うことができる、教育と地位ある人間のみが参加できる言論の場を意味していたことが理解されてくる。だが福地は「社会」という新奇な言葉を用いることで、もっと他にもいろいろなことを行っている。

実際にはルール違反を犯しているにも関わらず、安宅を「高上なる社会《ソサイチー》に在る君子」と持ち上げてみせたのは明らかに嫌味であり、安宅が福地に加えた誹謗中傷に対する福地なりの返礼であった。さらに「社会《ソサイチー》」だけでなく「打過他的の議《ペルソナルアッタック》」や「身上の実告《ペルソナルプロテスト》」と、わざわざそのように表記する必要があるとは思えない言葉にまで英語振り仮名をつけて翻訳語を振りかざす衒学的《げんがくてき》な態度からは、「高上なる社会」への参加資格のハードルを上げようとする意図を読み取ることができるだろう。安宅もまたカタカナ英語を振り回しており、両者の論争には英単語知識のひけらかし競争の趣きすらある。「社会《ソサイチー》」についていえば、唐突に出現した「社会」という見慣れぬ表現の意味を正しく読み取れた読者はほとんどいなかっただろうし、福地もそれは了解していたはずである。これは振り仮名として添えられた「ソサイチー」の原語を知っている人だけが理解できる符丁だった。いわば、それを理解できる人だけが「高上なる社会」への参加資格の保持者なのだということなのである。

つまり、ここで用いられた「社会」の語にとって、意味自体はそれほど重要なものではなかった。この見慣れぬ翻訳語は原語を理解している者に対する目配せであり、理解していない者に対しては威嚇的ですらあった。意味の空白に何を埋めれば良いかがわかる人間かどうかを選別するという効果がこの言葉には与えられていた。いわば、この言葉は意味をもたないことによって、最大限の効果をもったといってよい。そしてなによりこの言葉がそのようなかたちで効果をもちえたのは、この選別に賛同・参加する人々が少なからずいたからにほかならない。この意味で、「社会」はじゅうぶん意味をもったということができるだろう。

それにしてもなぜ「社会」はこのように何重もの限定性や選別的な性質をもつ言葉として用いられ、受け容れられたのか。それをより深く理解するためにはもう少し、福地が「その言葉を使って語りたいと思っていた現実」の枠を広げて考える必要があるだろう。そのためには当時の日本においてそもそも“society”＝「ソサイチー」がどのように理解されていたのか、という点が手かがりとなるだろう。

意味の生成

“society”概念は蘭学から洋学にいたる西洋学術の移入の過程で知られるようになったものだったが、その理解と翻訳は容易ではなかった。西洋諸国を実際に訪れ、そこで“civil society”の理念と現実を目の当たりにした人々にとってその経験は圧倒的なものであり、彼らのあいだではカタカナで音声を写す以外には翻訳不能だという意見（森有礼）と、意味内容のある一側面に深く立ち入るがゆえにトータルな意味を捉えることができない個性的な翻訳表現が生みだされることになった（西周《にしあまね》・津田真道《つだまみち》の「相生養之道」、福沢諭吉「人間《じんかん》交際」など）。こうしたなかで「ソサエチー」を作ろうという森有礼の呼びかけに応じて明六社が結成されたのは画期的なことであった。これは十八〜十九世紀の西洋のシヴィル・ソサエティーに特徴的だった自発的アソシエーション結成の再現の試みであり（シュテファン＝ルートヴィヒ・ホフマン『市民結社と民主主義』）、学術的な交流を看板にしつつ、めざされたのは近代的で普遍的な人間関係実践のルールの構築とその実現であった。アソシエーションは「デモクラシーの学校（トクヴィル『アメリカのデモクラシー』）」と呼ばれた通り、元来、政治的共同体の形成のための実験と教育の場であった。

具体的には相互の対等性と差異の尊重を原則とし、社交の絆によって結ばれながら、対話と議論をつうじた決定によって自己統治をめざす近代の普遍的な人間関係実践は、明治初年の日本においてさまざまな場面で焦眉の急として求められたものであった。とりわけ直近の過去である幕末に異論の封殺手段としてのテロリズムの横行を経験していたがゆえに、その必要は切実であった。「公議輿論《よろん》」に基づくことを原理原則として掲げた維新政権は、新しい統治システムのなかに最初から議事機構を組み込んでいた。明治政府首脳たちが本心ではそこまで乗り気ではなかったにしても、実際に選出されて議事員として議事行為に関わった人々はそこで、制定された議事規則に則り議事運営を行うというまったく新しい自己統治の体験を積むことになった。そして彼らは苦い挫折や失敗を繰り返しつつ、新たな人間関係実践の編成の必要を痛感することになった。森有礼をはじめ明六社に参加した人々も、多くがこうした経験を背景にもっていたのである。明六社は自ら制定した「制規」にのっとって正規メンバーを少数に限定することで、人間関係実践の理念型を追求する実験の場であった。自らルールを制定してそれにのっとり自治的に運営される自発的アソシエーションとしての「ソサエチー」は、議事機構経験者たちの媒介もあり、こののち各地で展開されていく。

同じ頃に登場した新聞メディアは、初期段階では零細経営であったこともあって報道体制を充実させることができず、紙面を埋めるために読者からの投書に依存する傾向があった。投書欄には、全国に向けて広く人目に触れる場で自分の声を発するという新鮮な経験に対する晴れがましさを喜ぶ声が溢れ、やがて投稿欄を介した読者同士や読者―記者間のコミュニケーションが活発化すると、複数の新聞をまたいだ論争も行われるようになった。こうした状況のなか新聞読者たちのあいだでは新聞メディアが民間の「民撰議院」としての役割を果たすことへの期待が高まり、あるいはすでにそれは実現されていると自認されるようになっていった(『郵便報知新聞』一八七四年一月六日、『日新真事誌』一八七四年三月九日など)。新聞メディアは全国の半ば公的な議事機構や民間のアソシエーションをつなぐハブとしての機能も期待されていたのである。明治七年(一八七四)の「民撰議院設立建白書」の掲載前後の新聞の状況とはこうしたものであった。

　安宅の投稿に見られるように、投書家のサービス精神はときにあえて挑発的で攻撃的な言辞を弄《ろう》することで、議論を討議的な見世物に仕立てあげようとする傾向があった。だが乱暴で無作法な文章の増加とともに、新聞メディアが無法地帯化して存在価値を自ら毀損してしまうことへの懸念から、投書家に自重を求め、発話のルールの制定の必要を訴える言説も現れるようになった。自発的アソシエーションに比べると、より多くの人々に開かれた新聞メディアにおいては、人間関係実践の質を維持するのは困難だったのである。実際この時点で、新聞の言論を規制する法律は存在していなかった。福地桜痴はこのような状況のなかで、大蔵官僚から新聞界に転身してきた人物であった。福地は最初から、新聞紙上の発話と言論のルールの制定者として振る舞う野心を抱いていた。このとき個人攻撃批判と個人の名誉の保護がルールの重要な柱とされたのであり、それについて語るために福地は、森有礼の構想した「ソサエチー」を「高上なる社会《ソサイチー》」に変形して我が物としたのである。

　「社会」という言葉において前面化された名誉毀損の禁止もまた、たしかに近代の普遍的人間関係実践にとっては重要な一要素であったが、これは「ソサエチー」の原理に思いがけない帰結をもたらすことになった。名誉毀損の禁止は、明六社に少なからぬ対抗心を抱いて活動を開始した自発的アソシエーション・共存同衆が、明治七年に打ち出したキャンペーンの主題であった。共存同衆は『日新真事誌』に掲載された華族会館幹事・秋月種樹《あきづきたねたつ》（彼は初期の議事機構・公議所の議長でもあった）を誹謗中傷する匿名投書に対して、秋月を弁護し投書に抗議する文書を同紙「公告」欄に掲載することをもって、結成のアピールとしたのである（『日新真事誌』一八七四年十一月二十二日）。さらに共存同衆は、匿名（もしくは偽名）の投書が許容されている現状が誹謗中傷行為の横行を招いているとして、「共存の道」を守るために新聞規制法の整備を提言するにいたる（『朝野新聞』一八七四年十二月二十八日）。「共存の道」とは共存同衆が打ち出した“society”の翻訳語であった。共存同衆が左院に「置讒書律議《ざんしょりつをおくぎ》」と題する建白書を提出して、投書取締りのための立法措置を求めたのは、福地が「社会」の初出にあたる論説を発表した日のわずか五日後のことであった。数ヵ月後には共存同衆のメンバーであった尾崎三良《おざきさぶろう》の手によって原案が作成された讒謗律《ざんぼうりつ》と新聞紙条例が公布された。この出来事が、明六社の活動停止という結果をもたらしたことはよく知られている。これについては従来、明六社員には多くの官僚が含まれていたためにこれらの条例が活動に打撃を与えたという外部要因主導説と、そもそもすでに明六社は理念を失っていた／自ずと消滅すべき運命にあったところで条例が決定打となったという内部要因主導説が唱えられてきたが、どちらもあまり正鵠を射ていない。「ソサエチー」から「社会」への移行のなかで、中心化される人間関係実践の原理が〈対等性と差異の尊重・社交・自己統治〉から〈人格権の保護〉に移動していたのである。政治権力によって与えられるルールが自己のルールを超越する状況の到来は、自ら制定したルールによる自己統治の原理の崩壊にほかならないのであり、そのような状況のなかで活動することは明六社「ソサエチー」の存在理由と完全に矛盾するということに、活動停止の提案者となった福沢諭吉はよく気づいていた。そしてそれに賛成した明六社員の過半数もまた、福沢のいわんとしたことを理解していたのである。

福沢の提案を読んだ福地は「社会の為めに喟然《きぜん》として浩嘆《こうたん》するを覚え《マ》ざる《マ》なり（「覚えざるをえざるなり」の誤りか）（『東京日日新聞』一八七五年九月八日、傍点引用者）」と慨嘆してみせたが、何をか言わんやであろう。以後、「社会」という言葉は新聞を中心に拡散し、数年のうちに「ソサエチー」をはじめとするさまざまな“society”の翻訳語は淘汰《とうた》され消滅する。「社会」が生まれることは、「ソサエチー」が消えることであった。起源において両者が並立可能ではなく背反的であったということは、その後の日本語と日本社会にとってどのような影響を残しただろうか。「社会」は自己統治原理の挫折を最初から刻印されて生まれたのであり、それは現在の私たちの用法にもまったく影を落としていないとは言えないだろう。

「社会」という言葉の初出例は、このような「ソサエチー」から「社会」への移行の決定的な転換点をかたちづくるものだった。そこから私たちは、言葉が使われ、意味が産出される具体的な過程を確認することができただろう。初出段階の「社会」の意味内容は充実しているとはとても言えないものだったが、それでもこの言葉を用いることで、人々は現実のなにごとかを語ろうとするとともに、それによってなにごとかを伝えることには成功した。言葉は現実世界を理解するためのインデックスとして役立つだけではなく、むしろ使い―効果をもつという往復関係のなかで現実は意味づけられ変化させられていくのである。「社会」の意味内容は福地や福沢といった特定の個人によって決定されうるものではない。それを受け入れともに用い了解していこうとする多くの人々の現実のやりとりのなかで、そこで主導権を握ろうとした人間にとっても意表をつくかたちで意味が生まれていくのである。

三　概念の歴史研究

概念と実践

前節では言葉に依然として焦点を合わせながら分析を行った。しかし私たちはすでに「概念」分析の領域に足を踏み入れていたのである。そもそも「概念」とは何だろうか。概念の分析をリードしている「概念分析の社会学」は、「概念ということで呼び指しているのは、その都度の状況において語や振る舞いを一定の仕方で結びつけながら表現を作ることによって行為を成し遂げる仕方、すなわち実践を組織する方法」であるとする(『概念分析の社会学　2』)。言い換えるなら概念とは、人々がたえず働かせている意味の分節や説明のための基盤となる知識であり、それによって人々が主観的にはそれなりに合理的で筋が通っていると感じられるような、さまざまな行動や発話、振る舞い、態度を組み立てていると感じることができるものである。これを「実践《プラクティス》」と呼ぶ。私たちの生活は、概念によって支えられた実践を通じて現実世界に接触することから成り立っている。そうでなければ私たちは自分にも他人からも意味があると思われるような行動を組み立てることができないだろう。概念と実践のペアが指し示しているのは、言葉と現実世界の、あるいは思想と現実世界の二項対立ではなく、両者が一体のものとして嚙み合っている次元なのである。

この視点は歴史研究にも応用してみることができるだろう。私たちがこれを言い換えるなら、「society－社会」そのものを作り上げるために人々がどのように実践を組織したかということであるが、とりわけ「社会」のような抽象性をもつ概念においては、「社会」という言葉を使うという実践、あるいは「社会」について語るという実践がどのように組織されたか、という点も重要になってくるだろう。何かについて言葉を用い語ることと何かを作り上げることとは密接に関わっているのである。ここまで行ってきた作業は、人々がすでにもっている概念についての分析ではなく、一つの概念ができあがっていく過程の検証であった。ある言葉について人々のあいだで話が通じるようになり、それを用い、またそれをめぐって意味があると自他が認める実践が生みだされ、逸脱していると指摘したり非難したりする対象が共有されるなら、そのとき概念は成立しているのであり、「社会」が成立しているということもできる。前節では「社会」という言葉のもとに、確かにそのような概念と実践ができあがるプロセスが――より正確には概念が交代するプロセスが――確認できたはずである。それに対して実践を編成することのない、もしくは実践の編成を想定しない発話や言葉を、その内在的意味内容の観点から扱う場合は、概念ではなく「観念」を扱っていると区別した方がよいだろう。

歴史研究は、概念–実践の生成と変容といった通時的な側面を扱うことができる点に強みがある。それと同時に、ある時点においてある概念–実践や、ある言葉を領有しようとする立場や領域がどのように分布し、それらがどのように共存・競合しながら意味を生みだしているのかという共時的な側面もまた、時間を隔てているからこそ鮮やかに浮き上がることになる。その場合、その時々の局面においてある概念が他のどのような概念と組み合わされることで、独特の意味や実践を構成することになるかという点を観察することもできるだろう。こうした概念の領有の分布や概念連関の検討はきわめて重要である。ある概念がどの領域や立場によって領有され、他のどのような概念と隣接すると考えられて組み合わせられたり、あるいは対立すると考えられて引き離されたりするかという点こそ、あるひとまとまりの思考や実践の類型が形成される際にその個性が最もよく刻印される部分であり、さらに言うならば各言語とその文化に固有の歴史的な条件に規定され、またそれらを作り上げていく部分だからである。たとえ概念が輸入的に移植されたものであったとしても、このようにして織りあげられる独特の個性は移植の不可能な部分である。翻訳概念は必ず移植先の言語的・文化的環境のなかで成長するのであり、そのようにして初めて根付くことができるのである。

柳父は翻訳概念の非日常性を強調したが、日本語の「社会」は必ずしも日常性から切り離された学術用語であるというわけではない。ある言葉–概念は特定の学術的・専門的領域との関連性に焦点を当てて論じることもできるが、日本語世界の語彙としての固有の日常的用法もまたそれに劣ることのない重要性をもっている。「社会」ついて検討するときに、たとえばこれをすぐに社会科学の領域に帰属させたり、「個人」や「国家」といった概念と対になることを自明の前提とするなら、かえって道に迷うことになるだろう。「社会」はいったん翻訳されたのちは、日本語世界のなかで成長し、日本語世界を作り上げる要素となり、人々がそれについての実践を組み立てることになった概念である。私たちは学術的な営みをする際の特殊なケースを除いては、ほとんどの場合、普遍概念としての「社会」ではなく日常的用法を行使している。知識人や政治家であっても、彼らはあり合わせの日本語のなかから「社会」をめぐる概念の連関を作り上げ、そこで有意味と思われる発話や行動を行ったのである。概念とはこのように、その言語‐文化に固有の日常性と土着の次元を明るみにするうえで有益な方法を提供してくれるものである。

ここからは明治十年代を対象に、「社会」という概念‐言葉が異なる立場のあいだで領有され、また別の概念と接続されるプロセスをたどるとともに、それらの相互関係のなかで固有の意味と実践が編み出されるさまを概観することにしよう。

概念領有の分布

「社会」は福地によって使われて以後、新聞メディアを中心に徐々に定着していった。その意味はいまだ不安定で散漫であったが、明治十年（一八七七）前後にはかつてユニークで意味深い翻訳語を生み出した福沢諭吉や西周も「社会」の語に切り替えていく。明治十年代の「社会」概念を考察するうえで興味深いのは、「ソサイチー」概念が失われたのち〈社交〉の実践に対する熱だけが冷めることなくむしろかき立てられていたということであり、〈社交〉実践と「社会」概念の交錯がこの時期を特徴付けることになったように見える点である。

明治十年代の「社会」にとって重要な役割を果たしたのは自由民権運動であった。明治七年に新聞紙上に「民撰議院設立建白書」が発表されたことが起点となったこの運動は、新聞メディアをはじめとするさまざまなメディアを駆使して、雄弁にマニフェストを公表したところに一つの特徴がある。明治十一年（一八七八）四月、立志社員たちは「愛国社再興趣意書」を携えて地方遊説の旅に出た。この趣意書は冒頭に「夫《そ》れ人の世にあるや、互に相交際し、相親愛せずんば、以て畢生《ひっせい》の康福を全うする能わざるなり（傍点引用者）」と述べて、交際・親愛を根拠に運動の全国組織化を訴えた。彼らは政府に対抗できる「議会」を民間で樹立することの必要を主張したのだが、忘れてはならないのはその議会が全国化した交際と親愛のアソシエーションに立脚するという構想とともにあった点である。彼らは〈社交〉の直接の関わりが、廃藩置県で失われたかつての道徳的紐帯《ちゅうたい》に代わり、人々を全国規模で結びつけると考えていた。「社会の結合あるは猶《なお》白昼のごとく、結合なきは則《すなわち》暗夜の如し。社会の結合は、人をして毀誉《きよ》を憚《はばか》り、以て徳義を守らしむるに欠く可らざるものなり（傍点引用者）」。こうした趣意書の文言は愛国社が「ソサエチー」の継承者であったと感じさせるかもしれないが、趣意書で強調され、またこののちの諸アソシエーションが模倣する「一致」「一にする」という表現の反復は、これが〈差異〉の原理を引き受けるものではなかったことも物語っている。

民権派が「社会」を領有しようとしたことは、明治十四年（一八八一）の自由党結党時に発表された「自由党盟約」の第一章が「吾党は自由を拡充し、権利を保全し、幸福を増進し、社会の改良を図るべし（傍点引用者）」とされていたことからも明らかである。「社会の改良」という目標は当時、政府がもっとも言いそうにないことであった。とはいえ結党時の自由党は、「社会」という言葉を領有するにあたり、党名にも冠している「自由」との調停に苦悩することになった。自由党においては交際・親愛よりも「一致」に力点が移っていたのだが、全体の一致のなかにありつつ自由が全面的に開花する場としての「社会」というイメージは、党首の板垣退助にも、また最新の欧米社会学の知識を動員して理論化しようとした馬場辰猪《ばばたつい》をもってしても、なんらの具体性をもつものではなかったのであり、「社会」の「改良」とはなにをすることなのかが党員のあいだでじゅうぶん共有されたとは言いがたかった（板垣退助「自由党組織の大意」一八八二年三月十日、馬場辰猪「本論」同年七〜九月）。

「社会の改良」を掲げながらも、自由党の人々のあいだで「社会」も「改良」もついに空虚なままであったことは、明治十六年（一八八三）に憲法調査の外遊から帰国した板垣が、その帰朝演説において「生活社会」と「政治社会」

という二項対立を用いながら、ヨーロッパにおける「生活社会」の充実と「政治社会」の相対的な停滞に対して、日本における「政治社会」の偏重と「生活社会」の大幅な立ち遅れを反省したことと、それに対する自由党員の反応によくあらわれている（「欧州観光の感想」一八八三年八月）。板垣の趣旨は実際のところ、政治的改良の主導による「生活社会の改良」にあったが、それでも自由党員たちのあいだではそれを板垣の政治的後退だとして憤慨と失望が広がったのである。自由党は「社会」という言葉を領有したのみであって、「社会」を意味づけ、その「改良」を意味のある実践として組み立てることのないまま翌年秋に解党を決議した。

時間を巻き戻そう。明治十一年に立志社の人々が愛国社再興を訴える遊説旅行に出発した前日、伊藤博文をはじめとする政府政治家・官僚と守田《もりた》勘弥《かんや》率いる歌舞伎役者たちとが会談し、劇場と演劇の改良について語り合っていた。伊藤は席上で西洋の演劇・劇場が紳士貴顕も集う場であることを述べて、劇場・脚本・演出・道具など全般にわたる改良の必要について熱弁をふるった（依田《よだ》学海《がっかい》『学海日録』一八七八年五月二十八日）。劇場は幕末維新期に西洋体験をもった人々のあいだでは重要な〈社交〉の場として注目を集めていたのであり、こののち演劇は政府側の政治家・官僚および財界人にとって〈社交〉実践の編成のための重要な要となっていくのである。民権運動の勢力が「交際と一致」の全国組織化をはかるかたわらで、政府側の人々は夜会を催しそこで歌舞伎をはじめとする芸能を上演し、天覧を企画することに熱意を燃やしていた。

政府政治家たちも個人的には「社会」という言葉を領有することに吝《やぶさ》かではなく、この語はしばしば議会の開設が「社会」の秩序維持に役立つという文脈で用いられた（山県有朋建議・明治十二年十二月、井上馨建議・明治十三年七月）が、この言葉が政府の公的な文書の語彙となることはなかった。他方で政府関係者たちが〈社交〉実践を通じて「上流（上等）社会」を形成していったことは、民権運動的「交際・結合」実践への対抗をはかるという意味があった。

このことの背景には、維新以来、あるいはそれ以前から、議事機関や会議的なものの運営がつねにオフィシャルな話し合いだけで完結するものではなく、インフォーマルな〈社交〉実践と多かれ少なかれ相携えてきたという事実がある。

幕末にイギリス議会を見学した福沢諭吉は、「党派には保守党と自由党と徒党のようなものがあって、双方負けず劣らず鎬《しのぎ》を削って争うているという。何のことだ、太平無事の天下に政治上の喧嘩をしているという。サアわからない。コリャ大変なことだ、何をしているのか知らん。少しも考えの付こう筈《はず》がない。あの人とこの人とは敵だなんというて、同じテーブルで酒を飲んで飯を食っている。少しもわからない」（『福翁自伝』）と仰天したが、議会の開設がいずれ避けがたい案件となっているのであれば、〈社交〉の制度化もまたぜひとも進められるべき案件であった。初期の議事機関は宴会と不可分であり、明六社の会合はレストランで開催された。民権家たちのあいだでも盛んにいわゆる「懇親会」が開催されていた。政府の側においては明治十六年（一八八三）に竣工した鹿鳴館が〈社交〉の象徴といえる存在となったが、それが計画されたのはちょうど政府関係者たちのあいだで私邸での夜会の開催が流行しはじめていた明治十三年のことであり、さらに鹿鳴館には〈社交〉のための会員制団体、東京倶楽部が設立されることとなった。有力で有効な〈社交〉実践の編成は、会議‐議会を通じた自己統治の必須条件と考えられていたのである。この意味で民権運動側の政社結成と、政府側の「上流社会」形成は対抗的に対応していたのである。

概念連関

「是《ここ》に於《おい》て我国の上流社会は靡然《びぜん》として百事日本の旧風を棄て、忽焉《こつえん》として一朝欧州風に変ず（指原安三《さしはらやすぞう》『明治政史』）」とあるように、鹿鳴館開館をもっていわゆる欧化の時代の開幕とみる見方はかなり早い時期からあったが、重要なのは欧化の実質的内容が〈改良〉にあった点だろう。「其一意専心只管《ひたすら》洋風を慕い、以て交際を求めんとする所の舞踏会は、此時に於て開け、華奢風流の余に出る婦人慈善会は是時に於て起り、其他和を脱して洋に入る羅馬字会《ローマじかい》あり、風致を棄てて見状を取る演劇改良会あり、古雅を迂として直情に馳する講談歌舞の矯風会《きょうふうかい》あり、書方改良言文一致小説改良音楽改良唱歌改良美術改良衣食住改良の如き、貴賤上下翕然《きゅうぜん》として洋風是擬し西人是倣い、其甚だしきに至ては人種改良論を主張し、大和民族に換うるに高加索《コーカサス》人種を以てせんとするに至る。（中略）是実に明治十七、八年より同二十年に至るの状情なり（同右、傍点引用者）」。伊藤博文の女婿・末松謙澄《すえまつけんちょう》が発起人となって明治十九年（一八八六）八月に組織した演劇改良会はこうした欧化‐改良の実践の中心の一つであり、いうまでもなく明治十一年に始まっていた「上流社会」の〈社交〉実践編成の直接の継承であった。ところで演劇改良会が真に改良したかったものは何だったのかということは末松による講演「演劇改良意見」からよくわかる。

時に諸君も御承知の通り、この改良会は日本に於いては、なくてはならぬところから出来たものでありまして、固《もと》より之を政治上の目的に用ゆる抔とは大間違いの話であります。然るに世には政治上の目的に用ゆるだろうと思う人、なきにしもあらずと思いますが、決して左様な事ではありません。社会上の事に付いては独り演劇の事のみならず、前途猶お他の事にいたるまで朝野両方合体して仕事する事は沢山あるだろうとおもいます。政治上の議論の為めに社会上の事柄まで打破る様では甚はだ不都合の次第であります。たとい政治上に於いて其議論が相容れず水火の激する如き有様でも、社会上の事になったなら双方相合体して其の進歩を謀るが至当の事であります。（傍点引用者）

末松は「政治」と「社会」とを対比させながら、「社会」が「政治」的な対立を融和させる場となると説いている。そして演劇とはまさにそのような「社会」的なものの核心の一つと考えられていたのである。演劇の改良とは、「社会」の改良にほかならなかった。このようにして自由党解党ののち「社会の改良」は、ようやく具体的な内容を与えられて政府－上流社会の領有するところとなったのである。しかしそれはただの奪取ではなく、こうすることで政府－上流社会主導の「朝野連合一致の企て（同右）」の実現がめざされていたのであった。末松は講演で続けてこう語った。

已《すで》に私が英吉利《イギリス》に居ります時、カンダハル事件に就きまして当時の外務卿グランビル伯と前印度事務卿クランブルーク氏とが上院に於てひじょうの激論を生ぜし事がありました。私は現にそれを聞きました。然るに両人が議席を退いて休息室に入りますれば、お互いに「アー暑かった、時にあの鉱山事業は如何です」などと世間なみの話をした事ありしとグランビル伯が自身で話したことがあります。東洋人は兎角に斯かる気持に乏しかりしが、近来は幾分か違って来た様に見まするは喜ばしきお話です。（同右）

先の福沢の回想と見事な符合を見せるこのエピソードは、演劇をはじめとする「社会」の事柄が政治の「休息室」となることへの期待を語っている。国会開設を四年後に控えていたこの時点において「社会」と〈社交〉を重ね合わせる試みは周到な準備といえただろう。自由党の理論的支柱の一人であった植木枝盛をはじめ政治的にはさまざまな立場にあった人々にとっても、演劇改良－社会改良は反論の難しいテーマどころではなかった。「抑《そもそ》も演劇改良の一事たるや豈に夙《つと》に吾輩の苦慮又苦慮する所たらざらん哉。究竟するに社会改良の為め心を用い思を重ぬることは吾輩は曾《か》つて世の第一流を以て自ら期し一歩も他人に譲るの考えとてはあらざるなり。而して演劇改良は即ち直ちに之を指して社会改良の一事なりと云うも可なるべく、又社会改良の為めに重大関係を為すものと云うも可なり（植木枝盛「演劇改良」、傍点引用者）」。演劇改良会の設立の報を受けて、先手を取られたことへのかすかな負け惜しみもにじませつつ、しかし植木は演劇の改良が「社会の改良」の正当な継受者であることを率直に認めたのである。

ちなみに福地桜痴は最初期の段階からの演劇改良の唱導者であり活動の中心となった一人であった。「高上なる社会《ソサイチー》」が「上流社会」に一つの帰結を見たことは、彼にとっては予想通りの展開だっただろうか。しかし予想外だったのは、ここにいたるまでの過程ですでに自分が新聞メディアのルール制定者として君臨する可能性が完全に絶たれてしまっていたことだろう。

四　日常性の思想史

概念の歴史的分析から見えるもの

私たちがここまで概念の分析をつうじてたどってきた「社会」の歴史は、「市民社会」をはじめとする西洋近代の社会や思想を分析するための概念の適用によってはけっして浮かび上がることのない、いささか風変わりな軌跡を描いてみせたことだろう。言葉や概念がもつ歴史性はその言語と文化に固有のかたちで刻み込まれているのであり、そこに畳み込まれている独特のコンテクストと概念連関を解きほぐすことではじめて明らかになるものだといえる。ここまでの軌跡を振り返るならば、「ソサエチー」は現在の目から見ても新鮮なほどに“civil society”の古典的な意味である政治的共同体への自発的で主体的な関わりを継承する概念であったが、それに対して「社会」は政治の外部に取り除かれた領分として一定の意味を成立させることになったのである。その過程で〈社交〉の原理は引き継がれることになったが、〈対等性と差異の尊重〉と〈自己統治〉の原理は脱落した。

私たちが現在日常的に用いる「社会」という言葉を点検してみるならば、こうした歴史的経緯が現在にいたるまでこの言葉の意味の基底をなしていることについて否定することは難しいだろう。無論、「社会」の歴史はここで行き止まりではない。政治の外部に取り除かれた「社会」を国会の休息室にするというアイディアの傍らで、新しい「美術」の概念が、演劇を政治の社交室として使用しようとする演劇改良会の実利性と通俗性に真っ向から対立しながら生まれようとしていた。「美術」は「社会」を描くものでこそあれ、「社会」に奉仕するものであってはならなかった（坪内逍遙『小説神髄』）。こうして「社会」は政治から切り離されただけでなく、「美術」もまた「社会」からの離脱をもって自立性を獲得していく。こののち「社会」は経済活動の領域に傾斜しつつ切り詰められて、ますます私たちに近しい顔立ちの概念へと育っていくが、それについて論ずる余裕はここにはない。

言葉・概念の歴史性は、日常性のうちに宿り、私たちの日常的な思想を規定し、私たちの発話や振る舞いを統制している。概念という視点は、思想と現実世界が分かち難く結びついている局面を分析する方法を提供する。私たちは概念の歴史的な検討を通じて、日常性の思想史と呼ぶことのできる水準に根ざした探究を開始することができるのである。

参考文献

飯田泰三『批判精神の航跡』（筑摩書房、一九九七年）
石田　雄『日本近代思想史における法と政治』（岩波書店、一九七六年）
同『日本の社会科学』（東京大学出版会、一九八四年）
同『日本の政治と言葉』（東京大学出版会、一九八九年）
Austin, J. L. *Philosophical Papers*, second edition, edited by J. O. Urmson and G. J. Warnock, Oxford University Press, 1961, 1979
齋藤　毅『明治のことば』（講談社、一九七七年）
酒井泰斗他編著『概念分析の社会学　2』（ナカニシヤ出版、二〇一六年）
シュテファン＝ルートヴィヒ・ホフマン／山本秀行訳『市民結社と民主主義 1750～1914』（岩波書店、二〇〇九年〈Stephan-Lut-

wig Hoffmann, *Civil Society, 1750–1914*, first edition, Hampshire: Palgrave Macmillan, 2006)
柳父 章『翻訳語の論理』（法政大学出版局、一九七二年）
同『翻訳とはなにか』（法政大学出版局、一九七六年）
米原謙編著『政治概念の歴史的展開・「天皇」から「民主主義」まで』第九巻（晃洋書房、二〇一六年）
木村直恵「明六社『ソサイチー』・社交・アソシエーション実践《プラクティス》」（『学習院女子大学紀要』第一五号、二〇一三年）
同「〈ソサイチー〉を結ぶ」（同右第一六号、二〇一四年）
同「〈社会〉が生まれ、〈ソサイチー〉が消える」（同右第一九号、二〇一七年）
同「『社会学』と出会ったときに人々が出会っていたもの」（『現代思想』第四二巻第四六号、青土社、二〇一四年）

アジアの中の人文学

笹沼俊暁

一　国民国家の問い直しとアジア

アジアの中で考える

一九九〇年代以降、日本国内では人文社会科学の諸領域で、「国民国家論」「ポストコロニアル批評」「カルチュラル・スタディーズ」の視点からの研究があいついだ。近代日本の人文学が前提としてきた国民国家と一国主義の枠組を相対化する試みである。同時に、「アジア」もしくは「東アジア」への関心が高まることになった。

筆者の属している日本文学研究の分野では、日本文学のアジア表象や交流と連鎖、旧植民地等の日本語文学、在日マイノリティー、アジア規模から見る古典文学と漢字文化圏など、「越境」的な問題が注目された。また、歴史学では中世海域の国際性や朝貢体制、儒教文化圏の問題、近代日本の対外観や植民地主義、アジア主義言説等の問題について、学術領域を跨ぐ批判的検証がなされてきた。各方面で「アジア」が論じられ、そもそも日本の人文学は今、東アジアをはじめとした海外留学生や、国内外の多様な国籍の研究者によって支えられている。「東アジア」「越境」

「国際」の類のキーワードをちりばめた国際学術シンポジウムや共同研究計画を、毎年あちらこちらで目にする。

もとより、「アジア」とは、西欧で創られた概念である。内部の社会・文化・歴史は多様であり、実体的な統一性はそもそも存在しない。しかし、アジア東部では漢字・儒教文化圏という形で一定の文化資源が共有され、また近代日本をハブとして各地域で思想文化連鎖が展開された。さらに近代以降の世界で「アジア」は概念として実在・流通し、現実の政治や社会、思想文化に働きかけたのである。そして、中国が経済的に台頭し、政治・文化面で存在感を強めつつある今、「日本文化」「日本歴史」「日本思想」「日本文学」を考えるうえで、私たちはますますアジアを避けて通れない。

「国文学」と日本思想史

この中で私たちは、「アジアの中の人文学」をどう再構築するべきだろうか。いまや日本の人文学は、アジア各地域の研究者との連携なくして成り立ち得ない。しかしそのあり方は、近代日本の人文学が前提としていたものの、単なる延長であってはならないだろう。

本講では、これを考察するために、まず前半部で、日本語文学研究者としての視点から、近代日本の人文学の一例として、「国文学」を取り上げる。近代史上、この学問が「アジア」とどう向き合ってきたかを確認するのである。後半部では、近年のアジア各国における「アジア」「東アジア」をめぐる言説を参照し、これからめざすべきアジアの中の人文学について論ずる（ただし、これは筆者自身の個人的な関心に基づくもので、ある程度の「偏り」があるであろうことをお断りしておく）。

本書は、「日本思想史」の研究方法論をテーマとした論集であるが、しかし一九九〇年代から二〇〇〇年代にかけて、「国語学」「国史学」「日本民俗学」といった、近代日本の「学知」の批判的検証が行われた。「国文学」を含め近代学問の歴史的検証は、日本思想史研究の重要な役割の一つである。また日本思想史研究はもともと、多くの隣接学問を背景とした学際的な色彩の強い学問であり、文学研究の要素を多く含んでいるし、しかも近年の文学研究自体、近代以降の狭義の「文学」概念を脱構築する超領域的な「文化研究」が主流となっている。思想史と文学研究は、近代の学術制度の下で分けられたものの、本来多くの問題を共有しているのである(「特集　二〇一三年度大会シンポジウム　越境する日本思想史―思想と文学の垣根越え」『日本思想史研究』第四六号、二〇一四年、を参照)。本講が「日本思想史」の再考に資すれば幸いである。

二　近代「国文学」の形成とアジア

帝国主義戦争と国文学

近代日本の「国文学」の形成については、一九九〇年代から二〇〇〇年代にかけて、少なくない論者によって検証されてきた。以下、そうした研究成果をもとに近代「国文学」が「アジア」とどう向き合ってきたのかを簡潔に見ていく。

文学研究システム形成を問い返す試みは、欧米では早くから行われてきた。文芸批評家テリー・イーグルトンは一九八四年の著作の中で、「英文学」の起源を、十九世紀後半ビクトリア朝における「宗教の破綻」に求めている。産業資本主義の発達に伴う社会階級の変化と植民地争奪戦争を背景に、宗教に変わる国家的な社会接合イデオロギーとして、「英文学」が見出されたという。注目すべきは、この「英文学」形成と、明治期日本における「国文学」形成の間に、世界的同時代性が見られる点である。

一般に、明治期日本の近代化と近代学術制度の確立は、西欧と北米の「後追い」でなされたとイメージされる。だが、日本で帝国大学文科大学国文学科が設置されたのは明治二十二年（一八八九）であり、日本初の日本文学史とされる芳賀矢一《はがやいち》・立花銑十郎《たちばなせんじゅうろう》『国文学読本』（富山房）、三上参次《みかみさんじ》・高津鍬三郎《たかつくわさぶろう》『日本文学史』（金港堂）が刊行されたのは明治二十三年（一八九〇）である。これは、イギリスで英文学が脚光を浴びたのと、ほぼ同時期の出来事である。英文学と国文学の形成はともに、帝国主義戦争を背景とした世界的な同時代現象といえる。

イギリスにおける英文学は、植民地争奪戦争のライバルであるドイツで発達したギリシア・ラテン古典文献学との対決を通して、大学の中に学術教育制度を確立していった。一方で、ドイツ古典文献学の紹介を通じて近代国文学アカデミズムの祖となった芳賀矢一のドイツ留学が象徴するように、日本の国文学創設は「ドイツ学振興」政策の一環だった。しかしながら、中世・近世の広域文明圏の学問から近代国民国家の人文学への移行という点で、そこに構造的類似性があることに変わりはない。草創期の英文学において、古典文献学との対決は、ドイツ学問との対立のほか、前近代からのヨーロッパ普遍文化に対し、世俗的な近代国民国家の学問を立ち上げる意味合いをもっていた。

日本の明治維新と近代化は、そもそも儒学・漢学を背景とした側面をもち、国文学の創設もそれと無縁ではないが、多くの国文学者たちの主観の中では、西欧への後追いが強烈に意識されていた。東アジアに普遍的な漢文・漢学の文化構造から脱皮し、西欧主導の世界文学の秩序に参入するべく、日本に「国文学」を立ち上げようとしたのである。ドイツ文献学の受容は、その文脈で行われた。そのため、近代「国文学」の形成は、日清戦争という事件と切り離して論じることができない。近代日本がはじめて大規模に参入した帝国主義戦争である日清戦争は、従来の日本列島の知識文化で大きな位置をしめていた漢学と漢詩文、そして「支那」の位置を揺り動かし、近代「国文学」の外縁形成を促したのである。

「支那文学」と漢字漢文文化圏

日清戦争開始後、日本国内のメディアでは、「国文学」「日本文学」をめぐる議論が活発化したのと同時に、古城貞吉《こじょうていきち》『支那文学史』（経済雑誌社、一八九七年）、笹川種郎（臨風）『支那文学史』（博文館、一八九七年）、久保得二（天随《てんずい》）『支那文学史』（人文社、一九〇三年）等、中国文学史の出版が続いた。この多くは、中国大陸で書かれた漢詩文や白話文のテクストを「日本文学（国文学）」の外部に存在する「外国文学」の一つへと落とし込み、西欧式の主権国家・国民国家で構成される国際秩序を前提とした「各国文学」「世界文学」の列に加える試みだった。そこでは、東アジアの広域文化であった漢詩文に、近代西欧式の「literature」概念が当てはめられ、小説、戯曲など従来東アジアの知識人文化の中で重視されなかったジャンルが「文学」に加えられた。さらに、「保守的」「形式的」「実際的」といった「支那国民」の民族イメージが賦与された。

一方で、東京帝国大学で芳賀矢一（一八六七〜一九二八）は、明治四十一年（一九〇八）から日本漢文学史の講義を開始した。日本人の手による漢文学は、日本人の国民性・民族性を表したものであると主張し、国文学史の内側に組み込んだのである（『芳賀矢一選集』第五巻）。こうして近代日本の「国文学」は、民族的な「外部／内部」境界を確保し、以後それを前提に展開することになる。「中国文学」の「日本文学」への「影響関係」や、「比較研究」もこれを前提に行われる。一方、明治日本で「国文学」に対する「外部」として形成された「支那文学史」は、やがて清朝末期から民国初期の中国で受容され、近代中国のナショナリズム装置としての「中国文学史」を形成することになる。同様に、明治期日本の文学研究制度は、植民地下の朝鮮で「朝鮮文学史」の形成をうながし、後で述べるように「台湾文学」概念をも作りだす。西欧文化受容を通して作られた近代日本の文学研究制度が、東アジア各地に「思想連鎖」（山室信一『思想課題としてのアジア』）を引き起こしたのである。

その後、近代国文学は、西欧と北米を主体とした「世界文学」を強く意識しつづけ、それとの対比を通し「日本文学」の民族表象を描き続けることになる。それは、ある時は西欧の「普遍的」理論を演繹的《えんえきてき》に前近代日本の書記文化に当てはめる文学史叙述を生み、またある時はそれに反発し、「日本独自」の文学概念を模索する動きを呼び覚ます。この構造が反復される一方、国文学アカデミズムは、近隣アジア地域の問題について、中国古典を除けば、概して無知無関心であった。

近隣アジアへの視線

実のところ、この点は芳賀矢一の「日本文献学」の理念にすでに含まれていた。明治四十年（一九〇七）に東京帝国大学で彼は、日本文献学における漢語・漢文学の影響研究の重視を説いたが、一方で、アイヌ語、朝鮮語、蒙古語、マレー語等の言語研究は必要であるものの、これらは文献学を構成することができないとし、「日本語といふ一語を研究し、日本人の文学を研究するのを主題とすればよい」と主張したのである（『芳賀矢一選集』第一巻）。

品田《しなだ》悦一《よしかず》は、草創期の国文学史記述の特徴の一つとして、外来文明の受容を積極的に肯定する「文明主義」を指摘する。品田によれば、芳賀は多くの著作で、日本文学は古くから中国やインドの影響を通して「東洋文明の精粋」を集めてきたからこそ、これから新たに西洋文明を受容して発展できると述べた。また、草創期の日本文学史の多くは、『古事記』『万葉集』を生んだ奈良時代を日本に文明が根付いた時代と位置づけ、文字が使用されていなかった在来の文化を「幼稚」な段階のものとみなしていたという（「文学のあけぼの」）。

こうした観点からすれば、芳賀矢一は、アイヌ、朝鮮、モンゴルなどアジアには見るべき「文明」がなく、国文学の比較研究の対象とするに足りないと考えたといえる。ここには、近隣アジアの社会・文化・歴史に対する、徹底した無知無関心がある。文字のない社会への偏見のほか、アジアの多くの地域で蓄積されてきた多様な書記文化に対する認識欠如が見られる。国文学者のこうした体質は、「口誦《こうしょう》文学」概念が導入され、文字以前の民族文化へ関心が高まってからも続いた。品田悦一によれば、明治後期になると、外来文明以前からの固有の「Volk　民族／民衆」概念が移植され、民間伝承への関心が急速に広まり、さらに昭和初期の国文学界では「原始文学の形態」が盛んに論じられ、アイヌのユーカラや沖縄の歌謡への関心が高まった。海外植民地の「口誦文学」を通して「日本民族文学の起源」を云々する類の学問言説が作りだされる。この類の民俗学・国文学言説は戦後にも繰り返し反復されたが、村井紀は、そこには近代日本の植民地主義を隠蔽する機能があったと指摘する。

ただし、文献学を主流とする国文学アカデミズムは、「支那文学」との対比影響研究を除けば、近隣アジアの文化にあまり学問的興味を抱かなかった。そうした領域は言語学、人類学、民俗学か、あるいは在野学問のものとみなされたのである。「外地」における国文学者の動向から、その態度を垣間見ることができる。

「台湾文学」の発明

台湾を例にみてみよう。日清戦争後、清朝から日本に台湾が割譲されてから、統治政策の一環として台湾の言語や社会組織、習俗などが「旧慣調査」の対象とされた。しかしそこに国文学者が関わることは無論なく、当初は伊能嘉《いのうか》矩《のり》のような探検家や岡松参太《おかまつさんた》郎《ろう》をはじめ法学者によって調査が行われ、やがて鳥居龍蔵《とりいりゅうぞう》ら人類学者たちが乗りだす。この旧慣調査の一環として、やがて平澤丁東《ひらさわていとう》、東方孝義《ひがしかたたかよし》ら翻訳や通訳に携わる総督府関係者を中心に、台湾の漢詩や歌謡、伝承、物語の調査が開始されるのである。一九四一年には、台北《たいほく》帝国大学教授の池田敏雄《いけだとしお》や岡田謙《おかだけん》、金関丈夫《かなぜきたけお》、国分直一《こくぶなおいち》らが台湾民俗学に興味をもつアマチュア研究者を中心に雑誌『民俗台湾』が発刊された。また台北帝国大学で教鞭をとり、戦後に日本の比較文学研究の大御所となる島田謹二《しまだきんじ》（一九〇一～九三）は、台湾における日本文学を研究した一連の「華麗島《かれいとう》文学志」を発表し続けた。台湾人の側からも、連雅堂《れんがどう》『台湾詩乗』、李献璋《りけんしょう》『台湾民間文学集』

があり、作家の劉捷《りゅうしょう》は「台湾文学の史的考察」(『台湾時報』一九三六年五～六月)で新文学・大衆文学・民間文学に分けて台湾文学を論じた。一九四二年には黄得時《こうとくじ》(一九〇九～九九)が台湾文学史の著述を発表することになる。

つまり植民地期台湾では、台湾人・日本人の双方から、台湾現地の言語文化について相当に活発な研究活動が行われた。平澤丁東『台湾の歌謡と名著物語』(晃文館、一九一七年)は、台湾の小説は大陸から入ってきた「支那小説」の一部にすぎないが、俗謡俚諺《りげん》などには「台湾民人の情感」が表れているとし、これを「台湾文学」と呼んだ。また東方孝義「台湾習俗―台湾人の文学」(『台湾時報』一九三五年二～六月)もまた、漢文学を基本に日本文学や西欧文学の影響を受けた、台湾人を書き手とした文学を「台湾文学」とした。そこには、日本内地の民俗学・国文学で流行した「民族」「口誦文学」概念が見受けられ、さらに漢詩文を「支那文学」と見做す、明治期に創られた枠組の継承もうかがえる。さらに、台湾文学史の筆者黄得時には、明治期日本で国文学史の形成を促したテーヌ『英国文学史』のほか、日清戦争後に「支那文学」研究の草分けの一人として活動したのち、一九二九年台北帝国大学設置後に渡台し、文政学部東洋文学科教授として中国文学講座を担当した久保得二(天随)による『支那文学史』の影響が垣間見られる。

日本統治下台湾でも、西欧起源日本経由の概念を媒介に、「台湾文学」という民族的枠組が発明される「思想連鎖」が引き起こされたのである。それは、植民地の被統治者の側である台湾人に、批判的にであれ肯定的にであれ引き継がれ、今日隆盛する台湾ナショナリズムの文学概念を支えることになる。小熊英二が、雑誌『民俗台湾』を検証しつつ指摘するように、植民地統治のために敷かれた境界が、やがて独自の領域意識を生み、被統治者である現地人に引き継がれてナショナリズムの論理を形作るという現象は世界的に見られるもので、「台湾民俗」「台湾文学」の形成過程もまた例外ではないといえる(「金関丈夫と『民俗台湾』」)。

台湾の国文学者たち

ともあれ台湾語に通じた平澤丁東や東方孝義、そして『民俗台湾』の同人たちは、政治的な枠組はさておき、台湾の言語文化を感知し、それに知的な関心を抱いた。また橋本恭子によれば、比較文学者の島田謹二は、語学や専門領域による限界もあり、研究範囲を「国文学」に限定し、南方的な自然や風物の影響などしか論じなかったものの、少なくとも台湾長期定住者としての「郷土主義」意識から、台湾を舞台として「国文学」と「外国文学」の対比研究を展開しようとした（『『華麗島文学志』とその時代』）。しかし、人類学者や民俗学者、比較文学者、そして専門外のアマチュア研究者たちが曲がりなりにも台湾現地の言語文化に関心を示したのに対し、国文学アカデミズムの反応は鈍かった。

植民統治下台湾では、一九二二年に台北高等学校が、一九二八年に台北帝国大学が設立された。記紀や平安文学の注釈研究者である植松安《うえまつやすし》、井原西鶴や坪内逍遥《つぼうちしょうよう》の書誌研究者の瀧田《たきた》貞治《ていじ》、源氏物語研究者の伊藤慎吾、平安文学の松村一雄らにより、注釈や書誌、風俗研究など東京帝国大学を総本山とする日本文献学の学風が台湾に移植されたのである。彼らは、一九三〇年代以降の皇民化政策に際し、台湾在住内地人および台湾人に「日本精神」を注入する役割を担ったが、近隣地域の言語文化研究を人類学や言語学、歴史学等に任せ、大和系文字文化の文明的な優越性を前提にその研究に没頭する国文学アカデミズムの体質を引きずっていた。一九四二年から四五年まで台湾に滞在し、台北高校で『万葉集』を講義した犬養孝《いぬかいたかし》（一九〇七～九八）も、台湾の自然に接して日本内地の風土に望郷を募らせたにすぎなかった。

「外地」にあって近隣の他者と触れ合う機会をもちながら、それを媒介に「国文学」を再考する態度に欠けていたのは、植民地朝鮮の国文学者も大同小異だった。また一九四〇年代に、藤村作《ふじむらつくる》（一八七五～一九五三）、久松潜一《ひさまつせんいち》（一八九四〜一九七六)、池田《いけだ》亀《き》鑑《かん》(一八九六〜一九五六)らは、時局柄「大東亜共栄圏」と国文学についての文章を執筆したものの、それらは抽象論を繰り返すのみで、「大東亜」の諸文化について具体的な中身のある論考はなかった。植民地統治や大東亜共栄圏の政治背景にもかかわらず、国文学アカデミズムの本音は基本的に変わることはなく、だからこそ、大和系文字文献に固執する国文学アカデミズムは、海外植民地を喪《うしな》った戦後の「日本」の輪郭にむしろよく合致して存続し、かつ加害の側面に無自覚だったといえる。

戦後の国文学とアジア

この態度は、戦後にも基本的に継続された。敗戦後まもなくの国文学界では、軍国主義を反省しつつ戦争責任を糊塗する文脈から、平和主義や民主主義、近代主義、個人主義等と並び、「普遍性」や「世界性」が盛んに叫ばれた。戦前・戦中の日本は閉鎖的で独善的であったとして、それを克服すべく国文学研究に普遍性や世界性の視点を取り入れるべきとする意見が出され、比較文学研究に対する関心も高まったのである。この背景には、アメリカ主体の占領体制のほか、国際社会を覆った冷戦の影もあった。戦後日本で「世界」といえば多くの場合、アメリカを漠然と指示しており、「国文学が世界で認められる」といえば、北米や西側諸国で日本文学が翻訳され認められることを指した。昭和四十二年(一九六七)の川端康成ノーベル文学賞受賞のニュースは、一般にこのレベルで受けとめられたといえる。そこでE・サイデンステッカーやD・キーン(一九二二〜)等の欧米出身の日本文学研究者が人気を博したのである。一方で、西郷信綱《さいごうのぶつな》(一九一六〜二〇〇八)や小田切秀雄ら左派系国文学者たちによって、社会主義の国際性と民族主義を念頭においた論も執筆された。しかしこれら戦後の「世界文学」への関心は、一方で、かつて日本がアジアで多くの海外植民地をもち、「大東亜共栄圏」という名で自前の「普遍性」「世界性」を打ちだそうとした過去を忘却するものでもあった。

文献学を主とする国文学アカデミズムの本流はもちろんのこと、左派の国文学者も、中国古典との比較・対比のほかアジアの問題を本格的に思考の対象とすることが少なかった。とくに韓国や台湾については、かつて日本が植民地支配した過去をもつにもかかわらず、国文学者に限らず多くの知識人が反動独裁政権として言及を忌避したのだった。旧植民地の文学を日本近代文学の問題としていちはやく検討したのは、国文学者ではなく、文芸評論家の尾崎秀樹（一九二八〜九九）による『近代文学の傷痕』（普通社、一九六三年）だった。

一方、戦後日本では、「アジア」「第三世界」への関心が徐々に高まっていった。昭和三十年（一九五五）に始まったアジア・アフリカ会議を契機に、日本でも「第三世界」の文学へ関心が呼び起こされ、「国民文学論」の提唱者である竹内好（一九一〇〜七七）もまた、中国のほかインド、朝鮮など多様な地域を含めた「アジア」を思想の「方法」とすることを主張した。そして、一九七〇年代からはアジア、アフリカ、ラテンアメリカの文学の翻訳出版が増加し、黄春明《こうしゅんめい》、金芝河《キムジハ》など台湾や韓国の現代文学作家の紹介も活発化した。一九六〇年代に世界的なカウンターカルチャーの潮流を背景に、日本国内でも在日外国人、障碍者、フェミニズム、エコロジーなどへの着目が始まったことが、この流れを後押しした側面はあるだろう。

こうした蓄積に加え、一九八〇年代末の冷戦終結、台湾・韓国の民主化とそれを含めたアジア諸地域の経済的勃興、フランスやアメリカ等から紹介されたポストモダン思想の流れ、さらにはいわゆる「国際化」「グローバル化」などの要因を背景に、一九九〇年代以降の国文学界は、旧植民地をはじめとした「アジア」の問題を「日本文学」の問題として本格的に注目するようになった。最後の日本文学通史の一つである小西甚一《こにしじんいち》（一九一五〜二〇〇七）の『日本文藝史』全五巻（講談社、一九八五〜九二年）は、基本的に海外植民地を喪った戦後の「日本」を前提としたものだが、朝鮮など近隣アジアへの目配りも一部見られる。よくも悪しくも戦後日本の思想文化を支えてきた近代知および国家体制、国際環境の条件の揺らぎと変貌が、この変化を生みだしたのである。

三　アジアの中の日本学構築へ向けて

現代台湾の東アジア論

「国文学」は、今は多くの大学の学科名等で、「日本文学」という呼び名に替えられている。「国際化」の下、自国を相対化する意味合いがある。近年ではさらに、「日本語文学」が学術用語として多く用いられる。旧植民地出身者を含め多様な出自をもつ人々が日本語を創作言語としてきた事実があるからである。これが象徴するように、今や多くの日本文学研究者が「アジア」「東アジア」に関連する問題を扱っている。

現在、文学研究に限らず、日本思想史を含め人文系研究者の多くが、「アジア」「東アジア」を媒介に知の再構築を模索している。だがそうした試みに取り組んでいるのは、日本の学界ばかりではない。今世紀に入ってから、中国大陸、韓国、台湾など東アジア各地で、活発な論議が展開されてきたのである。アジアの中で「日本」「日本文化」「日本思想」「日本文学」を考えるのであれば、まずこうした議論の存在と文脈を抑えておく必要がある。

筆者の在住する台湾では、儒学思想史を中心に「東アジア」が議論されることが多い。張崑将《ちようこんしよう》「如何従台湾思考東亜」によれば、一九七〇年に国立政治大学に設立された「東亜研究所」では大陸中国の現代政治と歴史研究のみが行われていたが、一九九〇年代には中央研究院や国立台湾大学、国立成功大学など各所で日本漢学や東アジア儒教思想をめぐる学術シンポジウムが開かれ、東アジア規模の研究気運が醸成された。二〇〇三年には台湾大学に東アジア諸地域の比較文化研究をめざして「東亜文明研究センター」が設立され、学術叢書出版が開始される。多くの編著書をもち台湾の東アジア儒学研究をリードする黄俊傑《こうしゅんけつ》は、日本の学術誌『日本思想史研究』に寄稿し、東アジア文化圏の地域文化の比較研究の必要を訴えたことがある。台湾における東アジア儒教研究には、もともと中華帝国の周縁にあり、また日本の植民地統治を経験した歴史的・地理的背景が、「日本漢学」および「漢字（漢文）文化圏」への関心を促している側面があると思われる。

一方で、近年、日本統治期台湾の歴史や文学の研究に携わる研究者たちの間では、同様に日本の支配を受け、日本語資料を多く擁する朝鮮半島や満州、沖縄等への関心が高まっている。少なくない研究者たちが、韓国や中国、香港、日本との共同研究に参加し、日本語能力を武器に、東アジアの「近代」を総体的に考察している。韓国でも似たような状況があり、二〇一四年に韓国の高麗大学校で発行された雑誌『跨境／日本語文学研究』には、韓国、中国、台湾、日本など多くの地域の研究機関に籍を置く研究者が寄稿している。

さらに、民主化後に流行した台湾ナショナリズムと独立論の中に一部含まれる、日本の植民地支配を肯定的に評価する動きや、国民党独裁時代に始まり現在も一貫して続く親米反共主義に対する批判のツールとしても、「アジア」「東アジア」は積極的に言及される。カルチュラル・スタディーズの理論家として知られる陳光興《ちんこうしん》は、一九九〇年代から発表し続けた一連の論考の中で、台湾民主化の成果を高く評価するものの、同時に、それがアメリカ、日本そして東南アジアとの関係で植民地構造を残存・再生産させる様子を批判する。そして「脱植民地、脱帝国、脱冷戦の三位一体」をめざすために、「アジアを方法とする」ことを提唱するのである。陳自身はアメリカ留学経験をもち、英語圏の思想理論に精通するが、一方的に欧米の知に依頼する、台湾の「脱亜入米」の知識構造を克服することを主張する。アジアと第三世界の各社会は、その多元的な歴史経験をもとに、互いを参照枠として自身の知識構造を変革し、独自の世界認識を形成していく必要があるというのである。こうした考えをもとに、陳は中国大陸、香港、韓国、インド、東南アジア、沖縄、日本などの知識人と、アジア各地で頻繁に学術交流の場を設けている。

中国大陸と韓国のアジア言説

これら台湾における言説や学術活動は、明らかに中国の急速な発展を背景としている。近年の台湾ナショナリズムは、大国化する中国への反発の面があるが、アジア言説もまた「中国崛起《くっき》」への異なる仕方での反応といえる。

一方で、当の中国国内でも、自国の国際的影響力の増大に伴い、アジアをめぐる議論がされている。近代中国では、日本を除く近隣アジア地域への関心は概して低かったが、一九九〇年代以降、「天下主義」「新天下主義」という概念が議論されるようになった。中国に伝統的な「天下」概念は、西欧由来の近代の民族主義と国民国家とは異なり、多様な集団の共存を許容する普遍的原理を含むとする議論である。この背景には、中国国内の民族主義に対する政府主導部の危機感があった。とくに、二〇〇四年の哲学者の趙汀陽《ちょうていよう》の議論が注目を集め、さらに歴史学者の許紀霖《きょきりん》は、「中国崛起」が周辺諸地域に警戒感をもたらすことを憂慮し、伝統的な天下主義の意義を認めつつもその内部のヒエラルキー構造を批判し、それを克服する「新天下主義」を提唱した。東アジアそして世界に、各種の文明と文化、制度が平等に重なり合う多元秩序を創出することを主張したのである。他にも、歴史学者の葛兆光《かつちょうこう》や、「新左派」の代表的学者である汪暉《おうき》など、多くの著名知識人がアジアの中の中国について論を展開し、最近では「一帯一路」政策に対応する論も出現している。

韓国でも、一九九〇年代から東アジアが議論された。巨大な隣人・中国の大国化への思想的反応であるが、朝鮮半島分断問題への対処に一国的な民族主義を超える普遍的枠組が必要とされる事情もある。歴史学者の白永瑞《ペクヨンソ》は、中国の許紀霖による新天下主義の議論を評価しつつ、国民国家以外の地域主権等を含め、多様な形態の主権を包含する複合国家を構想する。そして南北朝鮮や沖縄、台湾など、近代史と冷戦が作りだした対立と矛盾が凝縮された「核心現場」でいかにコミュニケーションを作りだすかを、東アジア共同体構築の鍵と見做すのである。

思想遺産としての日本近代

興味深いのは、各地におけるアジア論において、近代日本におけるアジア主義言説が「失敗の歴史」としてしばしば回顧され、かつ国民国家を相対化する日本の近年の人文学の成果がよく援用されている点である。台湾の黄俊傑は山室信一『思想課題としてのアジア』に言及するし、「天下論」の論者は、前近代東アジアの国際秩序を説明するさい、しばしば経済史学者濱下武志の「朝貢体制」論を引き合いに出す。韓国の白永瑞は、哲学者中島隆博によるジャック・デリダの主権論の再検討と「人民主権」概念や、沖縄史家新崎盛暉の提唱する、国民国家を超える「生活圏」概念など、近年の日本の人文系学術研究の成果を幅広く参照する。そもそも「漢字（漢文）文化圏」「日本語文学」という言葉と概念自体、日本の学術界で使用されてきたものである。

またいずれにも共通するのは、竹内好「方法としてのアジア」の影響力の大きさである。趙汀陽は「方法論としての中国」というタイトルの論文を執筆しているし、白永瑞は、「近代の超克」論や「方法としてのアジア」を検討する。陳光興もまた、西欧や北米でなくアジアに固有の知識言説の相互交流を重んずるという意図もあり、インドの文化心理学者アシシュ・ナンディや歴史学者パルパ・チャタジーらとともに、竹内好「方法としてのアジア」およびそれに触発されて書かれた、中国思想史家溝口雄三の「方法としての中国」を参照するのである。これらの背景には、思想史学者孫歌《そんか》による、竹内好および近代日本のアジア主義思想の紹介があった。現代東アジア各地で「アジア」が思想課題とされるうえで、竹内のテクストが、それぞれの文脈で思想的資源として再利用されているといえる。今後は、日本近現代の思想と学問の蓄積が、現代のアジア各地でどう再利用されているかについての比較検討も必要だろう。

日本側の人文系学問は、こうした東アジア各地の「アジア」「東アジア」をめぐる議論や活動の各自固有な文脈をふまえたうえで、それらと批判的に対話していくべきである。日本近代史の失敗経験は、東アジアの思想遺産（中島隆博）として共有できる可能性があることに自覚的である必要がある。

そもそも、アジア各地域における国民国家形成、また現在の中国の台頭と各国でのナショナリズムの高まり等の批判的検証には、近代日本の事例の参照が不可欠である。近代日本で創られた知識構造がアジア諸地域で引き起こした思想連鎖は、単なる過去の現象ではなく、現在進行中のアクチュアルな問題として存在する。

台湾を例に見れば、先に述べたように、近代日本の「国文学」は、現在、現地でナショナリズムのツールとして根を下ろしている「台湾文学」の成り立ちに、構造的な刻印を与えている。また、思想史研究者の藍弘岳《らんこうがく》は、近代日本の「創られた伝統」である「武士道」が、中国大陸や台湾で思想連鎖を引き起こし、民主化以降の台湾ナショナリズムの一部において、日本統治時代を美化するツールとして利用されていく様子を検証している（「近現代東亜思想史与「武士道」」）。ほかにも、前出の陳光興は、帝国主義のイデオロギーとして日本側によって作られた「南進論」のロジックが、民主化以降の台湾において、台湾資本の東南アジアへの経済進出を正当化するために再び呼び起こされる様子を批判的に論じた（「帝国の眼差し」）。こうした興味深い議論は、いずれも、近代日本の歴史経験への視点と同時に、現代の台湾社会をめぐるアクチュアルな問題意識から来ている。東アジア各地における相互の知識対話によって、こうした問題意識の発生をさらに促すことができる。

アジア論の陥穽

ただし、アジア各地の研究者・知識人と提携して学術研究を進めていくうえで、日本側の研究者が陥りがちな陥穽に気をつけたい。それは「日本側の文脈だけを引きずったまま、他のアジアに接するべきでない」ということである。

たとえば、昨今、旧植民地における「日本語文学」への注目から台湾を訪れる日本人研究者は多いが、そこでは、日本語や日本との関係によって見えるものにばかり関心を寄せる傾向がないとはいえない。極端にいえば、日本統治時代の遺構や日本語話者、日本語資料にばかり接触し、そこからのみ現代の台湾を理解しようとしてしまう。たとえ「反省」意図があっても、これでは、近隣の「他者」に想像力をめぐらすことのなかった近代日本の「国文学」の体質と植民地主義の枠組を引きずってしまうのである。しかも、昨今の日本では、「嫌韓反中」の裏返しで「台湾に今なお生きる日本」を称揚し、近代日本の国家主義と植民地主義を美化する類の台湾関係書籍をよく見かける。日本文学研究者が台湾に向かう際には、この点をよく自覚し、日本―台湾という二元論的な視点では見えない、「東アジアの中の台湾」を考察するべきである。また日本語文学から台湾を考察するにしても、近年の学界では、日本統治時代台湾の作家や作品の研究は盛んだが、戦後以降の作品が注目を浴びることは少ない。しかし陳舜臣《ちんしゅんしん》、邱永漢《きゅうえいかん》、丸谷《まるや》才《さい》一《いち》、リービ英雄《ひでお》、温又柔《おんゆうじゅう》、東山彰良《ひがしやまあきら》、与《よ》那《な》原恵《はらけい》らの日本語作品には、戦後、冷戦、アメリカ、中国、沖縄、華僑、東南アジアなど多様な視点から台湾像が描かれているのである。

ほかにも、広大な領域に多様な社会を含む近世帝国を母体として国民国家形成をめざし、かつ社会主義と文革を経験した中国の近現代史を、日本モデルだけで理解することは到底できない。たとえば丸川哲史は中国ナショナリズムの特色を「革命」「党」「帝国」の三要素から説明し、その近代を「もう一つの近代」と呼ぶ（『中国ナショナリズム』）。近代の東アジアでは確かに日本を一つのハブとして知識の連鎖が行われたが、それだけで東アジアの近代を理解してしまえば、各地における多様な「近代」が見えなくなりかねないのである。

「中国崛起」の中で

さらには、中国が台頭する今、日本の近代化・西欧化そのものを東アジアの長い歴史の中の一現象として見る視点が、さらに重要になってくる可能性がある。中国思想史家溝口雄三が指摘するように、日本が東アジアの「強者」であったのは、東アジアの長い歴史から見れば、一〇〇年ほどの短い間のものでしかない。昨今の日本思想史研究では、前近代日本列島の知識文化のみならず、明治維新をも漢文・儒教文化圏から捉える視点が定着しているし、文学研究においても、「漢文脈」から日本近代文学の成立を再考する論考がある。さらに個人的な関心をいえば、近年の日本では、中国語圏からの観光客が激増し、街のいたる所で中国語の会話や掲示（文法や語彙がしばしば不自然）に接することができる。しかもそれは人民革命の言葉でも「貧しい途上国」の言葉でもなく、急速な経済発展をとげる中国大陸から、今や経済的に衰退する日本へ消費に来る富裕層・中間層の言葉なのである。これは、東アジアと日本列島における「中国語」の地位に大きな変動が起きていることを示すといえ、文明論的な観点から考察すべき問題のように思われる。

近年、中国語圏には、新井一二三や茂呂美耶のように、中国語で執筆活動を展開する日本籍作家がわずかながら出現しており、今後そうした作家が増加することは十分に考え得る。また、リービ英雄や横山悠太、温又柔、東山彰良のように日本語テクストの中に現代中国語や台湾語の語彙や文法、発音の要素を練りこむ実験を試みる作家も存在する。こうした現象を、思想史、文学史、社会言語学等の視点からどう考えるかの視点が必要である。

ただし、子安宣邦らが指摘するように、現代における中国の台頭をうけての人文学の再検討は、一歩間違えれば、中国政府による多民族政策や外交、一党独裁体制や言論統制などをそのまま容認しかねない危険もある。「漢字文化圏」「天下論」「帝国の構造」「方法としてのアジア」等の概念は、近代国民国家を超える歴史観や、国際的な対話と寛容な多元的秩序など、アジア発の普遍的な価値創出のために参考になるとしても、それをもって現存する政治実体に対するのには慎重を要する。ここでもまた、近代日本の「大東亜共栄圏」「近代の超克」の失敗の歴史を思想遺産として参照することができるだろう。

平等で双方向的な知の連帯へ

さらに、従来の国民国家単位の人文学を克服し「アジア」「東アジア」の枠組で国際的な学問を構築するとしても、孫歌、白永瑞らが再三懸念するように、現実のアジアは決してフラットではなく、大国／小国間の格差や、近現代の侵略や植民、冷戦等の歴史記憶がもたらす感情の亀裂、今なお続く階層構造等が存在している。「アジア」「東アジア」を枠組とする人文学は、こうした差異や矛盾を覆い隠し、非歴史化するものであってはならない。アジア各国のナショナリズム言説を称揚する必要は必ずしもないし、それを歴史的に相対化して検証する視点は必須である。しかしそうした言説を叫ばざるを得ない状況を作った原因の一つは、近代日本の侵略や植民地主義にあり、今なお続く国際的階層構造に蓋をして、日本側がアジア各国側に対し一方的に「ナショナリズムの克服」を要求するのは倫理的と呼べない。

こうした種々の亀裂や矛盾、格差を乗り越えるのに特別な近道はなく、地道な対話と交流実践を積み重ねてゆくより方法はない。しかし対話を進めるうえでのプラットフォームをどう築くかについては再考の余地がある。小国出身者や旧植民地出身者、そして相対的にマイナーな言語集団の出身者は、さまざまな面で相対的に不利な条件で対話の場に立たされることが多いからである。

これについて筆者は他でも言及したが、いま一度強調したい。それは、国際的対話のための平等なプラットフォームを作るためには、学術領域の日本語本質主義を脱構築し、多言語化をすすめる必要があるという問題である。そのためには、国際的なコミュニケーションの場における通訳・翻訳の充実や、補助手段としての英語の使用促進が必要だが、それ以外にも、日本側の研究者が、韓国語や中国語、ベトナム語などアジアの言語を積極的に使用し、現地の枠組の中で直接発声し対話を試みる気運を醸成していくべきである。これまで日本の人文学では、多くの場合「学問の国際化」というと、英語使用を促進したり、海外の留学生や研究者による日本語での研究発表を歓迎することを主に想定してきた。日本人の日本文学、日本思想史研究者が、アジアの言語を使用して研究活動をすることは、想像する人すら少なかったといえる。しかし、この気運が部分的にでも生まれなければ、平等で双方向的な「学問の国際化」「アジアの中の日本学」「知の連帯」はあり得ないと考えられる。

四　人文学の国際的連携

東アジアにおける思想連鎖

以上見たように、近代日本の「国文学」は、西欧を主体とする近代の帝国主義戦争を背景として形成された。国民国家と植民地主義の枠組が覆う国際社会に、近代日本が参入する過程で、「国文学」は創られたのである。それは、ヨーロッパ各国における国別の文学研究が、ギリシア・ラテン古典文化との対決を通して形成されたのと同様に、東アジアにおける伝統的な広域文化であった漢字漢文文化の普遍性との対峙をも背景としていた。近代日本でのこの動きは、近隣の東アジアで思想連鎖を引き起こし、「支那文学」「朝鮮文学」「台湾文学」などの学問領域を生みだすことになる。しかし、東アジア各地で思想連鎖を引き起こし、かつ植民地統治の学問としても君臨したにも関わらず、当の国文学者たち自身は、欧米を中心とする「世界」への意識が強く、「アジア」に概して無関心だった。この体質は「大東亜共栄圏」が叫ばれた時代にあっても基本的に変わらず、戦後にも引き継がれた。

一九八〇年代以後「国際化」が叫ばれ、また冷戦体制崩壊とアジア各地の民主化、中国の事実上の資本主義化、経済グローバル化などを背景に、今や日本の人文学は「アジア」「東アジア」との関係の中で、根底からあり方を見直さざるをえない。近代日本の人文学の成果と失敗、思想経験は、アジア諸国・諸地域における新たな知識文化の発展のための資源として共有すべきものであるし、また逆に、日本側はアジア各地の多様な歴史と知識の蓄積を参照する必要がある。各地域が思想的資源を相互利用しつつ、「日本」「台湾」「中国」「韓国」など、国民国家単位の研究成果の単なる寄せ集めを超える、複合的・全体的な視点と研究体制構築が必要である。さらに、英語、日本語、中国語など、一つの有力言語に知の蓄積が集中する構造を打破し、複数言語による双方向的、相補的な国際学問構造の構築をも模索しなければならないと考えられる。

参考文献

テリー・イーグルトン／大橋洋一訳『文学とは何か』上・下（岩波文庫、二〇一四年）
石井知章編『現代中国のリベラリズム思潮』（藤原書店、二〇一五年）
汪暉／石井剛・羽根次郎訳『世界史のなかの中国』（青土社、二〇一一年）
小熊英二「金関丈夫と『民俗台湾』」（篠原徹編『近代日本の他者像』柏書房、二〇〇一年）
加々美光行『中国の民族問題』（岩波現代文庫、二〇〇八年）
梶谷　懐『日本と中国、「脱近代」の誘惑』（太田出版、二〇一五年）
葛　兆光『中国再考』辻康吾監修、永田小絵訳（岩波現代文庫、二〇一四年）
川村　湊『「大東亜民俗学」の虚実』（講談社選書メチエ、一九九六年）
神野藤昭夫「近代国文学の成立」（酒井敏ほか編『森鷗外論集　歴史に聞く』神典社、二〇〇〇年）
許　紀霖「新天下主義」（『知識分子論叢』第一三輯、二〇一五年）
黄　俊傑「「東アジアから考える」はいかにして可能か?」（工藤卓司訳『日本思想史研究』第四五号、二〇一三年）

Ⅲ　手法 ――⑬アジア

子安宣邦『方法としての江戸』（ぺりかん社、二〇〇〇年）
同『「アジア」はどう語られてきたか』（藤原書店、二〇〇三年）
同『日本人は中国をどう語ってきたか』（青土社、二〇一二年）
同『帝国か民主か』（社会評論社、二〇一五年）
齋藤希史『漢文脈の近代』（名古屋大学出版会、二〇〇五年）
同『漢文脈と近代日本』（日本放送出版協会、二〇〇七年）
佐藤　泉『国語教科書の戦後史』（勁草書房、二〇〇六年）
品田悦一『万葉集の発明』（新曜社、二〇〇一年）
同「文学のあけぼの」（『大阪大学日本学報』第二三号、二〇〇四年）
ハルオ・シラネ、鈴木登美編『創造された古典』（新曜社、一九九九年）
絓　秀実『革命的な、あまりに革命的な』（作品社、二〇〇三年）
鈴木貞美『日本の〈文学〉概念』（作品社、一九九八年）
孫　　歌『亞洲意味著什麼』（巨流出版社、二〇〇一年）
同『アジアを語ることのジレンマ』（岩波書店、二〇一五年）
張　崑将「如何従台湾思考東亜」（『思想：3　天下、東亜、台湾』二〇〇六年）
陳　光興「帝国の眼差し」（坂元ひろ子訳、『思想』第八五九号、一九九六年）
同『脱帝国』丸川哲史訳（以文社、二〇一一年）
芳賀矢一選集編集委員会編『芳賀矢一選集』第一巻　国学篇（国学院大学、一九八二年）
同『芳賀矢一選集』第五巻　日本漢文学史（国学院大学、一九八七年）
白永瑞／趙慶喜監訳／中島隆博解説『共生への道と核心現場』（法政大学出版局、二〇一六年）
橋本恭子『『華麗島文学志』とその時代』（三元社、二〇一二年）
藤井貞和『国文学の誕生』（三元社、二〇〇〇年）
丸川哲史『中国ナショナリズム』（法律文化社、二〇一五年）

溝口雄三『中国の衝撃』（岩波書店、二〇〇四年）
村井　紀「国文学者の十五年戦争」１・２（『批評空間』第二期第一六・一八号、一九九八年）
同『南島イデオロギーの発生』（岩波現代文庫、二〇〇四年）
安田敏朗『国文学の時空』（三元社、二〇〇二年）
山室信一『思想課題としてのアジア』（岩波書店、二〇〇一年）
山藤夏郎『〈他者〉としての古典』（和泉書院、二〇一五年）
藍　弘岳「近現代東亜思想史与「武士道」」（『台湾社会研究季刊』八五期、二〇一一年）
笹沼俊暁『「国文学」の思想』（学術出版会、二〇〇六年）
同『リービ英雄』（論創社、二〇一一年）
同『「国文学」の戦後空間』（学術出版会、二〇一二年）

第14講　読者

「誌友交際」の思想世界

長尾宗典

一　「読者」という視角

思想史研究における「読者」

本講では、日本の近代思想を捉える際の方法の一つとして、「読者」の視点を取り上げて考察を加えてみたい。筆者は、文学史研究の分野などと比べて、思想史における読者研究が低調であり、そのことは、近代日本の思想史を研究する上での一つの問題点にもなっていると考えている。

思想史研究で「読者」が主要な位置を与えられていない最大の理由は、思想史と文学史における作品の位置づけの違いにあると思われる。そもそも、読者を問うということは、ある著作の解釈において作者（著者）の意図を相対化することである。文学研究であれば作者の意図から自由な作品解釈は珍しくない。しかし、思想作品は、基本的には作者と読者のコミュニケーションを前提としているため、作者の意図を抜きにした作品理解が難しい。また、近代日本の思想史研究では、文学作品にも一定の著者の思想性を認める見方が浸透しているため、文学作品を扱う場合にも作者の意図を読み込むことが少なくないように思われる。

では、右のような思想把握の方法にはまったく問題はないのであろうか。思想史研究における「読者」研究の意義を明確にするために、諸学問分野によって進められてきた「読者」研究の歩みを簡単に振り返っておきたい。

「読者」研究のあゆみ

「読者」の問題は、まず、出版研究や文学研究の分野で議論が蓄積されてきた。外山滋比古の読者論や（『近代読者論』）、前田愛の「近代読者」誕生に関する研究をはじめとして（『近代読者の成立』）、文学研究の分野では一九七〇年代から八〇年代にかけて、作家論、作品論に代わる研究潮流としてテクスト論が隆盛を迎えるにいたった（石原千秋『読者はどこにいるのか』）。歴史学の分野でも、民衆思想史の領域で地域の読書会活動などが取り上げられてきた（色川大吉『明治の文化』ほか）。さらに、八〇年代の社会史研究の活性化のなかでロジェ・シャルチエなどのフランス書物史研究が紹介されてきた（『読書と読者』）。一九九〇年代以降は、メディア史研究の展開によって、個別のメディアに関する研究が進展したこともあり、「読者」ないし知識や情報の「受け手」の問題は、主要な論点として定着したように見える（山本武利『近代日本の新聞読者層』、永嶺重敏『雑誌と読者の近代』、和田敦彦『読書の歴史を問う』ほか）。近年では、地域における新聞や書籍などのメディア受容の問題も研究が進んでおり、「読者」研究は新たな局面を迎えつつある（有山輝雄『近代日本のメディアと地域社会』）。メディア史の研究において雑誌などの思想の伝達メディアの史料批判をめぐる議論が深められていることも、注目すべき傾向である（長尾宗典「史料としての雑誌」）。

思想史研究においても、近年ではとくに雑誌を中心にメディアの扱いに再考を迫る重要な問題提起がなされつつあるが（中野目徹「近代思想史研究における雑誌メディア」）、「読者」を思想史研究の方法論として自覚的に位置づけなおす作業は、いまだ十分になされていないように思われる。むしろ、近年の思想史研究では、「読者」への注目よりも、新たな史料解釈によって、著者の意図や真意を復元しようとする著者の復権が研究トレンドとなりつつあるようにも思われる。しかしながら、近代の思想においては、著者の執筆した原稿が活字となって流布する過程で、植字、印刷、製本、出版、流通という複数の人の手を渡るのであり、活字化された文章のすべてを著者の意思の直接の反映と見ることは問題がある。著者の意図だけでなく、発表媒体の特性や出版社の意向も、思想の評価に重要な位置を占めるであろう。そのような問題を意識したとき、注目すべき存在として浮上してくるのが「読者」なのである。

「読者」研究がめざすもの

私たちは、「読者」の問題を論じることで、何をめざすべきなのだろうか。「読者」研究としては、ある著作が生み出され、流通していく一連のプロセスを意識しながら、時代状況のなかで営まれた思想活動に対する理解をより深めていくために、「読者」による反応を参照するという方法が考えられよう。それは、ともすれば超歴史的な思想像の提示に陥りがちな強力な思想家の像を相対化すると同時に、著者の思索を取り巻いていた環境そのものを、時代固有の思想史像として描きだすことにつながる。そこでは読者による誤読や誤解も、同時代の反応の一形態として一定の意義を認められることになる。「読者」の視点は、時代状況のなかの思想の位置づけを、より具体的なものにしてくれるのである。

しかし、右のような「読者」を想定した場合、彼ら／彼女らの像を具体的な史料によって裏付けることは存外難しく、新たな視点からの史料発掘が必要となってくる。読者研究のための史料としては、投書や統計のほか、読書記録を含めた日記史料の発掘や、「痕跡本」と呼ばれているような蔵書への書き込みなども検討すべきであろう。そのなかで筆者が注目したいのは、明治三十年代から四十年代にかけて東京・大阪以外の地方で発行されていた文芸雑誌である（表1）。これらの雑誌上には、同時代の言論や文芸作品に対する青年読者の批評や、彼らの内面を吐露した詩

表1　主要な地方文芸同人雑誌

誌　名	発行期間	発行者	発行地	主筆または主な寄稿者など
文壇	1896〜1901?	文学社	名古屋	古田耕雲
よしあし草(関西文学と改題)	1897〜1901	浪華青年文学会	大阪	小林天眠・河井酔茗ら
新文学	1898?〜99?	帝国新文学会	山口	
青年詞壇（鳳翔と改題）	1898〜1900	青年詞壇社	茨城	大塚香夢
活文学	1900?	活文学社	千葉	
鴛鴦文学	1900〜01	鴛鴦文学会	埼玉	石島薇山ら
みのむし	1900〜01	桃友会	三重	俳誌
秋水	1900〜01	天声社	名古屋	
俳星	1900〜12	俳星発行所	秋田	
玄声	1902?	玄声社	広島	
二葉（天使と改題）	1902?	二葉会	名古屋	小木曽旭晃
信州文壇（九皐と改題）	1903〜?	信州文壇社	長野	
血汐（白虹と改題）	1904〜09	血汐会	岡山	入沢涼月・有本芳水ら
小天地	1905	小天地社	岩手	石川啄木
ホノホ	1905〜08	関西新詩社	大阪	鷲見霞州
野の花	1905〜07?	金星草社	佐賀	
新文芸（山鳩と改題）	1905〜09	新文芸社	岐阜	小木曽旭晃
敷島	1907〜10	敷島文学会	奈良	
八少女	1908〜09	八少女会	名古屋	

や小説、俳句、和歌などが掲載されていた。いずれの雑誌も発行のための財政基盤は不安定であり、採算を度外視しながら仲間内で発行していた点で、同人雑誌と呼ぶべき性格を有していた。同時代の史料用語としては主に「地方雑誌」の語が用いられているが、扱う主題や発行形態をより明確にするため、以下本講ではこれらの雑誌を地方文芸同人雑誌と呼ぶ。

「誌友交際」の時代

筆者はかねてから、日清・日露戦争の時期に文名を馳せた高山樗牛《たかやまちょぎゅう》や姉崎嘲風《あねさきちょうふう》らの思想活動を理解するため、明治二十年代後半から四十年代にかけて、校友会雑誌や投稿雑誌などを介して結びついた「読者」相互のコミュニケーションに注目してきた（長尾『〈憧憬〉の明治精神史』）。地方の青年（もしくは少年）たちは、ときに高山樗牛の文体を模倣しながら、自らの想いを文章に綴り、博文館の『中学世界』や『文章世界』、あるいは内外出版協会の『文庫』といった投稿雑誌に書き送っていた。彼らのなかには、雑誌の読者投稿欄を介して相互に文通を開始する者もいた。雑誌『文庫』の投書家であった吉野作造が昭和元年（一九二六）の「少年時代の追憶」のなかで「あの頃流行した、紙上を通しての誌友交際といふものを自分も人並みに試みたことを思ひ出す」と回顧したように、「誌友交際」は、明治後期の少年たちの間に広まった一種の流行現象だったのである。同じ雑誌を読み、文学を愛好する者が集まると、やがて自らも回覧雑誌や本格的な同人雑誌を作ろうとする機運が生まれてくる。彼らは互いの雑誌を寄贈交換し、手紙に感想を書いて送ることで、さらに親睦を深めていく。さらに、誌友同志が、居住する地域を超えて原稿を交換するということも行われていた。こうして、明治三十年代から明治末期にかけては、「誌友交際」を背景に、全国各地で文芸同人雑誌の創刊が相次いでいくのである。

もちろん、雑誌の投稿欄で知り合った者同志が意気投合し、文通を開始することは、明治後期に限られたものではない。ただ、地方在住の投書家が、投書をきっかけに結びついて原稿を集め、東京への強い対抗意識をもちつつ、同人雑誌を発行していく現象が全国的に確認できるのは、やはり明治後期固有の現象であるように思われる。

「読者」について考えるとき、これら投書雑誌読者の多くが男子中学生であったことにも留意する必要がある。明治後期には、『女学世界』や『少女の友』などをはじめとした女学生向けの投書雑誌も創刊されていた。女学生の多くは、投稿そのものよりも、投書欄での同年代の女学生との交歓に無上の楽しみを見出していたとされ、その傾向は大正期以降まで続いていたという（佐久間〈佐藤〉りか「清き誌上でご交際を」、嵯峨景子「『女学世界』にみる読者共同体の成立過程とその変容」）。男女で比較した場合、投書において文章掲載の名誉を競って入選に熱心になるのは男子であった。これに対し、女子は、文学に熱中することが「女らしくない」という理由で批判され、学校から規制を加えられる状況があった。そのため女学生は投書欄経由での私信のやり取り、投稿者同志の交際に重点を置いていたという指摘もある（今田絵里香「少年少女の投書文化のジェンダー比較」）。明治後期においては、地方文芸同人雑誌を発行するのは圧倒的に男子生徒の実践だったのである。

明治後期の地方文芸同人雑誌の独自の展開については、すでに林眞の先駆的な紹介があるほか、自治体史編纂のなかでも地域文化の発展を示す史料としてしばしば取り上げられてきている。しかし、全国規模で展開したと思われる地方雑誌の関係については未解明の部分が多く、何故このようなコミュニケーションが明治後期にのみ成立し、大正期以降に急速に衰退していったのか、十分検討されているとはいいがたい。明治後期の思想史像との関係も考察していく必要があろう。以下では、明治後期の雑誌読者による「誌友交際」が同時代の思想史といかなる関係をもち、いかなる影響を与えたかを検討することにより、従来とは異なった「読者」の視点から、明治後期における思想史像の構築に寄与することができればと念じている。

二 「誌友交際」ネットワークの形成

「誌友交際」の前提

近代日本における投書活動は、すでに明治十年代における新聞紙上においても見られたものであった。少年の投稿を受け付けた雑誌としては、明治十年（一八七七）創刊の『頴才新誌《えいさいしんし》』がとくに有名である。明治二十年代になると、『頴才新誌』誌上での投書家同志の論争も見られたほか、投書家の間での文通も行われていたとされる（上笙一郎「『頴才新誌』解説」）。また、木村直恵が雑誌『青年思海《せいねんしかい》』の事例を通じて明らかにしたように、同誌の「読者」には、誌上に表れた「朋友」に対し、非政治的な自己の内面を率直に吐露して「真友」を求めるという志向が存在していた（木村直恵『〈青年〉の誕生』）。

しかし、筆者の見るところ、『青年思海』の事例は先駆的なものであって、明治二十年代発行の地方青年雑誌では、県下の青年会活動報告に多くの頁数が割かれており、民権運動以来の政治的実践とそれに反発する非政治的実践は相半ばしていたといえる。同時代の雑誌を見るかぎりでは、彼らのなかで文学雑誌への文章の投稿はそれほど重視されておらず、また運動に関わらない形での同人雑誌の発行も志向されていなかったと思われる。本講が対象とする地方在住の「読者」の、地域を超えた連携は、明治三十年以降に急速に広まっていったと考えられる。だが、何故この時期に、雑誌読者の結びつきは強化されていったのだろうか。

まず指摘しておくべきは、日清戦争の前後を境とする雑誌読者の質的・量的な変化と拡大である。明治二十八年（一八九五）一月に創刊された博文館の『太陽』は、一冊当たり二〇〇頁を超える分量をもち、政治から経済、文学にいたる多方面の論説記事を集めて掲載し、一号あたり一〇万部を超えるともいわれるほどの膨大な発行部数を誇った。それは雑誌が商業誌化していく時代の到来を告げるものであった。博文館の台頭に加え、明治二十年代から三十年代にかけて鉄道網が拡大したことにより、地域のなかに中央メディアが大量にかつリアルタイムで流入するようになっていく。こうして、全国的な規模で「読書国民」が誕生していったのである（永嶺重敏『〈読書国民〉の誕生』）。

もう一つの契機として、明治二十年代中葉以降から継続していた中学校の増加と、校友会雑誌の創刊が挙げられよう。校友会雑誌の創刊は、東京の第一高等中学校、京都の第三高等中学校、仙台の第二高等中学校などで順次始まり、中学校にも広まっていったが、彼らは雑誌を交換し合い、一面識もない相手の名前を意識するようになっていた。さらに明治三十二年には中学校令が改正されることによって、一府県一中学校の原則が撤廃され、積極的な中学校増設が進められたため生徒数が大幅に増加することとなった。これにより、一定以上のリテラシーを身につけた生徒たちが、自ら文章を著し他の批評をする能動的な「読者」として続々と供給されてくることになった。日清戦争以後の投書雑誌の増加は、地方の中学生読者の存在を抜きにしては考えられない。加うるに、明治二十六年（一八九三）の出版法公布など、出版関係法規が整備されたことによって、文芸雑誌など、時事を論じない定期刊行物の発行はかなり容易になっていたことも重要である。

「誌友」誕生

共通の雑誌を購読する「読者」が、投書によって可視化され、連帯感が醸成されたとき、「誌友」という意識が芽生えてくる。「誌友」の言葉の初出がいつなのかは必ずしも明確ではないものの、明治三十一年五月の『文庫』第九巻第五号の見返しには、「『文庫』誌友諸君に告ぐ」という社告が掲げられていた。共通の雑誌の読者を指す「誌友」という語が、雑誌『文庫』誌上で頻繁に用いられ、普及していったことは間違いなさそうである。また、雑誌『文庫』が「誌友」の結びつきを強めた理由の一つに、誌友会という会合の存在があった（関肇『新聞小説の時代』）。誌友会は、当初は東京で雑誌編集部と読者が一堂に会し、花見などをして親睦を深めるイベントであったが、開催報告が雑誌に掲載されるや、全国各地でも誌友会が開催され、競い合うように誌上で報告がなされていった。活発に誌友会が開かれていた明治三十三年から同三十五年にかけて、雑誌上で開催が確認できるものだけでも、金沢、岡山、名古屋、飛驒、静岡、一関、京都、高岡、伊勢山田、長崎、盛岡など、全国各地で複数回開催されていった。

『文庫』の編者であった小島烏水《こじまうすい》（一八七三〜一九四八）は、『文庫』第一五巻四号で「われらは、この頃流行する頼《たの》母子講《もしこう》の出店の如くに、何々支部、何々支会などと、子供騙しの虚勢を張りて見えをすること大の嫌ひなれど、同好の士相咨《はか》りて真摯に誠実に、肝膈《かんかく》を披《ひら》いて忙中の閑話を試むることは又熱心に希《ねが》ふところなり」と述べて真摯な誌友会の開催を歓迎した。ところで、小島が述べていたように、当時、いくつかの雑誌では、各地に「支部」という読者組織を設けていた。たとえば、日清戦争後に名古屋で発行されていた雑誌『文壇』では、ある読者が、友人を勧誘し、雑誌の定期購読者を一〇名程度とりまとめて発行者側に紹介し、購読料を支払うことにより支部が設立されることになっていた。『文壇』では推薦者を「支部長」に任じ、彙報欄でその人となりを称賛し、また口絵に肖像写真を載せる仕組みを採用していた。「支部」システムは、発行者側は雑誌代金を確実に回収することができ、また支部長は自分の名前が写真付きで雑誌に掲載されて功名心を満たすことができる点で発行者と読者双方にメリットがあった。強引な勧誘がトラブルにつながった事例も少なくなかったのではないかと想像されるのであるが、明治三十年代に発行される多くの地方同人雑誌でも、支部制度が採用されていった。

では、「誌友」同志の文通は、実際にはどのようにして始まったのであろうか。少年投書家として名を馳せた木村《きむら》小舟《しょうしゅう》（一八八一〜一九五四）は、昭和五年（一九三〇）生誕五〇年を記念して編まれた『足跡』（桐花会出版部）のなかで、次のように振り返っている。

さて自分の書いた文章が、相ついで二三の雑誌に掲載されると、又実に不思議なもので、彼方からも此方からも、未見の人々が文通して来る。投書家にとつては、之が絶大の趣味でもあり、名誉でもある。そこで此方からも、此の人と思ふ所へ向けて交際を求めてやる。其《その》また文意が殆《ほとん》ど皆同じで、『未だ謦咳《けいがい》に不接候へ共、御芳名は某誌上に於て拝承致し敬慕罷在候』とか『永遠に水魚の交を賜らんことを』とか、殆ど之が定り文句であつたが、併し大概は一年か二年で、其文通が杜絶してしまふから滑稽だ。私の如きも多い時には二十余人の誌友を有つてゐた。九州、中国、近畿、四国、関東々北と殆ど各地方を網羅して、三日にあげず書信の往復をするので、其忙しさは並大抵でなく、其費用もなか〳〵馬鹿に出来ない。そして或は写真の交換、新聞紙のやりとり、延いては互に誌友を紹介し合ふなど、少くとも毎日五六本の手紙を認めねばならぬ。無用の閑文字を並べて、而も相応に文句を練るのだもの、今ならば迚《とて》も出来ない仕事であるが、其頃は又なかなか面白いと思つた。

文通を求める手紙にも定型文が存在していたこと、毎日五、六本の手紙をやり取りしていたのには驚かされる。長期にわたって交際が続く場合は例外的で、多くの交際は一、二年で絶えてしまうものだった点も注目される。交通事情もいまだ不便な折、彼らの連絡手段は文通だけであり、直接面会することは困難を極めたと思われるが、その場合、手紙に同封する形で写真の交換などが行われていたようである。「読者」たちは、まだ見ぬ相手に友情を感じ、自らの文章を見せたり批評を受けたりすることによって、地域における「想像の共同体」を密かに創り出していたといえそうである。

三　「誌友交際」の担い手たち

小木曽旭晃の『地方文芸史』

以上のような「誌友交際」の担い手たちの活動を記録した文献として、小木曽旭晃《おぎそきよつこう》（一八八二～一九七三）が明治四十三年（一九一〇）に発行した『地方文芸史』がある（一九三九年、大衆書房より再刊）。同書は、明治三十年から四十三年までの地方少年雑誌の興亡について、彼自身の投書家経験を交えながら論じた唯一の書で、本講の議論の多くもこの書に拠っている。初版附録「地方文壇作家一覧表」には二〇〇名弱の地方文士のプロフィールが、再版巻末には二〇〇件弱の引用雑誌・単行本のリストが付されている。

図　小木曽旭晃(1882～1973)
(『地方文芸史』1939 年版より)

小木曽は本名を周二といい、のちに修二を通称とした。若い頃から投稿少年として活動していた彼は、岐阜日日新聞社などで編集局長なども務めるかたわらで、郷土史家としてさまざまな著述を著したほか、晩年まで雑誌発行と誌友との交際を続けた。彼は、小学校のときに不慮の事故で耳が不自由となり、以後、文学活動にのめり込んでいくことになったという（旭晃偲び草刊行会編『旭晃偲び草』）。

小木曽の『地方文芸史』に取り上げられた個性的な「誌友交際」の担い手たちを整理したのが表2である。表2に掲げた人物たちは、世代的には明治十年代生まれが中心であり、「誌友交際」が全盛を迎えた明治後期には一〇代後半から二〇代前半であった。彼らのキャリアを見るといくつかの傾向が確認できる。高等小学校を卒業後、代用教員となる者、師範学校に進学し、卒業後に教員として地元に残る者がおり、また、中学校に進学後、家業との兼ね合いで中退した者もいた。学業成績の優秀者は、中学校を卒業後、上京して早稲田など私学へと進学する者もあった。職業作家をめざす者もいなかったわけではないが、彼らが必ずしも文学者になりたくて投稿に励んでいたわけではないことは、そのキャリアからも容易に確認しうる。

「誌友交際」の社会的意義

彼らの交際は、日露戦争の前後の時期に最盛期を迎えていくことになった。中央でも、明治三十六年（一九〇三）に時事新報社から『少年』が、同三十九年には実業之日本社から『日本少年』と『婦人世界』が創刊され、投書雑誌の種類も増加し、誌友同志の交際もますます活発化していくことになった。「誌友交際」の実践は、当人たちが意識する以上に、読者のネットワークとして、明治後期の社会に大きなインパクトをもたらしたと思われる。読者ネットワークである「誌友交際」において重要なのは、当然のことではあるのだが、雑誌発行の中心となった人物の周囲に全国各地からの図書や雑誌など文芸に関する情報源が豊富に集まっていたという事実である。「誌友交際」のネットワークにおいて、表2に掲げた人物たちは、地域の結節点という役割を果たしていた。彼らのもとには、各地から大

表2　地方文芸雑誌に登場する主な地方文士たち

筆　名	生没年	出身	略　歴　等
古田耕雲	1871～1941	岐阜	漢学塾で教鞭を執る．名古屋の雑誌『文壇』の主筆
上村雲外	1877～1932	熊本	旧姓近藤．教員．熊本師範学校卒
大石霧山	1880？～1906	京都	京都師範学校卒
木村小舟	1881～1954	岐阜	博文館にて『少年世界』などの編集に従事
小木曽旭晃	1882～1973	岐阜	雑誌『山鳩』ほか主宰．西濃印刷株式会社，岐阜日日新聞勤務，地方雑誌を回顧した『地方文芸史』を著す．
河野紫雲	1882～1963	埼玉	本名省三．のち神道学者．国学院大学学長
入沢涼月	1884～1951	岡山	関西中学中退．雑誌『血汐』『白虹』を発行
畔上賢造	1884～1938	長野	上田中学→早大卒．『信州文壇』に投稿．内村鑑三に師事
小林秀三	1884～1904	栃木	熊谷中学→代用教員．田山花袋『田舎教師』のモデル
石島薇山	1885～1941	埼玉	熊谷中学中退．行田の鴛鴦文学会発起人．のち郷土史家
有本芳水	1886～1976	岡山	関西中学→早大．血汐会参加．のち『日本少年』主筆
石川啄木	1886～1912	岩手	盛岡中学在学中に文庫誌友会を主催．雑誌『小天地』発行
三木露風	1889～1964	兵庫	『文庫』『新声』などに投稿．岡山血汐会から詩集刊行
猪俣鹿語	1889～1942	新潟	長岡中学→早大．俳句を投稿．本名津南雄．経済学者

量の書籍や雑誌が寄贈の形で集まっていた。また、彼らが定期購読していた博文館や実業之日本社などの投書雑誌もが加わることによって、熱心な投書家の自宅には、大量の書籍が集まってくることになるのである。そのような図書や雑誌は、友人たちの間で貸し借りされ、回覧されるなどして、地元の中学生たちに読書機会を提供していったと考えられる。

集められた図書や雑誌が、地域の図書館創設につながっていった事例もある。たとえば、埼玉の石島薇山《いしじまびさん》（一八八五～一九四一）は、明治三十四年、地元の中学生の団体と地域の青縞同業会とを仲介して、日曜日に無料で書籍を縦覧させる仕組みを作っていった。また、木村小舟は博文館に入った後、地元の岐阜に博文館の雑誌を送り続けた。その結果、大正二年（一九一三）には、いまだ県立図書館がなかった岐阜県に通俗図書館が設けられ、小木曽旭晃が主任に就任していくことになったのである（飯干陽『木村小舟と『少年世界』』）。岐阜通俗図書館は、大正八年に残念ながら火災により焼失してしまうが、小木曽の主任時代には、多くの学生たちが学んでいったといわれている。

地方雑誌の展示会

雑誌を発行する青年文学会には、名士を招待しての講演会を行っているものもあった。東京府下の桜洲青年同志会なる団体は、明治三十二年十月、弁士に高山樗牛を招いた記念大会を開いた。興味深いのは、同年の同会機関誌『桜洲青年』第五号に載せられた以下のような大会当日の様子である。

◎別項広告の如く、十月二十二日を期して会員大会を開くべきに付ては出席諸君の閲覧に供せんが為め会場内に雑誌閲覧場を設け度く、是等の事は地方雑誌界の景況を知り又他に益する所も少なからずと存じ候に付汎《あまね》く全国の会員諸君より御寄贈を忝《かたじけな》ふし度候。

一、政治、文学、実業、の何種たるを論ぜず

一、最近発刊の分を望むとはいへ、既に廃刊したるものにても苦しからず、又数年以前の発刊にかかれるものにてもよろし
一、可成種類を多く聚《あつ》め度候《たく》に付、同じ題号のもの数部よりは、異りたるものゝ数多きを望み候
一、全国中に於ける雑誌の種類を普く聚め度き心組に付き地方の会員諸君は幸にして御尽力を給はり度候

「地方雑誌界の景況」を知るため、雑誌閲覧場を設けて、そこに地方の雑誌をジャンル不問で配列する。最新号でなくてもよく、廃刊したタイトルでも構わない。とにかく多種多様な雑誌の存在を示そうという企画である。

それは、東京府下の読者の間で、地方文壇の存在が一定程度意識されていたことを示すと同時に、雑誌というものが、今日想像するような情報媒体という役割以上に、社会的な「交際」のツールとして、きわめて積極的・能動的な「読者」たちの間で享受されていた時代の雰囲気を物語っているといえないだろうか。「誌友交際」の担い手たちは、もちろん文章の執筆と交際を無上の楽しみとして雑誌発行を推し進めたと推察されるけれども、重要なことは、その活動の結果として多くの書籍情報が地域社会に集積されていったことである。そのことが、明治三十年代の地方青年の思想形成とも深く関わってきたことは、思想史の視点として重視すべきだろう。

四 「誌友交際」のゆくえ

新しい世代の成長

明治三十六年（一九〇三）五月、一高生藤村操《ふじむらみさお》の投身自殺は大きなセンセーションを引き起こした。以後、新聞や名前など「人生問題」に悩む青年たちの思想傾向が盛んに論じられるようになっていった。岡義武は、日露戦争後の

「個」の意識の成長を示すものとして、成功に憧れる青年層の台頭、享楽的傾向の強まり、煩悶に陥る者の増加といった兆候を指摘しているが（岡義武「日露戦争後における新しい世代の成長」）、地方文芸雑誌にはこれらの傾向は反映されていたのだろうか。永井聖剛は、『中学世界』と『文章世界』の分析を通じて、国家有為の人材たらんという志向をもつ『中学世界』の投書家から、しだいに立身出世主義に背を向け内面に厭世的《えんせいてき》個人主義をもった「文学」愛好者たちが分離して『文章世界』に結集していったという見取り図を描いている（永井聖剛「「文章＝世界」を生きる中学生たち」）。しかし、立身出世主義という価値観の転換と結びついた国家主義と個人主義との対抗関係だけでは、当時の少年たちの思想傾向の説明として不十分である。

永井が、国家志向の少年として例示した『中学世界』の常連投書家・河野《こうの》紫雲《しうん》（省三）の明治三十八年の日記には、井上哲次郎《いのうえてつじろう》の儒学三部作や姉崎嘲風の雑誌『時代思潮』などを読み込む様が描かれる。このほか、本郷教会の雑誌『新人』を読むと同時に、『読売新聞』に河上肇《かわかみはじめ》が連載していた社会主義の記事にも関心を示している。彼は、現在の思想界に対して、「主義を玩弄《がんろう》する風が流行って来た」（『吾が身のすがた』騎西町教育委員会、一九八五年）との不満を漏らしているのである。

日露戦争後に見られた青年層の国家的意識の減退に危機感を抱いた識者は少なくなかった。徳富蘇峰《とくとみそほう》はその代表的な論者であろう。岡義武が前掲論文で紹介している通り、蘇峰は「地方の青年」に対し、明治四十年（一九〇七）の『第八日曜講壇』のなかで、人生問題に煩悶する傾向を「気に喰はぬ事」とし、愛国心を無用とする思想傾向を不健全なものとして退け、これらの傾向の原因と見なした高山樗牛の「美的生活」を「豚的生活」だと批判した。しかし、地方青年たちの間では、徳富蘇峰は急速に過去の人物となりつつあった。長野県の上田で発行されていた『信州文壇』第六号（明治三十六年七月）は、「徳富蘇峰の衰へたるも亦甚《また》しい哉」といい、当時の桂太郎内閣のスポークスマンとなった蘇峰の現状を酷評している。同誌の発行には、内村鑑三に強い影響を受け、理想団小県《ちいさがた》支部にも加わった成澤玲川《なるさわれいせん》、畔上賢造《あぜがみけんぞう》、栗山信夫らが関わっていた（有山輝雄「理想団の研究」）、また、小説作品の選者には小諸義塾《こもろぎじゆく》にいた島崎藤村も関わっていた。同じ号の雑纂欄には、好きな人物、嫌いな人物のアンケートが集められており、上田郵便局に勤務していた栗山信夫が、

●内村鑑三、島田三郎、山路愛山《やまじあいざん》、徳富蘆花《ろか》、木下尚江　▲井上哲次郎、徳富猪一郎《いいちろう》、加藤弘之、大隈重信、伊藤博文

と回答しているのが目を引く（●以下が好きな人物であり、▲以下は嫌いな人物である）。

地方青年の思想傾向

多様性をもった彼らの思想傾向を一言で要約するのは難しいが、複数の地方文芸同人雑誌を読み進めていくと、「成功」「享楽」「煩悶」などで表される青年層の傾向は、あくまでも都市部を中心とした先鋭的な兆候であって、日露戦争後の青年層の全国的な傾向を表すものではなかったように思われる。小木曽旭晃が、自らの雑誌経営を振り返って「もう此頃東都文壇は自然派の全盛時代であったが地方文壇では一向無感覚であった」（『山鳩』終刊号、一九一〇年）と述べるように、東京への対抗意識が、地方における流行思想の直接的な受容を遮っていたともいえる。明治四十年十一月に、岡山の入沢涼月《いりさわりょうげつ》は、『白虹《びゃっこう》』第四巻第一号において、「百を以て算する今日の地方雑誌中、能く文壇的気運に伴ひ、潮流に棹して進めるもの果して幾冊ありや、陳腐なる思想は急激せる雑誌界にありて不必要で問題外で田舎者である」と地方文士の思想の陳腐さを嘆いてもいた。肯定するにせよ否定するにせよ、新たな思潮に容易に従わない地方青年の思想傾向は存在していたのである。だが、地方青年が先鋭的な一つの思想にコミットしなかったということは、一たび新たな思想が地方に受け入れられたとき、急速に展開していく可能性があったともいえるのでは

ないだろうか。

思想伝播の回路

「誌友交際」が読者共同体を構成しており、雑誌の投稿欄を媒介にして盛んな文通が行われていたことはすでに触れた。それは、何らかの思想の宣伝に際しても、投稿雑誌の読者欄掲載の住所に宛てて書物を発送することが可能であることを意味していた。「誌友交際」のネットワークは、若年層をターゲットにした思想伝達の回路として利用可能だったのである。そこに着目したのが、初期社会主義の人物たちであった。世代的にはかなり若いが、岡山の木村《きむら》毅《き》は、自伝で、在米中の幸徳秋水《こうとくしゅうすい》が、社会主義宣伝のために『少年世界』や『文章世界』の投書家の住所を用いて、日本国内に革命文書を送付しようとしたと書いている。実際、木村も自宅でクロポトキンのパンフレットを受け取ったことがあるらしい(『私の文学回顧録』青蛙房、一九七九年)。同様の手法は他の地域でも見られ、塚原徹によれば新潟県の長岡中学校では、北一輝《きたいっき》の『革命評論』や『平民新聞』が寄贈されてきたこともあったという(「鹿語の一貌」社会文庫編『社会文庫叢書』第八、柏書房、一九六六年)。

もちろん、すべての少年たちが社会主義に同情的であったわけではない。ただ、少年雑誌の言論のなかにも、社会主義や自然主義からの影響が濃く反映されてくると、次第に行政の側も無視できなくなっていった点は確かであろう。明治三十九年(一九〇六)六月九日、文部大臣の牧野《まきの》伸顕《のぶあき》が、「近時発刊ノ文書図画ヲ見ルニ或ハ危激ノ言論ヲ掲ケ或ハ厭世ノ思想ヲ説キ或ハ陋劣ノ情態ヲ描キ教育上有害ニシテ断シテ取ルヘカラサルモノ尠《すくな》シトセス」という事態を憂慮し、学生生徒が読む図書の内容を精査しようとした訓令を発したことはよく知られているが、それは青年層が全国的に厭世的となり、享楽に耽ろうとしていたからではなく、「読者」が「誌友交際」の広範なネットワークを介して新たな思想を受容しうる可能性があった点を視野に入れることによって、よりよく理解できるのではないか。

地方文芸同人雑誌の多くは、時事を論ぜず、出版法によって発行されていたので、新聞紙法による取り締まりの対象とはならなかった。ただし、風俗壊乱などを理由として、特定の号が発売頒布を禁じられる場合はあった。明治四十一年三月六日付『官報』には、次の公告が載った。

内務省告示第十九号

一山鳩　同人号　第四十七号　一部

（中略）

右出版物ハ風俗ヲ壊乱スルモノト認ムルヲ以テ出版法第十九条ニ依リ明治四十一年三月五日発売頒布禁止及刻版並印本差押ノ処分ヲ為シタリ

明治四十一年三月六日　　　　内務大臣　原敬

『山鳩』は小木曽旭晃が主宰していた岐阜の雑誌である。発行禁止の原因は、小説の肉欲描写だったのではないかとされている。同年、小木曽は『山鳩』第四八号に、「地方の文学雑誌にして風俗壊乱の名の下に発売禁止を命じられしもの実に本誌を以て嚆矢《こうし》となす」などと書いているが、以降、地方の雑誌でも風俗壊乱を理由として発売が禁止されていくものが散見されるようになった。発売の禁止が続けば、財政基盤が脆弱な地方雑誌は安定的な発行が困難となる。安定的な発行ができなければ、定期刊行物と見なされず、第三種郵便物の適用を外される場合さえ起こりえた。一冊当たりの送料が値上がりとなれば、地方文芸雑誌にとっては致命的な打撃である。雑誌が出せなければ、おのずと文通も途絶していく。かつて「誌友交際」に夢中になった少年たちも、職を得て歳を重ね、日々の生活に追われるなかで、文芸の趣味から離れていった事例もあったろう。こうして廃刊に追い込まれていく雑誌たちが次第に増えていった。

「誌友交際」の終焉

小木曽の奮闘もむなしく、『山鳩』は明治四十三年九月をもって廃刊した。小木曽の『地方文芸史』は、『山鳩』が終刊を迎えたこの年までの叙述で終わっているが、以降、地方での雑誌発行を含む「誌友交際」は急速に衰退していったとみてよい。地方の読者を惹きつけ、相次いで雑誌発行に踏み切らせた「誌友交際」の時代は、風俗壊乱など、自然主義文学の取り締まりの強化と、それに伴う発行・発送コストの増加、東京における投書雑誌の普及による投書家たちのモチベーションの変容などの要因が複合的に絡み合うことによって、終焉を迎えたのである。

以後、投書家たちの交際の舞台はもっぱら東京府下で発行されている投書雑誌に移っていった。明治四十年頃には、出版資本の発展によって全国津々浦々にいたる雑誌の販売網が確立し、博文館や実業之日本社によって発行される投書雑誌の種類も増えていた。発表媒体が増え、投書掲載される可能性が増えるのであれば、あえて採算の見込みの立たない地方での同人雑誌発行という投機的な行為は試みる必要もなくなっていくだろう。大正期以降、投書雑誌に投稿した世代は、投書で文章修行をした後、東京の学校に進学し、学校を機縁とする同人雑誌を舞台に活躍していくことになる。大宅壮一や川端康成らに代表される彼らは、新たな文学思想を身につけ、従来の地方青年たちとは全く異なるタイプの「文学青年」として登場し、大正期以降の知識人の予備軍となっていったのである。

参考文献
有山輝雄「理想団の研究」一・二（『桃山学院大学社会学論集』第一三巻一・二号、一九七九〜八〇年）
同『近代日本のメディアと地域社会』（吉川弘文館、二〇〇九年）
飯干　陽『木村小舟と『少年世界』』（あずさ書店、一九九二年）

石原千秋『読者はどこにいるのか』(河出書房新社、二〇〇九年)
今田絵里香「少年少女の投書文化のジェンダー比較」(小山静子編『男女別学の時代』柏書房、二〇一五年)
色川大吉『明治の文化』(岩波書店、一九七〇年)
岡　義武「日露戦争後における新しい世代の成長」上・下(『思想』第五一二・五一三号、一九六七年)
上笙一郎「『頴才新誌』解説」(『頴才新誌　復刻版』別冊、不二出版、一九九三年)
木村直恵『〈青年〉の誕生』(新曜社、一九九八年)
旭晃偲び草刊行会編『旭晃偲び草』(生活と文化社、一九七五年)
紅野謙介『投機としての文学』(新曜社、二〇〇三年)
嵯峨景子「『女学世界』にみる読者共同体の成立過程とその変容」(『マス・コミュニケーション研究』第七八号、二〇一一年)
佐久間(佐藤)りか「清き誌上でご交際を」(『女性学』第四号、一九九六年)
ロジェ・シャルチエ『読書と読者』(長谷川輝夫・宮下志朗共訳、みすず書房、一九九四年)
関　肇『新聞小説の時代』(新曜社、二〇〇七年)
外山滋比古『近代読者論』(垂水書房、一九六四年)
中野目徹「近代思想史研究における雑誌メディア」(『日本思想史学』第四九号、二〇一七年)
永井聖剛「「文章＝世界」を生きる中学生たち」(『愛知淑徳大学論集』第一号、二〇一一年)
永嶺重敏『雑誌と読者の近代』(日本エディタースクール出版部、一九九七年)
同『〈読書国民〉の誕生』(日本エディタースクール出版部、二〇〇四年)
林　眞「明治後期の地方文芸雑誌」(『書誌索引展望』第三巻第二号、一九七九年)
前田　愛『近代読者の成立』(有精堂、一九七三年)
山本武利『近代日本の新聞読者層』(法政大学出版局、一九八一年)
和田敦彦『読書の歴史を問う』(笠間書院、二〇一四年)
長尾宗典『〈憧憬〉の明治精神史』(ぺりかん社、二〇一六年)
同「史料としての雑誌」(『メディア史研究』第三九号、二〇一六年)

第15講　翻訳

Nationalityをめぐって

中野目　徹

翻訳語「国粋」

明治二十一年（一八八八）四月三日、東京・星が丘茶寮で開催された雑誌『日本人』の創刊祝賀会で、主筆格の志《し》賀《が》重昂《しげたか》（一八六三〜一九二七）は政教社を代表して演説し、彼らのめざすものが「国粋《こくすい》」の保存であると述べ、「国粋」に「Nationality」（Nは大文字）という英語をそのまま当てはめた（「「日本人」が懐抱する処の旨義を告白す」『日本人』第二号、一八八八年四月）。かつて筆者はこの「国粋」という言葉の由来をさぐったことがあるが、結局は志賀が何を典拠にしたのかは、わからずじまいのまま後考を期することにした（中野目徹『明治の青年とナショナリズム』）。その際にも論じたように、『大漢和辞典』にも『日本国語大辞典』にも志賀の演説をさかのぼる用例は例示されておらず、同時代の人々の認識でも「国粋」は志賀の造語ということになっている（同右）。

近代日本における翻訳語のとくに語彙に関する研究はすでに戦前期からみられ、戦後は国立国語研究所による共同研究や森岡健二らの詳細な研究もあるが、その後柳父章の『翻訳語成立事情』（岩波書店、一九八二年）が刊行された頃から広い関心を集めるようになり、岩波書店の日本近代思想大系で加藤周一・丸山眞男校注『翻訳の思想』が出された一九九一年以降は、近代日本の思想をさぐる場合に必ず意識すべき課題として周知されたといえよう。

本講では、「国粋」を改めて翻訳語として捉える視点から、志賀ともう一人の政教社員棚橋一郎《たなはしいちろう》（一八六三〜一九四二）が編集・翻訳に関わった当時の辞書（「字書」ともいわれた）の項目を比較することで、ナショナリズムあるいはナショナリティの保存を主張する思想の誕生プロセスを検討してみたい。

ヘボンの『和英語林集成』

近代の日本で最初に刊行された本格的な英和・和英辞書とされるのは、幕末期から三〇年余にわたって横浜に滞在したアメリカ人宣教師・医師のヘボン（J. C. Hepburn）が編纂した『和英語林集成』*A Japanese-English and English-Japanese Dictionary* であろう。初版は一八六七年すなわち慶応三年に刊行された。その後明治五年（一八七二）と同十九年に増補版が刊行され、後者の版権は丸善に移譲されて出版された。また、縮刷版も一八七三、八七年に刊行されたという（高谷道男『ヘボン』。筆者が所蔵しているのは八七年の縮刷二版である）。

前著でも書いた通り、このうち志賀が増補三版の編集作業を補助したのは、長野県中学校教諭を罷免され軍艦筑波《つくば》に便乗して南洋航海に出発する間の明治十八年から翌年はじめにかけてのわずかな期間であった。丸善の小柳津《おやいづ》要人《かなめ》社長が岡崎藩で志賀の父重職《しげつね》の門人だった縁による。しかし、『和英語林集成』では「Nationality」は初版から最終版まで縮刷版も含めて「Kuni, koku」であり、「Nation」は「Jim-min, koku-min」であった。すなわち前著では、志賀が丸善でヘボンの辞書の編集補助をした経験は明治二十一年に「国粋（Nationality）」としたことには直接は結びつかなかったであろうと推定した。

一方、日本人の手によって明治六年（一八七三）に初版が刊行された柴田昌吉《しばたしょうきち》・子安峻《こやすたかし》『附音図解英和字彙』（文学社）では、「Nationality」に「民情、民性、国」が当てられているほか、「Nationalism」が立項されていて「民情」という訳語が付されている（筆者が所有しているのは明治十八年版）。柴田は明六社員の一人であり、「緒言」によれば同書は英国の「阿日耳維」（J. Ogilvie）の字書を原本とし、見出し項目五万五〇〇〇語を誇る当時最大の辞書であった。訳語もヘボンの辞書よりも意を尽くしているように思われる。

さらに、学術用語集ではあるが井上《いのうえ》哲次《てつじ》郎《ろう》が編纂した『哲学字彙』では、明治十四年の初版でも三年後に有賀《ありが》長《なが》雄《お》を共編者に加えた改訂増補版でも「Nationality」に「民情、国体」を、「Nation」には「国、国民」を当てており、柴田らの辞書を参照した可能性がある。明治四十五年（一九一二）に、井上のほか元良《もとら》勇次《ゆうじ》郎《ろう》と中島力蔵の共編で発行された『英独仏和哲学字彙』（丸善）では、「Nationality」に「民情、国体」に加えて「国粋、国籍」の訳語が当てられるようになった。ここで「国粋」が登場するのは志賀をはじめ政教社同志の功績といえるかもしれない。

ウェブスターの大辞書

さて、つぎに検討しておきたいのは、福沢諭吉が最初の渡米から帰国する際に購入したことでも知られるウェブスターの大辞書とその翻訳についてである（ただし、福沢が持ち帰ったのは大辞書ではなかったらしい。富田正文『考証福澤諭吉』上）。ウェブスターの辞書（Noah Webster, *A Dictionary of the English Language*）に関しては、それだけで一冊の本が書けるほどの歴史があり、大辞書のほかに中辞書や小辞書もある（早川勇『ウェブスター辞書と明治の知識人』）。これが文明開化の日本でいかに受容されたのか、服部撫松《はっとりぶしょう》の『東京新繁昌記』（明治七〜九年）の「書肆《しょし》」の項目では、「書架四壁、一縦一横（中略）正面に維波斯徳刺《ウェブスター》氏の大辞書を安置し、左は則ち修身書、右は則万国史地理書、窮理篇」（引用は大正十五年に聚芳閣から発行された読み下し版による）云々とあって、ウェブスターの大辞書が輸入洋書の中心に置かれていたことがわかる。

このうち筆者が所蔵している一八七一年版の大辞書（東京文理科大学教授神保格旧蔵）の見出し語「Nationality」の項目をみると、次の三つの意味が列記されている。

1. The quality of being national, or strongly attached to one's own nation.
2. The sum of the qualities which distinguish a nation; national character.
3. A race or people, as determined by common language and character, and not by political bias or divisions; nation

「Nationalism」も立項されていて次のようにある。

1. The state of being national; national attachment; nationality.
2. An idiom, trait, or character peculiar to any nation.

二つの項目の記述は一八九一年版でも変更がない。

続けて、ウェブスターの大辞書を翻訳したイーストレイキ・棚橋一郎共訳『ウェブスター氏新刊大辞書和訳字彙』（三省堂、一八八九年）をみてみよう。イーストレイキ（F.W. Eastlake）は米国出身の英語学者であり、日本において英字新聞を発行したり国民英学会を創設したことで知られる。棚橋は政教社結成同志の一人で『日本人』創刊号から印刷人として名を列ねた人物で、明治十七年（一八八四）に東京大学文学部和漢文学科を卒業し郁文館《いくぶんかん》中学校を創立した教育者としても知られる（同三十五年には衆議院議員当選）。同書では「Nationality」は「民情、愛国、民性、国風、本国、国体：人民、人種」という訳語が与えられ、「Nationalism」には「民情、愛国、国風」が当てられている。同書の巻頭には明治二十一年秋の志賀重昂の「序」も付せられている。

以上から二つのことがいえるであろう。一つめは、すでに明治初年から内容も充実したウェブスターの大辞書が輸入されていて、そこには「Nationality」や「Nationalism」の項目が立項されており、同書を閲覧することさえできれば尋常中学校の高学年の生徒でもその意味は理解できたはずである。しかし二つめに、『日本人』が創刊され志賀が「国粋（Nationality）」と明示した後になっても、政教社の同志であった棚橋が和訳した辞書には「Nationality」の訳語として「国粋」は採用されておらず、「序」を書いた志賀は「英学者ニ裨益《ひえき》スル所尠《すこ》シトセン哉」と述べて同書を推薦しているのである。

ナショナリズムとは何か

やはり政教社設立の同志の一人で志賀とは札幌農学校で同期だった菊池熊太郎（一八六四〜一九〇四）は、『日本人』第一六号（一八八八年十一月十八日）に「国粋主義の本拠如何」を書いて次のようにいっている。

> 国粋なる熟字ハ従来存在せざるものにて、世人の耳目に慣れざるが故に、字義を以て其意を推さんとするときハ随分誤解もあるハ又已《やむ》を得ざる次第なるべし、一体国粋とハ英語に所謂《いわゆる》「ナショナリティー」なるものを訳したる語にして、訳語の適否ハ兎《と》も角《かく》も、「ナショナリティー」の意義を充分了解する人に向て国粋の定義を説くハ無益の労に似たるが如し（後略）

要するに、「国粋」は英語の「Nationality」の訳語であり、その意義を知らない人々に対して定義づけをしておく必要からこの論説を書いたという。そして、「国粋（ナショナリティー）なるものハ一国特有、国民通有の気風なり、無形の感情なり、思想なり、意思なり」と定義してみせ、これを換言して「国粋とは国民固有の元気にして他国に於て到底之を模擬すること能ハざるもの是なり」、さらに「国粋即ち「ナショナリティー」とは模擬すべからざる一国の特有元気なり」と断言する。

ここまでは理解しやすいのであるが、菊池はさらに言葉を継いで「何を以てか我が日本の国粋となす」との問いを発し、それに対しては「我が帝室に対する国民の感情即ち是のみ」と自答する。もちろんこれは、憲法発布を間近にひかえ、「吾輩ハ君主専治の立憲政体に変ずるを喜ぶものなり」という一種の高揚感のなかでの発言であろう。だが、英和辞書を訳した棚橋も、『日本人』第一八号（同年十二月十八日）に投稿した「帝室と人民」のなかで「我帝室ハ日本臣民の総本家なり（中略）帝室と臣民とハ恰《あたか》も父と子との関係ある者たり」と論じているから、「国粋主義」が皇室中心主義や家族国家観に結びついていく可能性は当初から存在したともいえよう。

志賀は『日本人』の創刊祝宴の演説において「彼の所謂国学者流の口吻《こうふん》に倣ひ、漫《みだ》りに神国、神州、天孫等の文字を陳列するものにあらず、又彼会澤《あいざわ》氏の「新論」、大橋氏の「闢邪小言《へきじゃしょうげん》」を拝崇する者に非らず」と述べていた（前掲『日本人』第二号所収）。「Nationality」の翻訳である「国粋」が「神国、神州、天孫等」と結びつかないことは彼にとっては自明のことであったにちがいない。同志の一人で明治十八年に東京大学文学部を卒業して哲学館（東洋大学の前身）の創立者となった井上円了《えんりょう》も『日本人』第三〇号（一八八九年八月三日）掲載の「生が将来の目的事業に就て一言を述べ以て知友同志に告ぐ」で、「我人今日の急務は此の最貴重なる独立の精神を養成し、国粋主義《ナショナリチー》を維持するにあり」と書いているから、明治二十年代初めの政教社の同志たちにとって「国粋」が「Nationality」の訳語であることは共通認識であった。

時を経て、大正八年（一九一九）に西村伊《にしむらい》三郎《さぶろう》らによって大日本国粋会が結成されたとき、あるいは昭和六年（一九三一）に笹川良一《ささかわりょういち》らによって国粋大衆党が結党されたとき、「国粋」が「Nationality」の翻訳であったことは脳裏に浮んだであろうか。当初の翻訳者たちの意図が時間とともに忘却され、アクセントを変え流通した一例といえよう。

参考文献

高谷道男『ヘボン』（吉川弘文館、一九六一年）

富田正文『考証福澤諭吉』上（岩波書店、一九九二年）

日本英学史学会編『英語事始』（エンサイクロペディアブリタニカ（ジャパン）インコーポレーテッド、一九七六年）

早川　勇『ウェブスター辞書と明治の知識人』（春風社、二〇〇七年）

中野目徹『政教社の研究』（思文閣出版、一九九三年）

同『明治の青年とナショナリズム』（吉川弘文館、二〇一四年）

同「近代日本のナショナリズムを考える」（『現代と親鸞』第三九号、二〇一八年）

あとがき

日本史学のなかで思想史を専攻していると、とかく肩身のせまい思いをすることが多いように感じてきました。もっともそれは、倫理学や政治学のなかでも同じようなものなのかもしれませんが、過去から史実を特定して人類の営みを明らかにすることが歴史学の目的だとすれば、出来事や現象としては把握できない観念や精神という領域を対象とする思想史は、独自の方法論を模索することにもっと熱心であって然るべきではなかったか。そのような思いで本書を編集しました。

くり返しになりますが、本書は日本近代思想史の全体像を余りなく描き出すことを目的とはしていません。そうではなく、日本史学の立場から近代日本の思想を解明するための方法（「規則や技巧」）を各々の可能な範囲で研磨・洗練させて、それをあらかじめ設定した全体構成《マトリクス》のなかに一五の視角《アングル》として配することで、学界における方法に関する議論に一石を投じるとともに、若い世代の人たちの思想史に対する関心を喚起できるように叙述していこうという試みです。このような二面作戦が功を奏しているかどうか、結果の責任はひとえに編者である私に存するものです。読者諸賢には、どうか意のあるところをお汲み取りいただき、生産的なご批判を賜わることができれば編者として幸いです。

なお、本文中では人物の敬称はいっさい省略させていただきました。また、引用史料中の表現には今日の視点からすると不適切なものもありますが、歴史学の論集としての本書の性格からすべて原文のままであることをお断りしておきます。さらに、本文中で使用した写真をご提供くださった所蔵機関各位に、この場をかりて御礼申し上げます。

本書の刊行計画が最初にゼミOBの研究会で話し合われたのは、記録によればかれこれ一〇年前でした。ようやく具体的に動き出したのは、およそ二年前からです。企画から編集の実務まで私をサポートしてくれた水谷悟、長尾宗典、田中友香理の諸君と、巻末の索引を作成してくれた荒川大輝君（筑波大学大学院生）、お忙しいなか当方で立てた計画どおりに万事対応してくださった執筆者の皆さま、本書刊行の意義をお認めくださり大小のご配慮をいただいた吉川弘文館の提崇志、冨岡明子のお二人に感謝の意を表します。

二〇一八年八月

中野目　徹

執筆者紹介（生年／現職）―執筆順

中野目　徹（なかのめ・とおる）→別掲

水谷　悟（みずたに・さとる）一九七三年／静岡文化芸術大学文化政策学部准教授

田中友香理（たなか・ゆかり）一九八七年／筑波大学アーカイブズ助教

大庭大輝（おおば・だいき）一九八〇年／筑波大学附属高等学校教諭

真辺将之（まなべ・まさゆき）一九七三年／早稲田大学文学学術院教授

青木一平（あおき・いっぺい）一九八三年／江戸川学園取手中・高等学校教諭

中川未来（なかがわ・みらい）一九七九年／愛媛大学法文学部准教授

熊本史雄（くまもと・ふみお）一九七〇年／駒澤大学文学部教授

竹田進吾（たけだ・しんご）一九六六年／長岡造形大学造形学部准教授

大沼宜規（おおぬま・よしき）一九七一年／国立国会図書館司書

高橋禎雄（たかはし・さだお）一九六七年／東北大学高度教養教育・学生支援機構助教

木村直恵（きむら・なおえ）一九七一年／学習院女子大学国際文化交流学部准教授

笹沼俊暁（ささぬま・としあき）一九七四年／台湾・東海大學日本語言文化學系副教授

長尾宗典（ながお・むねのり）一九七九年／城西国際大学国際人文学部准教授

索　　引

・索引はⅠ事項，Ⅱ人名とし，それぞれ五十音順で列記する．
・第1講18頁の場合，①18のように記す．ただし，各講の表題に入っている語句は「益進会…①」のように講数のみを掲げる．

Ⅰ 事　　項

あ　行

愛国社 ……⑫259, 260
愛国／愛国心……①35, ⑩210, ⑮313
アジア／アジア主義／アジア認識 …③66, ⑥115〜118, 122〜126, 129, 134, 136〜140, ⑦144, 155, 159〜163, ⑬
アジア・太平洋戦争 …⑥116, ⑦162, ⑧166〜168
天羽声明 ……⑦159, 160
意思決定過程(文書処理過程)……⑦144, 145, 154
田舎紳士……③73
裏日本……②62, ③66, 69
『頴才新誌』……⑭295
影写本 ……⑨190, 191, 197
益進会……①
益進主義……①22〜24, 29, 38, 39, 42
演劇改良会 ……⑫262, 263, 265
『大阪朝日新聞』……⑥, ⑩211, 212
大新聞 ……⑥119, 120
大津事件 ……⑥139

か　行

会　読 ……⑨193
懐徳堂……④87
『我観』……⑩212
書入／書入本…⑨184, 185, 190, 191, 195, 201, 206
学問の独立……④84〜87, 101, 103
カセット効果 ……⑫244, 245
漢学／漢文学／漢学塾／漢学者 …②45〜47, 56, 60〜63, ⑥129, ⑨186, ⑬270〜272, 274, 279
漢字(漢文)文化圏 …⑬267, 268, 279, 281, 284
教育勅語 ……⑧170, 179
教科書検定 ……⑧167
共存同衆 ……⑫253, 254
協調主義……⑦
京都帝国大学……②61, ⑤109
暁民会 ……④100
金港堂……⑧171, 172, 176〜180
近代の超克 ……⑬281, 284
久米邦武事件 ……⑧178, 179
慶応義塾 ……④84, 86, 90, 96〜98, 101, 102
京城帝国大学 ……⑤108, 109, 112
結　社……①19, 42, ④82
言語象徴 ……⑫245, 246
言語論的転回 ……⑫242
建設者同盟 ……④100
原理日本社 ……⑩211
興亜会，興亜主義 ……⑥116, 126, 128
校　合 ……⑨192, 195〜197, 201〜203, 205
『江湖新聞』……⑥120
考　証 ……⑨184, 193, 196, 202, 205
考証派国学者…⑨184, 185, 190, 197, 201〜203, 205
『洪水以後』……①38, 40
校訂 ……⑨202, 203
校定本 ……⑨195, 202, 203, 205
(東京)高等師範学校 …②61, ⑧172, 176, 180, ⑨186
甲申事変(政変)……⑥115, 116, 122〜127
皇民化政策 ……⑬275
校友会雑誌 ……⑭293, 296
国学／国学者……4, ⑨, ⑪220, 235, 237, ⑮314
国際法……⑥131〜133, 137
国際連盟 ……⑦154
国粋／国粋主義 …①18, ⑥117, 118, 129, 130, 140, ⑩209, ⑮310, 311, 313, 314

国粋大衆党 ……………………………………⑮314
国体明徴運動 ………………………………………6
国体(論)…②46, ③74, ⑧175, 179, ⑪217, 218, ⑮311
『国体論及び純正社会主義』…………③67, 75
国定歴史教科書 ……………………………⑧170
国文学………⑨203, ⑬268～278, 282, 283, 286
国民意識／国民化／国民国家(論)／国民思想形成…③66, 74, ⑥117, 139, ⑧165, 169, 173, ⑬267, 270, 271, 280～287
『国民之友』………………………………………⑩209
『古事記』………………⑨189～191, 194, ⑬272
古写本 …………………………⑨189, 191, 202
小新聞 ……………………………………⑥119, 120
『国華』………………………………………⑥121
『国会』………………………………………⑥120
古版本 ……………………………………⑨190, 191

さ 行

札幌農学校 ……………………………⑥120, ⑮313
佐渡(国)(人)……………………………………………③
『佐渡新聞』…………………………③67, 74, 75
三国干渉 ……………………………………………⑥138
讒謗律 ………………………………………………⑫254
「思惟様式」論…………………………………………7
自我(論)……………………………①26, 27, 42
私　塾……………………………①27, ②47, ④82
自然主義……………………①25, 27, 42, ⑭306
思想集団…………①18, 24, 27, 32, 37, 43, ④82
思想(文化)連鎖 ……⑬268, 271, 274, 282, 286
実証主義史学 ……………………………5, ⑧176
幣原外交 ……………………………⑦143, 154
支那保全 ……………………………………⑥116
自筆本 ……………⑨184, 185, 190, 191, 206
「島国コンミューン」論 …………………③69
社会科学研究会 ……………………………④100
(初期)社会主義(思想)／社会主義者…①25～27, 38, 41～43, ③67, 75, ④100, ⑩210, ⑬276, 283, ⑭304, 306
誌友交際…………………………………………⑭
自由党………③69, ⑥132, ⑫259, 260, 262, 263
自由民権(運動)／民権(運動)家／民権思想…③65, 69, 71, 74, 76, ⑥120, 128⑫258, 260, 261, ⑭296
儒教文化圏 ……………………⑬267, 268, 284
出陣学徒 ……………………………④101, 103
出版法 ……………………………⑭297, 307
主　筆 ……⑥114, 121, ⑩208, 209, 212, ⑮310
小学校教則大綱 ………………⑧170, 177, 179
上京／上京熱 …①22, 29, ②50～53, 60, 62, ③67, ⑭300
昭和維新…………………………………………③76
植民地主義 …………⑬267, 273, 283, 285, 286
書誌学………………………………………⑨182～185
書生／書生社会……③79, ⑥119, 130, 138, 140
(社会)進化論…………………①42, ②56, ③75
新カント派…………⑪221, 223～225, 230, 237
神国／神国思想 …………………⑧169, ⑮314
壬午事変……………⑥115, 116, 124～127, 134
清仏戦争 ……………………………⑥122, 123
新聞紙条例 ………………………⑩208, ⑫254
新聞紙法……………………①34, ⑩208, ⑭307
新聞操縦(政策) ………………⑥120, 121, 129
生活問題 ……………………………………①20, 23
政教社 …………⑥140, ⑩209, 212, ⑮312, 314
西南学派……⑪223～225, 229, 230, 232～234, 238
世界文学 …………………………………⑬272, 276
世　代…………………③74, ⑤110, 111, ⑭300
善　本 ………………⑨191, 195, 197, 201, 205
蔵　書…………………………………………⑨, ⑭292
蔵書印 ……………………………………⑨185, 187
蔵書目録 ………………………⑨185, 187, 206
祖国主義 ………………………………………⑩211
素　読 …………………………………………⑥139

た 行

第一高等学校………………………………②56, ⑭296
第一次護憲運動 ………………①20, 30, 32, 34
第一次世界大戦……①37, 42, ④100, ⑤111, ⑦143, 153, 162, ⑪231
対外硬 ……………………………④100, ⑥129
大学南校…………………………………②55, ⑥121
大学令 ……………………………………④81, 85
第三高等中学校 ……………………⑥140, ⑭296
『第三帝国』…①20, 22, 24, 26～28, 30, 32～34, 36, 37
大東亜会議 ……………………………⑦162, 163
大東亜共栄圏……⑦143, 144, 162, ⑬276, 284, 286
大東急記念文庫 ……………………⑨187, 192
第二高等中学校 ……………………………⑭296
大日本国粋会 ……………………………⑮314
大日本帝国憲法…………①35, ⑧170, 179, 180

台北帝国大学……………………⑬273～275
『太陽』…………………………⑩209, ⑭296
台湾ナショナリズム ……⑬274, 279, 280, 282
台湾文学 …………………⑬271, 274, 282, 286
脱亜論 ……………………………………⑥116
種蒔き社/『種蒔く人』 ………………①41, 43
知識人社会 ………………………………⑧171
『中央公論』………………………………⑩209
『中学世界』……………………………⑭293, 304
中新聞……………………………⑥119～121, 139
長善館…………………………………………②
徴兵逃れ……………………………………②55
通信教育……………………………………④98
『欟斎蔵書目録』……………………⑨187, 189
帝国主義/帝国主義競争/帝国主義戦争…③
75, ⑬270, 282, 286
丁未倶楽部………………………………①20, 29, 35
適塾…………………………………………④87
『哲学字彙』………………………………⑮311
天津条約 ……………⑥125, 129, 133, 134, 136
東亜新秩序 ………………………⑦161, 162
東亜同文会 ……………………⑥116, 138, 139
「東亜同盟」(論)………………⑥133～136, 138
『東京朝日新聞』………②59, ④102, ⑥115, 120
東京外国語学校 …………………………⑥126
『東京経済雑誌』…………………………⑩209
東京大学/東京帝国大学…②47, 55, 56, 61, ④
84～87, 89～91⑥120, 121, ⑨186, ⑩210, ⑪
215, ⑬270～272, 275, ⑮312, 314
『東京日日新聞』……………⑥133, ⑫248, 249
東京文理科大学 ……………………6, ⑪215
同志社………………………………………④91
投　書…①25, 30, ⑫252～254, ⑭292, 294, 308
同人社………………………………………②50
東邦協会……………………⑥132～134, 139
東北帝国大学 …4, 6, ⑤109, ⑪214～216, 218,
219, 231, 232, 234
東洋文庫 ……………………………⑨187, 192
図書館学 …………………………………⑨182

な　行

『内観』……………………………………①39
内地雑居(論) ……………………⑥131, 132
ナショナリズム/ナショナリスト/ナショナリティ Nationality …⑥117, 118, 126, 129,
140, ⑧173, 174, 179, ⑪228, ⑬271, 274, 282,
285, ⑮
ナショナル・ヒストリー……⑧170, 173, 174,
176, 179
日露戦争 …②59, ③67, 74, 75, ⑭293, 300, 303
～305
『日新真事誌』……………………………⑫253
日清戦争…②62, ③74, ⑥135, 136, 138, ⑧180,
⑬270, 271, 273, 274, ⑭293, 296
日中戦争/盧溝橋事件 ……………⑦161, 162
『日本』/日本新聞社…②57, ⑥117, 133, ⑩209
『日本人』/『亜細亜』/『日本及日本人』……⑥
140, ⑩, ⑮310, 312～314
『日本開化小史』…………………………⑧171
日本(語)文学 ……………⑬272, 278, 281, 283
『日本史学提要』…………………………⑧171
日本精神論 ………………………………⑪214
『日本評論』……………………………①38, 41

は　行

廃藩置県…………………………③69, ⑫259
博文館………………②52, ⑭293, 296, 302, 308
白虹事件 …………………………………⑩212
汎アジア主義 ……………………⑦144, 162
東アジア儒教思想 ………………………⑬278
東アジア(地域)秩序 …⑥131, 133, 136, ⑦153
広島高等師範学校…5, ⑪215, 219～221, 230～
233, 235, 237
広島文理科大学 ……………………………5
フィロロギィ(Philologie)/文献学……4～7,
⑪214, 215, 218～223, 229, 233, 235～237, ⑬
270, 272, 273, 275, 277
普選(請願署名)運動/普通選挙(制・法)…①
29, 32, 34～36, 38, 39, 43, ③74, ④100, ⑩211
覆刻本 ……………………………⑨190, 191
実践(プラクティス)……⑫256～258, 260, 261
プロレタリア文学………………①40, 41, ③68
『文』………………………⑧172, 173, 178, 179
文学青年 …………………………………⑭308
文化ナショナリズム ……………………⑥138
『文庫』…………………………⑭293, 294, 297
『文章世界』……………………⑭293, 304, 306
文明国 ……………………⑧173, 174, 179, 180
文明史観 …………………⑧171, 173, 176, 179
『文明論之概略』…………………………⑧171
平民主義 …………………………………⑩209
法政大学 …………………………………⑤109
法典調査会 ……………………………②54, 58
方法としてのアジア ………………⑬281, 284

『北溟雑誌』……………………………③69, 71〜75
翻訳(語) …⑫241〜244, 249, 250, 257, 258, ⑮

ま 行

満洲事変・柳条湖事件 …⑦143, 153, 154, 162
『万葉集』………………⑨186, 189〜195, ⑬272
民衆史／民衆思想史…………7, 8, ③65, ⑭291
民人同盟会 ………………………………④100
民俗学 ………………………………⑬273, 274
民族自決 ……………………………………⑦147
『民俗台湾』 ………………………⑬273〜275
民法／旧民法 …………②46, 53, 54, 58, 61, 62
民本主義 …………………………………⑩210
明治維新／維新革命／維新変革／維新政権 …1, 3, ②53, ③75, 76, ⑥130, ⑨186, ⑫252, ⑬270, 284
明治十四年の政変…………………………④85
明治大学…………………………①20, 29, ④98
明治の青年 ……………………………②61, ③73
明治(戊辰)一五〇年……………………1, 2, 13
明六社／『明六雑誌』…①19, 22, ⑩209, ⑫251〜254, 261, ⑮311
メリオリズム(改善説)……………………①23
摸刻本 ………………………………⑨190, 191
『本居宣長』(初版・増訂版)……⑪216〜223, 226, 228, 233
模範選挙……………………………①36, 37, 43

や 行

優勝劣敗…………………②56, ③73, 75, ⑥130
郵便法案 ……………………………⑥114, 115
『郵便報知新聞』…………………………⑥115
雄弁会 ……………………………………④100
洋行…………………………………………⑤
洋書…………………………………………④84
洋務運動 …………………………………⑥125
『読売新聞』………………………⑥120, ⑭304
『万朝報』………………………①19, 23, 33, 34

ら 行

理想的人間像 ……………………………⑧168
立憲改進党／立憲国民党／立憲同志会／立憲民政党 …………①23, 33, 36, ③69, 77, ④85
立憲政友会…①20, 23, 32, 33, 35, 36, 39, 40, ③74
六国史 ………………………⑨186, 189, 202
立身出世……………②47, 48, 53, 56, 59, 61, 62
留学／留学組／留学生 …5, ②55, ③71, ④91, 97, ⑤108〜112, ⑪219, 223, 231, 232, ⑬270, 279
黎明会 ……………………………⑩210, 211
歴史教科書…………………………………⑧
浪人会 ……………………………………⑩212
鹿鳴館 ……………………………………⑫261
ロシア革命 ………………………⑩210, 211

わ 行

早稲田大学(精神)／東京専門学校…①22, 35, ②47, ③77, ④, ⑨186, ⑩210, ⑪215, 231, 232, ⑭300

II 人 名

あ 行

青野季吉 ……………………………③68, 79
姉崎正治(嘲風) ……………………⑭293, 304
安部磯雄……………………①25, 37, ④91, 100
安倍能成……………………………………⑤
阿部次郎 …………………………………⑤108
天野為之 …………………………③73, ④84
家永三郎 ………………………6, 7, ⑪216
池田亀鑑 …………………………………⑬276
池辺義象(小中村義象) ……………………②55
石田友治 …………①20, 22, 24, 27, 29, 36〜38
板垣退助 ……………………⑥116, ⑫259, 260
伊藤博文(内閣)…④86, ⑥129, 132, ⑫260, 262
稲垣満次郎 ………………………………⑥133
稲毛詛風 …………………………①25, 27
犬養孝 ……………………………………⑬275
井上円了 …………………………………⑮314
井上哲次郎 ………………⑭304, 305, ⑮311
伊能嘉矩 …………………………………⑬273
H・イプセン ……………………………①24
岩崎久弥 …………………………………⑨187
岩波茂雄 …………………………………⑤109
岩野泡鳴……………………………………①25
W・ウィルソン …………………………⑦147
W・ヴィンデルバント ……………⑪224, 231

M・ヴェーバー ……………………7, ⑪224, 225
植木枝盛 ……………………………………⑫263
上杉慎吉 ……………………………………④100
上野理一 ……………………………⑥118, 121
N・ウェブスター ………………⑮312, 313
浮田和民 ……………………………①25, ④91
内田康哉 ……………………⑦150, 151, 158
内田良平 ……………………………………⑩212
内村鑑三……………………③72, ⑥135, ⑭305
梅謙次郎……………………………………②58
袁世凱 ………………………………………⑥133
R・C・オイケン ………………①23, ⑪224
大石正巳 ……………………………………⑥133
大隈重信(内閣) …①33～36, 38, ②55, ④84～87, 100
大杉栄 ……………………………………①26, 27
J・L・オースティン ……………………⑫247
大竹貫一 …………………………………②47, 53
大西祝…………………………………………④91
大宅壮一 ……………………………………⑭308
大山郁夫………………………………………④91
小木曽旭晃…………⑭299～302, 305, 307, 308
岡本保孝 …………………⑨186, 195, 201, 202
尾崎三良 …………………⑥114, 115, ⑫254
尾崎秀樹 ……………………………………⑬277
尾崎行雄…………………………①25, 30, 38
落合直文 ……………………………………⑨203
織田純一郎 ………………⑥114, 115, 121, 129
小山田与正 ………………………⑨184, 190

か 行

荷田春満 ……………………………………⑨193
桂湖村 ……………………………………②47, 57
桂太郎(内閣) …………………①20, 33, ⑭304
加藤弘之………………………………………②54
金子馬治(筑水)………………………………④91
金子洋文 ………………………①38, 40, 41, 43
狩谷棭斎 …⑨184, 186, 190, 191, 193, 195, 202
賀茂真淵 ……………………………⑨193, ⑪233
茅原華山 …………………①19～29, 33～42
河上肇 ………………………………………⑭304
川端康成 ……………………………⑬276, ⑭308
D・キーン …………………………………⑬276
菊池熊太郎 …………………………………⑮313
北一輝 ………③66～68, 72, 74～76, 78, ⑭306
北村透谷………………………………………②59
北昤吉………③66～68, 74, 76～78, ⑪231, 232
木村毅 ……………………………………2, ⑭306
木村正辞 ……⑨184～187, 190～197, 201, 203
清原貞雄 …………………………………………5
陸羯南…②55, 57, 59, 60, ③66, ⑥117, 132, 135, 136, 138, ⑩210, ⑫244
久原房之助 …………………………………⑨187
久保得二(天随) ……………………⑬271, 274
久米幹文 ……………………………⑨193, 201
栗田寛 ………………………………⑨197, 201
黒岩涙香……………………………①33～36
黒川春村 ……………⑨190, 193, 195, 201, 202
小泉信三 ……………………………………④101
幸徳秋水 ……………………………………⑭306
黄得時 ………………………………………⑬274
河野省三(紫雲) ……………………………⑭304
国分青厓 ……………………………………⑩210
小島烏水 ……………………………………⑭297
小杉榲邨 …………………………⑨184, 197, 201
小中村清矩…………②55, ⑨184, 193, 201, 202
小西甚一 ……………………………………⑬277
近衛篤麿 ……………………………⑥116, 138
近衛文麿………………………………………③77
小宮豊隆 ……………………………⑤108, 111
小村欣一 ……………⑦143, 147, 148, 150, 153
小柳司気太 …………………………………②47

さ 行

西郷信綱 ……………………………………⑬276
齋藤野の人……………………………………②50
斎藤斐章 ……………………………………⑧177
榊原芳野 ……………………………⑨184, 201
笹川種郎(臨風) ……………………………⑬271
笹川良一 ……………………………………⑮314
W・ジェイムズ ……………………………①23
志賀重昂 ……①18, ⑥120, ⑩209, ⑮310～314
重光葵…………………………⑦143, 158～162
幣原喜重郎 …⑦143, 144, 150, 152, 153, 155～157
柴田昌吉 ……………………………………⑮311
島崎藤村 ……………………………………⑭305
島田謹二 ……………………………⑬273, 275
島村滝太郎(抱月)……………………………④91
新保磐次………………………………⑧176～178
末松謙澄 ……………………………⑫262, 263
杉浦重剛 ……………………………………⑥120
鈴木正吾 …①20, 27, 29～33, 35, 38, 39, 42, 43
鈴木虎雄 ……………………②47～58, 60～63

た　行

高田早苗……④84, 85, 87, 101
高橋健三……⑥
高村光雲……②55
高山樗牛……②50, ⑭293, 302, 304
田口卯吉……⑧171, ⑩209
竹内好……⑥116, ⑬277, 281
建部遯吾……②57
R・タゴール……⑤110
橘守部……⑨193
田中穂積……④91, 101, 103
棚橋一郎……⑮310, 312〜314
張之洞……⑥125
辻善之助……⑨206
津田左右吉……7, ⑪216, 217
頭山満……④100
徳富蘇峰…②59, 60, ③73, ⑥135, ⑩209, ⑭304
富井政章……②58
鳥居龍蔵……⑬273

な　行

内藤虎次郎(湖南)……⑥130, 138, 139
永井柳太郎……③77, ④91
中野正剛……⑩210, 212
那珂通世……⑧178, 179
中村孤月……①21, 26
半井桃水……⑥123
夏目漱石……⑤
成瀬仁蔵……⑨184
新島襄……④84
西　周……⑫258
西村天囚……⑥139
根岸武香……⑨205
野上豊一郎……⑤109
野上弥生子……⑤109
野村隈畔……①20, 21, 24, 27

は　行

芳賀矢一……⑪217, 218, ⑬270〜272
萩野左門……②53
萩野由之……③71
長谷川如是閑……⑩209, 211
馬場辰猪……⑫259
原敬(内閣)……⑩210, 211, ⑭307
伴信友……⑨190, 191, 201
東方孝義……⑬273〜275
肥後和男……6
久松潜一……⑬275
平澤丁東……⑬273〜275
福沢諭吉…①19, ④84, ⑥115, 116, 134, ⑧171, ⑫244, 254, 255, 258, 261, 263, ⑮312
福地源一郎(桜痴)……⑫244, 248〜251, 253〜255, 258, 263
藤村作……⑬275
藤村操……②59, ⑭303
二葉亭四迷……②59, 60
P・A・ベック…5, ⑪215, 218, 219, 221, 222, 228〜231, 233〜235, 237
J・C・ヘボン……⑮311
A・ベルグソン……①23, 29, ⑪224
E・ベルンハイム……5
星野恒……⑧178
穂積陳重……②54, 55, 58, ④90
穂積八束……②58

ま　行

E・マイヤー……6, ⑪224, 225
正岡子規……②54, ⑩210
松本悟朗……①20, 25〜27, 38
松本彦次郎……6
松本房治郎……⑥139〜141
K・マルクス……7, ①38, 43
丸山侃堂……⑩209
丸山眞男……3, 4, 7, ⑫244, ⑮310
K・マンハイム……4
三上参次……⑬270
満川亀太郎……④100
三田村鳶魚……⑩209
三井甲之……⑩210, 211
蓑田胸喜……⑩211
三宅雪嶺……①18, ⑥120, ⑩
三宅米吉……⑧171〜174, 176, 179, 180
村岡典嗣……4〜7, 12, ⑪
村山龍平……⑥119, 121
本居宣長……4, ⑨203, ⑪230, 233〜235, 237
森有礼……⑩209, ⑫251〜253
森知幾……③72, 74

や　行

矢嶋楫子……②59
屋代弘賢……⑨184, 190, 195
山県有朋(内閣)……②54, ⑫260
山田孝雄……⑪217

山本悌二郎 ……………………………③71, 77
柳田国男 …………………………………⑨183
横山由清 ………………………⑨193, 197, 201
吉野作造……①34, ④90, 91, ⑩210, 211, ⑭294

ら 行

H・ラスウェル ………………………………4
L・ランケ …………5, 6, ⑪228〜230, 235, 237
李献璋 ……………………………………⑬273
李鴻章 ……………………………………⑥125
H・リッケルト …⑤110, ⑪224, 225, 230, 231, 233〜235, 237
劉　捷 ……………………………………⑬274
連雅堂 ……………………………………⑬273

わ 行

和田維四郎 ………………………………⑨187
和辻哲郎 ………………⑤108, 111, ⑪216, 217

編者略歴

一九六〇年　福島県に生まれる
一九八三年　筑波大学人文学類卒業
一九八六年　同大学院博士課程中退
国立公文書館公文書研究職を経て
現在　筑波大学人文社会系教授　博士(文学)

〔主要著書〕
『政教社の研究』(思文閣出版、一九九三年)
『近代史料学の射程』(弘文堂、二〇〇〇年)
『明治の青年とナショナリズム』(吉川弘文館、二〇一四年)

近代日本の思想をさぐる
研究のための15の視角

二〇一八年(平成三十)十二月一日　第一刷発行

編者　中《なか》野《の》目《め》徹《とおる》

発行者　吉川道郎

発行所　株式会社　吉川弘文館
郵便番号一一三―〇〇三三
東京都文京区本郷七丁目二番八号
電話〇三―三八一三―九一五一(代)
振替口座〇〇一〇〇―五―二四四番
http://www.yoshikawa-k.co.jp/

印刷＝株式会社　理想社
製本＝株式会社　ブックアート
装幀＝河村　誠

ISBN978-4-642-00832-7